WORK ETHICS AND BUSINESS ETHICS

최애경

직업윤리와 기업윤리

Work Ethics and Business Ethics

도서출판 청람

머리말 Preface

한국사회는 21세기에 들어 고도의 정보화를 달성하면서 지속적인 경제성장을 이룩하였다. 그 과정에서 한국사회는 문화적 다양성과 사회적 복잡성을 날로 더해가고 있다. 동시에 오늘날의 글로벌사회는 제4차 산업혁명이라는 거대한 파도를 타고 항해하고 있다.

이러한 급속한 변화 속에서 사람들이 지닌 가치관과 규범의식이 흔들리고 있으며 가치관의 혼란으로 인하여 일상생활에서나 직장에서 사람들은 때때로 건전하지 못한 사고와 행동을 보이기도 한다. 특히 우리 사회는 짧은 시간 동안에 다양한 분야에서 급속한 변화를 경험하였기 때문에 이제껏 지녀왔던 우리의 윤리의식이 변화하기도 하고 새로이 유입되는 서구의 윤리의식과 갈등을 일으키기도 한다.

일반적으로 윤리는 인간이 어떤 사회적 집단을 이루어 사는 데 있어서 서로 약속하고 공인한 행동기준이며, 그 집단에 속하는 모든 구성원들에 대하여 그것을 당위적으로 준수할 것을 요구하는 사회적 규범을 의미한다. 반면 직업윤리는 직업을 전제로 하는 것이어서 직업과 직접적으로 연관이 없는 일반윤리와는 구별되어야 하며 직업윤리의 특수성도 구명되어야 할 것이다. 예를 들면 서구사회에서는 일찌감치 소명의식과 직업의식을 근간으로 하는 프로테스탄트 직업윤리관이 자리 잡았다는 점이 이를 잘 말해준다. 그럼에도 불구하고 사회의 가치관과 윤리의식이 직업윤리 형성에 간접적으로 영향을 미치는 것은 사실이다.

현대사회에서는 많은 직업들이 세분화되고 전문화되어 직업의 전문성에 따르는 윤리문제는 점점 더 광범위하게 직업사회 전반으로 확산되고 있다. 직업인의 건전한 윤리의식은 기업의 지속가능한 발전, 나아가 한국사회의 선진화에 필수적이라 할 수 있다. 이에 모든 직업인들, 특히 사회 중산층을 형성하는 전문직 종사자들은 올바른 직업윤리의식을 시급히 정립하여야 할 것이다. 나아가 인공지능(AI)기술이 급속도로 발전하면서 인간의 많은 직무들을 대체하게 되면서 인공지능에게도 윤리지능을 심어주어야 한다는 경각심 또한 확산되고 있다.

기업환경 또한 예전보다 경쟁이 매우 심화된 동시에 투명해져서 윤리경영은 선택이 아니라 필수사항이 되었다. 기업이 사회적인 규범과 법규를 잘 지키고 조직 구성원들이 윤리의식을 가지고 주어진 업무를 수행할 때 기업과 구성원의 목표 및 가치가 상호 간 일치하게 된다. 소비자들도 단순히 좋은 제품을 싼 가격에 공급하는 수준의 기업활동에 만족하지 않고 사회적 책임과 책무를 다 하고 공유가치를 창조해 나가는 기업들의 제품을 선호할 것이다. 최근에 와서는 고위경영자나 기업의 비윤리적이고 탈법적인 행위들이 매스컴이나 SNS에 공개되면서 많은 비난을 받고 있다. 또한 관행이라는 명분으로 내려오던 다양한 형태의 비윤리적인 행동들이 예전보다 훨씬 엄격한 기준으로 윤리적 판단을 받고 있는 실정이다. 자신에게는 관대하나 타인들에게는 더욱 엄격한 기준을 적용하면서 비난의 화살을 보내기도 한다.

개개인의 올바른 직업윤리의식은 학교에서 직업교육의 과정을 통하여 정립되어야 하며 그 실천은 일터와 사회에서 이루어져야 할 것이다. 직업윤리와 기업윤리는 별개의 영역이 아니다. 기업 구성원인 일반 직업인들과 최고경영자들이 올바른 직업윤리를 준수할 때 비로소 건전한 기업윤리가 자리 잡을 수 있을 것이다. 이를 담보하기 위해서는 미래에 직업인이 될 학생들이 직업윤리와 기업윤리를 함께 학습함으로써 윤리적인 의사결정과 행동 그리고 윤리적 갈등이 발생하는 상황(context)을 이해할 필요가 있다.

이 책은 다음과 같이 크게 4부로 구성되었다. 먼저 제1부인 현대사회와 직업에서는 일의 의미와 직업의 중요성 그리고 현대사회에서의 직업 환경의 변화에 대해 다루었다. 제2부인 윤리와 사회에서는 윤리의 의미와 현대사회의 다양한 윤리적 이슈에 대해 다루었다. 제3부인 직업윤리에서는 문화권역에 따른 윤리문제, 직업윤리 일반, 전문적 직업윤리 그리고 서비스정신에 대해 다루었다. 마지막 제4부 기업윤리에서는 기업윤리와 경영성과, 윤리적 리더십과 조직문화, 윤리경영시스템, 기업의 사회적 책임 그리고 글로벌 시대의 기업윤리에 대해 다루었다.

필자는 '직업윤리와 기업윤리 세미나'라는 대학원 과목을 20년 이상 가르쳐 오면서 직업윤리와 기업윤리를 접목한 대학교재를 펴내어야 한다는 생각을 늘 하면서 미완의 원고파일을 숙제처럼 지녀왔다. 이 숙제를 끝낼 수 있도록 자료 수집과 원고 정리를 도와준 권세정, 김소영, 임수원 제자들에게 진심으로 고마움을 표하고 싶다. 그리고 이 책이 나오기까지 오랫동안 기다려주시고 정성껏 책을 만들어주신 이수영 사장님과 편집진에게도 깊은 감사를 드린다.

2018년 6월

저자

■ 차례 Contents

Chapter 8 서비스정신

Part 4 기업윤리

1 Part 현대사회와 직업

Chapter 1

일과 직업

학습목표

- 일의 의미에 대하여 설명할 수 있다.
- 직업 선택 시 고려하여야 할 요소들을 예시할 수 있다.
- 적성과 직업과의 관계를 설명할 수 있다.

1.1 일의 의미

1.1.1 왜 일을 하는가?

일(work)은 예술 작품 등과 같은 특정한 성과, 일반적인 업무, 과제, 그리고 직업 등 다양한 의미를 가지고 있다. 대부분의 사람들은 인생의 3분의 1 이상을 일을 하면서 살아가는 만큼 일은 개개인의 특정한 정체성(identity)를 나타낸다고 할 수 있다. 미국의 유명한 작가이자 예술가이며 젊은 시절 비누 세일즈맨이기도 하였던 엘버트 허버드(Elbert Hubbard)는 "우리는 소유하기 위해서 일하는 것이 아니라 진정한 자신이 되기 위해서 일을 한다(We work to become, not to acquire.)"라고 하였다. 일은 오로지 물질적 충족을 위한 수단이 되어서도 안 되고 또한 아무런 생각 없이 시간을 메우는 수단이어서도 안 된다. 일은 어떻게 보면 우리 생에 있어서 매우 중요하지만 궁극적으로는 생의 목적의 일부분에 불과한 것이다. 이러한 생각을 염두에 두지 않으면 일에서 성공을 하더라도 허탈해지거나 아니면 맹목적으로 일을 하다 지치거나 아무런 의식 없이 대충 일하게 된다.

우리는 다양한 경로를 통해 세상에 존재하는 수많은 직업들을 탐색하고, 그 중 자신의 적성, 가치관에 맞는 일을 하기 위해 노력하고 있다. 따라서 우리는 직업을 선택하고, 그 일을 함에 있어서 자신만의 가치관에 따라 일의 의미를 정의할 수 있어야 한다.

중세 프랑스의 어느 건축현장에서 노동자들이 어떤 생각으로 일을 하고 있는가를 알아보기 위하여 왕이 변장을 하고 몇 사람에게 다가가 질문을 하였다. 첫 번째 노동자에게 다가가서 "당신은 지금 무엇을 하고 있소?"라고 질문을 하였다. 그 노동자는 질문하는 사람을 힐끗 돌아보며, "아니 당신은 눈이 멀었소? 보면 몰라서 묻소? 이 바위를 잘라서 감독관이 시키는 대로 가지런히 만들고 있소. 햇빛은 뜨겁고 땀이 비 오듯 하는데 정말 힘들고 지겨워서 죽겠소."라고 대답하였다.

다시 두 번째 사람에게 다가가서 똑같은 질문을 하였다. 그 노동자는 대답하기를 "나는 이 바위를 다듬어서 건축가가 설계한 대로 조립할 수 있도록 만들고 있소. 힘들고 때로는 반복적이기도 하지만 나는 한 주일에 5프랑씩 벌어 아내와 자녀들을 먹여 살릴 수 있소. 이것보다 못한 일도 있는데 이만하면 괜찮지 않소?"라고 대답하였다. 그 대답에 좀 힘이 난 왕은 다시 세 번째 사람에게 다가가 똑같은 질문을 하였다. 그 세 번째 사람은 팔을 들어 하늘을 가리키며 대답하기를 "무얼 하느냐고요? 보면 모르시오? 나는 대성당을 짓고 있소."라고 즐겁게 대답하였다. 이것이 바로 일의 즐거움이다. 똑같은 일을 하면서도 자신에게 주어진 일에 의미를 부여하면서 즐겁게 일하는 세 번째 노동자의 태도가 직업인에게 있어 필요한 태도이다.

같은 일을 하면서도 의미와 즐거움을 발견하지 못하는 사람이 있는가 하면 그 일 속에서 자신의 즐거움과 소명을 이끌어내고 열심히 일하는 사람도 있다. 히브리어로 일 'avada'라는 단어는 노예 'eved'와 어원이 같다고 한다. 중세 때까지 대부분의 사람들은 생계를 위하여, 즉 먹고 살기 위하여 일하였다. 자신이 하는 일을 노예가 하는 노역으로 생각하는 사람은 직장을 지루한 일을 해야 하는 고통스런 노역의 장소로 생각할 것이다. 그러나 위 예화의 마지막 석공은 자신의 일에서 의미를 찾음으로써 힘든 일을 즐겁게 할 수 있는 것이다.

자기개발서의 저자로 유명한 데니스 웨이틀리는 제2차 세계대전 동안에 수천 명이 큰 낙하산을 만드는 것을 보았다. 그것은 지루한 일이었다. 남자들은 대부분 전쟁터로 나가고 여성노동자들은 하루에 8시간에서 10시간 동안 재봉틀 앞에서 등을 구부리고 특별한 모양도 없어 보이는 천을 끝없이

> 박아댔다. 아침마다 노동자들은 그들이 박아대는 한 바늘 한 바늘이 생명을 구하는 작업에서 가장 중요한 부분이라는 이야기를 들었다. 아침마다 작업 반장은 여러분들이 만드는 낙하산 가운데 하나를 바로 당신의 남편이나 동생 또는 아들이 쓸지도 모른다는 사실을 기억해달라고 이야기하였다. 그 낙하산을 쓰는 사람은 바로 나의 사랑하는 가족이 될 수도 있기 때문에 비록 그 일이 힘들고 지루했지만 재봉틀 앞에 앉은 모든 사람들은 자신들의 기여가 얼마나 중요한가라는 사명감으로 지탱하였다.

1.1.2 일의 의미

자본주의사회에서는 일은 일정한 수입을 보상으로 가져다준다. 그러나 사람들이 만족스럽다고 느끼는 최소한의 부를 축적한 이후에도 일을 계속하는 사람들에게는 돈이 일하는 근본적인 이유가 되지는 않는다. 특히 많은 미국인들은 일이란 그 자체가 중요하다는 기독교적인 직업윤리관을 가지고 있다. 거액의 복권에 당첨된 사람들에게 현재 자신이 하고 있는 일을 그만둘 것인가를 질문했을 때 현재 하고 있는 일을 계속하겠다는 대답이 한국사람보다 미국인들에게서 더 많은 것은 바로 이러한 직업관을 반영하고 있다고 할 수 있다. 생활비를 버는 단순한 행위 자체도 가치로운 것이며 또 생에 있어 만족감을 가져다준다고 생각하고 있다.

또한 일이란 개인적인 만족을 제공하기도 한다. 예를 들면 직업은 개인이 자신에 대하여 가지는 정체성의 근원이 된다. 우리가 흔히 처음 만나는 사람에게 직업이 무엇인가를 물어보는 자체는 직업을 통하여 그 사람을 판단하기도 하고 또 우리 자신도 타인으로부터 내가 어떤 사람인가를 자신의 직업으로 평가받기 원하는 경우도 많다.

자신이 하는 일에 의미를 부여하는 것이 매우 중요하다. 자신의 일에 대한 긍정적 사고를 가지고 자신의 일이 전체과정에서 어떠한 역할과 공헌을 하는지 찾아내는 것이 중요하다. 조직원이 행복할 때 회사 전체의 성과도 높아지기 마련이다. 최근의 많은 경영학연구들이나 심리학연구들을 보면 행복한 사람들이 직장에서 더 성과를 내고 성공한다고 한다. 많은 긍정 심리학자들이 연구한 결과에 따르면 행복한 삶을 살았다고 얘기하는 사람들은 공통적으로 삶의 의미를 추구하는 일을 하면서 살았다고 한다. 즉 즐거움을 느낄 뿐만 아니라 의미를 발견할 수 있는 일에 열정적으로 몰입할 때 행복감을 느낀다고 한다.

자신의 삶에 있어서 일의 의미를 생에 대한 태도와 관련해서 생각해보자.

생각해보기

1. 나는 왜 일하는가? 나는 일을 단지 살아가는 수단으로 생각하는가? 아니면 일이 내 인생의 가장 큰 목표인가? 일이 단지 생계의 수단이어서도 곤란하지만 일중독자처럼 일 자체가 최고의 목표가 되어서도 곤란하다.
2. 내가 개인적으로 혹은 직업적으로 관여하는 모든 일에 있어 최선을 다할 각오가 되어 있는가? 자신이 추구하는 가치나 생활도 존중하고 직업에도 충실하기 위해서는 모든 일에 최선을 다할 때에 가능하다.
3. 나는 물질은 단지 수단일 뿐이며 다른 사람들의 행복에 관심을 가지는 편인가, 아니면 사람을 이용하여 수입이 증가하는 것에 관심을 두는 편인가? 조직의 관리자나 상사들을 보면 부하직원을 이용하여 자신의 승진이나 성과를 위해서 이용하는 사람이 있는가 하면 부하직원들의 성장과 능력개발에 관심을 가지고 격려해주는 상사도 있다.
4. 현실에 안주하지 않고 끊임없이 배우는 자세가 되어 있는가? 일은 인생에 있어 매우 중요한 부분을 차지하고 대부분의 시간을 일터에서 보내게 된다. 자신이 현재 하고 있는 일을 더 잘하고 또 성장해 나가기 위해서는 지속적인 노력을 필요로 한다.
5. 다른 사람들을 위해 봉사할 수 있는 마음의 준비가 되어 있는가? 자칫 자신의 이익을 추구하기보다 타인을 위해 봉사하는 것이 어리석어 보일 수도 있으나 많은 경험자들은 타인을 위해 봉사하는 것이 자신에게 가장 큰 기쁨과 만족을 돌려준다고 이야기하고 있다.

'뉴욕타임스' 베스트셀러 작가인 알랭 드 보통은 '일의 기쁨과 슬픔'이라는 저서에서 인간은 왜 일을 하는지, 무엇이 일을 즐겁게 혹은 즐겁지 않게 만드는지, 또 우리 삶에서 일을 떼어내면 어떤 모습이 남을까 등에 대한 질문을 던졌다. 일이 의미 있게 느껴지는 것은 우리가 하는 일이 다른 사람들에게 기쁨을 주거나 고통을 줄여줄 때라고 하였다. 일에서 의미를 찾는 방향으로 행동하려는 욕구는 지위나 돈에 대한 욕심만큼이나 강하다는 것이다. 그 의미 있는 일이라는 것이 성직자나 의사와 같이 일반적으로 생각하는 거창한 일이 아니라 비스킷이나 빵을 굽는 일을 하더라도 자신의 일이 다른 사람들에게 행복한 순간을 가져다줄 수 있다고 상상할 때 일의 의미를 느낄 수 있다. 무의미한 일은 없고 그 일을 무의미하게 만들거나 인식하는 인간이 있을 따름이다.

일에 대한 연구를 하는 연구자들이 병원 청소부들을 대상으로 자신의 일이 따분하고 무의미한 노동이라고 생각하는 그룹과 흥미로우며 의미가 있다고 생각하는 그룹으로 나누었다. 두 번째 그룹의 청소원들은 자신의 일을 창조적인 방식으로 재구성하였다. 그들은 간호사, 환자, 방문객들과 좀 더 긴밀한 관계를 맺고 자진해서 환자와 병원 직원들을 기분 좋게 해주려고 노력하였다. 또한 자신의 일을 전체적인 맥락에서 재해석하여 적극적으로 의미를 부여하였다. 단지 쓰레기를 치우고 더러운 빨래를 하는 것이 아니라 스스로 환자들의 건강과 병원의 원활한 운영에 기여하고 있다고 생각하였다.

미용사, 간호사, 요리사 등을 대상으로 한 연구에서도 비슷한 결과를 찾아내었다. 자신의 일에 의미를 부여하는 사람들은 고객이나 동료직원들과 의미 있는 관계를 유지하였으며 일을 노동이 아니라 자신의 소명으로 여기고 있었다.

1.2 직업의 중요성

1.2.1 직업의 의미

직업이란 생계를 유지하기 위하여 자기의 적성과 능력에 따라 전문적으로 종사하는 경제적이고 지속적인 활동이라고 정의할 수 있다. 생계에 필요한 의식주 해결 및 물질을 얻기 위하여 매일 반복적으로 계속되는 '일'로서 '생업'이라 부르기도 한다.

직업
생계를 유지하기 위하여 전문적으로 종사하는 경제적이고 지속적인 활동

직업이란 단순히 생활비를 버는 것보다 훨씬 더 중요한 역할을 한다. 사람들이 직업이나 직장을 통하여 하는 일은 인격형성에 많은 영향을 미친다. 우리의 삶에 대한 태도, 가치관, 일반적인 인격형성이 많은 부분 가정에서 이루어진다. 그러나 실제적으로 우리가 어떤 종류의 사람인가 하는 것은 우리가 직장에서 수행하는 역할과 일어나는 일들에 의해서 크게 영향을 받는다. 그렇기 때문에 어디에서 누구와 함께 일하며, 무엇을 어떻게 생산하고, 동료들과 어떤 관계를 맺어 나갈지를 선택하는 일들이 상당히 중요한 의미를 지니게 된다.

직장에서의 일이 사람들을 더욱 훌륭한 사람으로 변화시킬 수도 있고 그와 반대로 조직의 수레바퀴에서 일상적인 일을 수행하는 무관심한 사람으로 만들 수도 있다. 친절하고 사려 깊은 동료들과 지속적인 교류를 갖고, 일을 통하여 다른 사람들에게 봉사하며 사람들이 정말 필요로 하는 상품과 서비스를 만들어내는 일을 하면서 우리들은 일을 통한 만족감을 얻을 수 있을 것이다.

직업은 행복에 있어서도 매우 중요한 요소이다. 직업을 통하여 자신의 잠재된 능력을 발휘하고 인생의 의미를 찾는 것은 행복감의 중요한 원천이다. 행복을 연구하는 학자들의 연구 결과에 따르면 직업은 행복과 아주 상관관계가 높은 것으로 나타났다. 일반적으로 직업을 가진 사람들이 그렇지 않은 사람보다 더 행복하고 또 전문직이나 높은 수준의 숙련을

요구하는 직업을 가진 사람들이 그렇지 않은 사람보다 더 행복한 것으로 나타났다.

[제국의 황혼 '100년 전 우리는'] 근대적 직업이 출현하다

개항 전에도 직업은 우리가 생각하는 이상으로 다양했었다. 예컨대 1474년 편찬된 '경국대전'에 의하면 문관직이 1,779자리, 그리고 무관직이 3,826자리가 있었으며, 국가의 명부에는 중앙관청에 129직종이 경공장(京工匠) 2,841명, 그리고 지방관청에 27종의 외공장(外工匠) 3,652명이 등록되어 있었다.

조선후기 시장이 성장하여 위탁 매매를 주로 하는 객주와 여각, 이들을 도와 상거래를 중개하는 거간, 자본을 대는 물주 등 상인층의 분화가 있었다. 또한 서점, 희귀 도서의 매매 중개인인 책주름, 도서 대여업인 세책가, 필사를 전문으로 하는 필경사 등 지식을 상품화하는 직업의 분화가 진전되었다. 도시의 성장으로 산대놀이패, 탈춤패, 거사패, 사당패, 각설이패, 꼭두놀음패, 떠돌이 가객 등 직업적 예능인이 출현했다.

세계사적으로 근대에는 기술과 시장의 발전, 공업화와 도시화 등으로 직업세계가 본격적으로 발달하였는데, 한국사에서도 근대의 기점이 된 개항 이후 그러한 변화가 나타났다. 근대문명의 직업세계에 대한 충격은 일차적으로 기술로부터 유래했다. 증기기관 등 기계의 도입은 그것을 다루는 직업군을 창출했다. 2차 충격은 제도로부터 유래했다. 특히 공장제도와 회사는 자본가, 관리직, 노동자, 샐러리맨, 회사원 등 다양한 범주의 직업군을 낳았다. 공장과 회사는 직장 근무, 표준화된 노동시간이라는 직업노동의 근본적인 변혁을 가져왔다. 1895년에는 각 관청도 1일 평균 집무시간을 6시간으로 발표했다. 3차 충격은 문

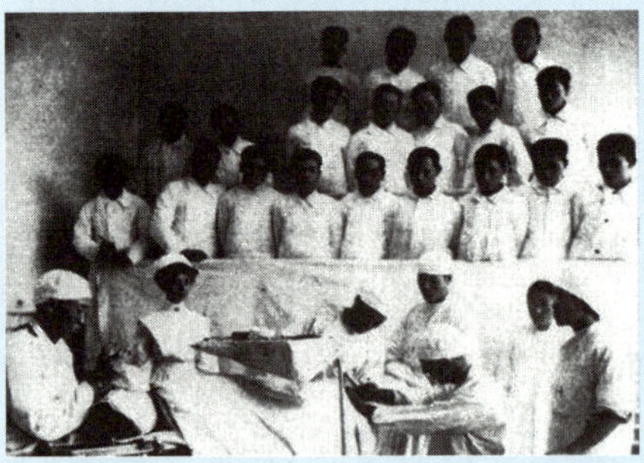

세브란스의원 초기 인턴 강의

화로부터 유래했다. 의식주에 서양문화가 들어오면서 관련 직업이 출현했다. 1899년 독립신문사가 서양요리법을 발행한 것은 서양식 생활의 침투를 보여준다.

종래의 직업도 새로운 모습으로 변모했다. 예를 들어 조선시대 왕실의료에서는 약을 위주로 하는 약의와 침을 위주로 하는 침의가 나누어져 있었으나 민간의료에서는 양자를 겸하는 것이 일반적이었다. 그러나 개항 후 민간에서도 약사와 의사가 분화되었을 뿐만 아니라 의사도 전문 분야에 따라 세분화되었다.

〈이하 생략〉

이헌창 고려대 교수 · 경제학
출처: 조선일보, 2010년 7월 23일

1.2.2 직업의 목적

사람들은 다양한 목적을 달성하기 위하여 직업을 가진다. 직업을 가지는 목적을 보다 구체적으로 살펴보면 다음과 같다.

1) 생계유지의 수단

사람은 일정한 나이가 되면 직업을 갖게 된다. 대개 20세 전후에 직업을 가져 60세 전후까지 직업생활을 한다. 앞으로는 평균수명의 연장과 함께 더 오래 일을 하게 될 것이다. 직업은 여러 가지 기능을 가지고 있지만 그 중의 하나는 일을 하는 대가로 경제적 보수가 따라오기 때문에 생계를 유지할 수 있게 된다.

2) 커리어를 통한 자아실현

인간은 기본적 욕구가 충족되고 나면 보다 높은 차원의 욕구를 가지게 된다. 생업의 수단으로서의 직업이 한 단계 발전하게 되면 일을 통하여 자아를 실현하고자 하는 욕구를 자연스레 가지게 된다. 그러나 모든 사람이 다 직업을 통하여 자아를 실현할 수 있는 것은 아니다. 사회적으로나 객관적으로 좋은 직업에 종사하는 사람만이 자아실현을 하는 것도 또한 아니어서 어떠한 직업에 종사하든 그 일을 통하여 자신을 발전시키고 자신이 원하는 바를 성취하며 이상을 실현할 수 있는 것이 바람직하다.

3) 소명과 봉사

소명(calling)
어떤 특별한 목적을 위해 부름받은 것을 뜻함. 종교적 개념으로는 신의 부름을 의미함.

자신이 하는 일을 소명(calling)으로 생각하는 사람에게는 일 자체가 목적이다. 이들은 스스로 동기부여하고 자신이 하는 일에 만족하며 열심히 일하고 일에서 자기실현을 이끌어낸다. 사회적인 성공이 목표가 될 때는 연봉, 지위, 명예 등과 같은 외부적인 요소에 의하여 일을 하게 된다. 그러나 스스로 자신의 일이 소명이고 직업을 통하여 다른 사람들을 위해 봉사할 수 있다고 생각할 때 직업은 큰 의미를 가지게 된다. 자기자신만을 위한 일이 아니라 사회 구성원들이 각자 맡은 일을 열심히 함으로써 타인, 나아가 사회와 인류를 위할 수 있을 때 직업은 본질적으로 사회성을 가지게 된다. 즉 직업은 이웃에 대한 봉사성, 사회에 대한 필요성, 국가와 인류에 대한 공헌성을 가지고 있다. 사회의 구성원들 각자가 맡은 일을 열심히 할 때 사회와 국가가 발전할 수 있다.

하수처리장에서 근무하는 하급공무원이 효과적인 분뇨처리방안을 연구하여 박사학위를 취득하기도 하였고 어떤 청년은 군복무 기간 동안 그간 소홀히 하였던 문학작품을 열심히 읽어 영문학 독학사를 취득하였다. 초등학교밖에 나오지 못한 K씨는 틈이 나는 대로 꾸준히 책을 읽고 글을 쓰며 독학

> 을 하였다. 50대 초반인 지금에는 여러 문단과 글쓰기 대회에서 입상하였으며, 글 쓰는 방법에 대한 책도 출판하였고 자신의 경험을 바탕으로 기업에 출강하여 정신교육과 자기계발에 관한 강의를 하는 산업강사로까지 활약하고 있다. 자신의 어려운 환경을 탓하기보다는 꾸준한 노력이 오늘의 자신을 가져왔다며 자신에게는 학벌 없음이 사회에서 살아나갈 때 조금도 장애가 되지 않았다고 이야기하고 있다.

인간은 어떠한 환경에 처하든지 그 환경을 활용하여 자신에게 유익한 결과를 가져올 수 있는 힘을 가졌다. 우리가 나쁜 결과에 대하여 자신이 전적으로 책임을 지지 않고 환경에 탓을 돌리거나 다른 사람의 탓으로 돌리는 것은 바람직하지 못하다.

우리가 되고자 원하는 사람의 유형과는 반대되는 다른 종류의 직업을 선택한다면 어리석은 짓이다. 셰익스피어가 말했듯이 우리 모두는 무대위의 연기자들이다. 사무실에서나 공장에서나 우리의 연기자로서의 역할은 우리 인격형성에 강한 영향을 끼친다. 연극을 할 때와 마찬가지로 우리 성격에 맞는 직업을 선택하는 것이 최선의 길이다. 선택한 직업이 우리가 소유하고자 원하는 성격적 특성들과 잘 조화되는 것은 매우 중요하다. 일터도 근로자를 착취하거나 억압하는 장소가 아니라 개개인이 자신의 역량을 최대한 발휘하며 즐겁게 일할 수 있는 환경을 제공해주어야 한다.

한 취업 포털 사이트의 설문조사에 의하면 신입사원 중 1년 이내에 퇴사하는 직원이 절반 이상이라는 결과가 나왔다. 힘들게 입사한 대기업 신입사원들도 47%가량이 자발적으로 회사를 떠난다고 한다. 젊은 세대들은 기성 세대와 달리 자신이 하고 싶은 일, 의미 있는 일, 세상을 변화시킬 수 있는 일을 원하고 대기업이라는 간판에 연연해 하지 않는다는 해석도 있다. 또한 감독과 지시를 받는 일보다 창의적인 아이디어를 가지고 자율적으로 일하며 참여적 의사결정을 할 수 있는 일을 더 선호한다.

또한 산업사회에서 일이나 가족 생계 때문에 자신의 삶을 포기했던 부모세대와 달리 자신의 삶을 희생하는 것을 원하지 않는다. 이렇게 달라진 직업관과 가치관은 일을 대하는 태도에 많은 영향을 미친다.

1.3 직업의 선택

1.3.1 직업선택의 고려요소

직업을 택할 때 "나는 무엇에 소질이 있는가?"라는 질문도 중요하지만 "어떤 일이 나에게 의미와 즐거움을 줄 수 있는가"를 고민해보아야 한다. "나는 무엇을 하고 싶은가"를 물어야 하는데 자신의 열정과 장점을 활용할 수 있는 적절한 직업을 발견하는 것은 쉽지 않다.

■ 동물학교

어느 날 동물들이 숲속에 모여서 학교를 시작하기로 결정했다. 그곳에는 토끼, 새, 다람쥐, 물고기, 뱀장어가 각각 한 마리씩 있었다. 그들은 교육위원회를 구성하고 교과과정을 만들고자 하였다.

토끼는 땅속에 굴을 파는 것이 교과과정에 포함되어야 한다고 주장하였다. 물고기는 수영을 주장했다. 다람쥐는 수직으로 나무 타는 법을, 그리고 새는 나는 법이 포함되어야 한다고 주장하였다.

그들은 이러한 것들을 모두 교과과정으로 채택하기로 하고 교안을 작성했다. 그리고 나서 그들은 모든 동물들이 이 모든 과목들을 수강해야 한다고 주장했다. 토끼는 비록 굴을 파는 데는 A학점을 받았지만 수직으로 나무 타기는 정말로 문제였다. 토끼는 계속해서 아래로 떨어져 버렸다. 얼마 지나지 않아 토끼는 떨어질 때의 충격으로 뇌에 손상을 입게 되었고, 굴을 파는 것도 더 이상 잘 할 수 없게 되었다. 굴파기에는 A를 받는 대신 C를 받았다. 물론 수직으로 나무 타기는 언제나 F였다.

> 새는 정말로 아름답게 날았다. 하지만 땅속에 굴을 파는 일은 그리 잘 할 수 없었다. 결국 부리와 날개가 상할 수밖에 없었고 새는 굴 파기에서 F를 받았을 뿐만 아니라 상한 날개 때문에 날기에서도 C를 받게 되었다. 그리고 수직으로 나무 타기는 새에게 불가능한 과제였다.
>
> 다람쥐는 수직으로 나무 타기에는 아주 훌륭했다. 그러나 물을 너무 무서워하여 매번 수영에는 실패하였다. 그러나 물고기는 수영반에서는 쉽게 최고의 존재가 될 수 있었다. 그러나 다른 과목들을 배우기 위해서 물 밖으로 나올 수조차 없었다. 그 학급의 우등생은 모든 것을 중간 정도로 해낸 지능이 낮은 뱀장어였다.

'동물학교'의 예화에서 알 수 있듯이 자신이 잘 할 수 없거나 준비가 되어 있지 않은 일을 하도록 만드는 직업 상황에 처해진다면, 자신도 불행할 뿐 아니라 작업성과도 오르지 않아 조직에도 결과적으로 해를 끼치게 된다.

직업을 통하여 자아를 실현하고 사회에 봉사하는 만큼 자신에게 적합한 직업을 선택하는 것은 매우 중요하다. 자신에게 적합한 직업이 무엇인가를 알아보기 위해서 제일 먼저 해야 할 일은 자신의 개인적 특성, 즉 자신의 재능을 파악하는 것이다

① 나는 어떠한 일을 할 준비가 되어 있는가?
② 나는 어떤 일을 잘 할 수 있는가?
③ 내가 어떤 일을 정말 즐겁게 할 수 있는가?

또한 자신의 능력에 대하여 객관적으로 파악하는 것이 매우 중요하다. 모든 계획을 세우기에 앞서 자신의 강점과 약점에 관하여 다음과 같은 질문에 답해보자.

① 내가 특히 잘하는 일은 무엇인가?
② 내게 쉽게 느껴지는 일은 무엇인가?

③ 재미있는 일은 무엇인가?
④ 다른 사람보다 뛰어난 분야는 무엇인가?
⑤ 지금까지 내가 가장 큰 성공을 거둔 분야는 무엇인가?
⑥ 잠재된 능력을 개발할 필요가 있는 분야는 무엇인가?
⑦ 활용되지 않은 채로 잠자고 있는 능력은 무엇인가?
⑧ 내가 하기 싫어하는 일은 무엇인가?
⑨ 어렵게 느껴지는 일은 무엇인가?
⑩ (윤리적 · 도덕적으로) 거부감이 느껴지는 일은 무엇인가?
⑪ 자신이 부족하다고 느끼는 점은 무엇인가?
⑫ 기회가 있으면 반드시 배우고 싶은 것은 무엇인가?

자신이 가진 재능과 능력을 발휘할 수 있는 직업이라면 그것은 좋은 직업이라고 할 수 있다. 만약 자신이 잘 할 수 없는 일과 즐겁게 할 수 없는 일을 하도록 요구하는 직업을 선택한다면 자신은 불행하게 될 것이고 다른 사람에게도 피해를 주게 될 것이다. 자신의 장점은 최대한 자산화시켜야 하며 자신의 부족한 점은 더 개발시켜 나가야 할 것이다.

만약 돈이 직업 선택에 있어 가장 중요한 목적이라면, 다른 일에서 더 많은 돈을 벌 수 있다면 아마 그 일을 그만둘 것이다. 그 직업에 종사하면서도 이 일이 정말 자신이 하고 싶어하는 일인지에 대하여 회의를 하게 될 것이다. 그러다 경제적 보상이 적어지거나 힘들어지면 그 일을 그만두게 된다.

1.3.2 직업과 커리어

2017년도 한국직업능력개발원이 발표한 우리나라 고등학생들의 희망직업 1위는 교사였으며 간호사, 경찰, 군인, 기계공학기술자 및 연구원, 건축가, 의사, 컴퓨터공학자, 교수 · 학자, 승무원의 순으로 나타났다.

현대사회에는 매우 다양한 직업이 존재하고 제4차 산업혁명이 급진전되면서 직업 전망 자체도 매우 빠른 속도로 바뀌고 있다.

직업을 선택할 때 대부분의 사람들은 매우 좁은 시야로 가까운 미래만 생각하기 쉽다. 한 직장에서 20년 혹은 30년을 넘게 일하는 평생고용 혹은 평생직장 체제 속에서는 현재의 시각만으로도 충분했다. 결과적으로 사람들은 현재의 직업이나 산업의 미래를 보지 못하고 또한 현재 사회와 경제환경에 대한 주요한 추세도 알지 못한다.

사람이 평생을 통하여 꾸준히 추구하는 전문적인 일을 커리어라고 할 수 있다. 평생고용이 더 이상 보장되지 않는 오늘날에는 자신의 커리어에 영향을 미치는 좀 더 큰 추세에 관하여 시야를 넓히는 것이 필수적이다. 예를 들면 1980년대 이전까지만 하더라도 타이피스트나 텔렉스 조작원의 숫자는 매우 많았다. 그러나 오늘날에 와서는 이 두 직종은 거의 사라진 직종이 되었다. 미래를 내다보고 변화의 추이를 알아채고 준비한 사람들은 컴퓨터 시대에 적응하여 지금까지 직업에 종사하고 있겠지만 그러한 변화에 적절하게 대응하지 못했던 사람들은 도태되고 말았을 것이다.

직업의 선택은 자신에 대한 객관적인 이해를 바탕으로 자신의 궁극적인 목표달성과 조화될 수 있는 직업을 추구해 나가는 것이 바람직하다. 청년기에 세우는 커리어 계획은 나이가 들어감에 따라 조정되거나 변경될 수도 있다. 10년, 20년 후의 나 자신을 생각하면서 미래에 부딪히게 될 여러 변화를 예견하고 스스로를 준비시키는 데 노력을 집중할 수 있어야 한다. 자신을 올바르게 이해하고 직업을 선택하고 또한 그 직업이 속한 직종 내에서 필요로 하는 능력계발의 흐름을 파악하고 평생교육을 통하여 자신의 능력계발을 실천하는 것이 중요하다.

특정 직무를 수행하기 위한 기술을 익히는 것도 중요하지만 보다 광범위한 영역에서 자신을 변화시켜 나갈 수 있는 역량을 키우는 것이 필요하다. 역량은 전반적인 영역에서의 능력을 의미하는 반면 기술은 능력을 행동으로 옮길 수 있는 구체적인 행동이나 행위이다. 예를 들면 컴퓨터

전반에 관한 시스템적 사고 및 프로그래밍능력은 역량인 반면 자바(Java)를 사용하여 특정 프로그램을 제작할 수 있는 것은 기술이다.

자신의 커리어를 꾸준히 개발해 나가기 위해서는 업무와 관련된 역량도 중요하지만 팀원으로서 조화롭게 일하고 고객과 원만한 관계를 유지하며 상사로서 혹은 부하직원으로서의 자신의 역할을 감당할 수 있는 인간관계적인 역량도 매우 중요하다.

학습문제

1. 나에게 있어 삶의 의미는 무엇인지 한 문장으로 답해보자.
2. 내가 좋아하는 일은 어떤 일인지 열거해보자.
3. 내가 어떤 일이나 행동을 할 때 행복한지 생각해보자.

참고문헌

스티븐 코비(1997). 카리스마는 죽었다. 김경섭 역. 책누리.

알랭 드 보통(2009). 일의 기쁨과 슬픔. 이레.

이헌창(2010. 7. 23). "[제국의 황혼 '100년 전 우리는'] 근대적 직업이 출현하다." 조선일보.

최애경(2006). 인간관계의 이해와 실천. 도서출판 청람.

탈 벤 샤하르(2010). 해피어, 위즈덤하우스.

Dumaine, Brian(1994). "Why do we work?." *Fortune*, 130.

Hubbard, Elbert(1899). A Message to Garcia.

Nakamura, J. & Csikszentmihalyi, M.(2002). "The Concept of Flow." In C. Snyder & S. Lopez(Eds.), *Handbook of Positive Psychology*(pp. 89–105). New York: University Press.

Chapter 2

현대사회와 직업환경의 변화

학 습 목 표

- 4차 산업혁명에 대해 설명할 수 있다.
- 직업의 변화에 대해 설명할 수 있다.
- 현대사회에 필요한 직업능력에 대해 설명할 수 있다.
- 새로운 고용유형에 대해 설명할 수 있다.

2.1 사회적 변화와 직업

우리가 일하는 사회와 비즈니스환경은 매우 빨리 변화하고 있다. 지난 십 년간 일어난 변화는 지난 백 년 동안 일어났던 변화보다 더 크고 빠르다. 이런 변화들은 주로 기술의 발전과 관련되어 있으며 새로운 조직 형태와 작업수행방식이 필요하다. 사회적인 변화와 요구에 따른 신속한 대처와 유연성이 무엇보다 중요하다.

2.1.1 4차 산업혁명과 직업의 변화

작업이 비교적 단순하고 기계적이었던 과거에는 일을 나누어 수행하였다. 그러나 오늘날과 같이 직무가 다양하고 복잡해지면서 전문화가 이루어지는 시대에는 과거방식으로 일하기가 쉽지 않다. 특히 요즘과 같이 4차 산업혁명 시대에는 단순한 기능이나 지식을 반복적으로 사용하는 것은 인공지능(AI)으로 대체할 수 있게 되었다. 사회는 기계가 아닌 사람만이 할 수 있는 영역으로 여러 형태의 업무를 통합적으로 처리할 수 있는 다기능적인 능력을 요구한다.

1) 4차 산업혁명의 의미

일반적으로 산업혁명은 18세기 중반부터 19세기 초반까지 영국에서 시작된 기술혁신과 이로 인해 일어난 사회적 · 경제적인 큰 변화를 의미한다. 제1차 산업혁명은 증기기관을 동력으로 한 기계의 등장으로 인해 공장생산 체제가 도입되었고, 제2차 산업혁명을 거치며 전기동력에 의한 대량생산 체제가 가능해졌다. 제3차 산업혁명 시기에는 컴퓨터 · ICT 분야의 발전으로 정보화 · 자동화 시스템이 등장했다.

2016년 세계경제포럼(World Economic Forum: WEF)에서 논의된

제4차 산업혁명은 기존의 3차 산업혁명과 비교했을 때 사물인터넷(Internet of Things: IoT)이나 인공지능(Artificial Intelligence: AI), 빅데이터, 모바일, 첨단정보기술 등을 활용해 산업 영역 간 경계를 무너뜨리고 융합하며, 네트워크로 연결되고 소통하는 '초연결사회'를 말한다. 따라서 제3차 혁명을 주도한 ICT 또는 디지털기술을 기반으로 물리학, 생물학 분야의 기술이 상호교류하고 융합하면서 이전의 산업혁명과는 비교할 수 없을 만큼 새로운 사회경제적 변혁을 초래할 것으로 전망된다.

그림 2-1 산업혁명의 변천

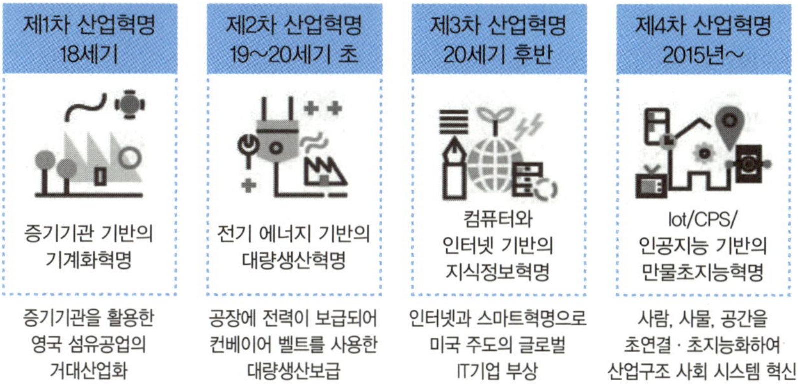

출처: 정보통신기술진흥센터 홈페이지

2) 직업의 변화

제4차 산업혁명이 진행됨에 따라 산업 및 고용구조도 크게 변화될 것으로 예상된다. 일부 직종의 고용이 줄어들거나 새로운 직업이 나타나는 등 고용시장에도 변화가 생길 것으로 보인다. 인공지능과 지능정보가 인간의 일자리를 빼앗을 것이라는 우려와 함께 전통적인 방식으로 노동하는 일자리도 확연히 줄어들 전망이다.

세계경제포럼은 4차 산업혁명에 따라 2020년까지 세계 주요 15개국에서 500여만 개의 일자리가 감소할 것으로 예상하였다. 702개 직종에 대해 분석한 결과 향후 20년 내에 컴퓨터에 의해 대체될 위험이 큰 직종이 전체의 47%에 이를 정도로 현재의 직업 중 반 정도는 사람이 아닌 컴퓨터가 대신할 것으로 보고 있다. 독일의 베텔스만 재단은 '2050 노동의 미래' 보고서에서 현재 약 6% 수준인 전 세계 평균 실업률이 2050년 24%에 이를 것으로 전망하고 있어 실업에 대한 적절한 대응도 필요하다.

한편, 미래에는 첨단과학기술 분야의 발전과 함께 모든 분야에 정보통신기술이 융합되어 인공지능 로봇이 사람의 일자리를 대신하면서 동시에 사람만이 할 수 있는 새로운 직업들도 새로 생겨날 것으로 전망된다. 앞으로는 하나의 업무만 잘하는 것이 아니라 두세 가지 일처리능력을 갖추어야 할 수 있는 직업이 일반화될 것이다.

2017년 미래창조과학부가 발표한 '10년 후 대한민국, 미래 일자리의 길을 찾다' 보고서가 전망한 융합형 직업의 대표적인 예를 살펴보자. 국제의료 코디네이터는 외국인 환자가 한국에서 진료나 치료를 받기 위해 중간 역할을 하는 사람으로 의료지식을 알아야 함과 동시에 외국어까지 할 줄 알아야 하는 직업이다. 사용자 경험 디자이너는 디지털 기기와 환경에 맞추어 사용자의 경험을 설계하는 직업으로, 인간의 심리와 행동, 스마트기술에 대한 이해와 디자인 등의 융합지식이 필요한 직업으로 각광받을 것으로 전망된다. 또한 전시기획에 홀로그램기술을 접목하는 홀로그램 전시기획가 역시 유망직업이다.

아울러 첨단과학기술과 기후, 가치관 변화 등으로 사회 전반적으로 새로운 직업이 나타날 것이라는 전망도 있다. 우주항공기술 발달로 우주여행이 보편화되고 지구를 벗어나 우주를 활발하게 이용하게 됨에 따라 우주여행 가이드, 우주 광부, 우주 청소부, 우주 농부 등 다양한 직업이 나타날 수 있다. 교통 수단과 에너지원을 효율적으로 활용하는 스마트 교통시스템 설계 엔지니어, 빅데이터 분석에 기반한 사회시스템 디자이너, 스마트 팜 관리자 등도 첨단과학기술의 발달로 주목받을 수 있는 직업이

내 일자리는 로봇이 대신할까?

영국 BBC 뉴스 홈페이지에서는 직업명을 입력하면 현재의 직업들이 20년 후에도 계속 유지될 수 있을지, 아니면 로봇이 대신할지를 미리 예측해 볼 수 있다.

퍼센트가 높게 나오면 로봇이 그만큼 대신하게 될 가능성이 높고, 퍼센트가 낮게 나올수록 사람이 수행하는 부분이 반드시 필요하기 때문에 로봇으로 대체될 가능성이 낮다는 것을 의미한다.

'Will a robot take your job?'
사이트 주소(http://www.bbc.com/news/technology-34066941)

IT엔지니어(IT engineer)와 오피스매니저(office manager)의 검색결과

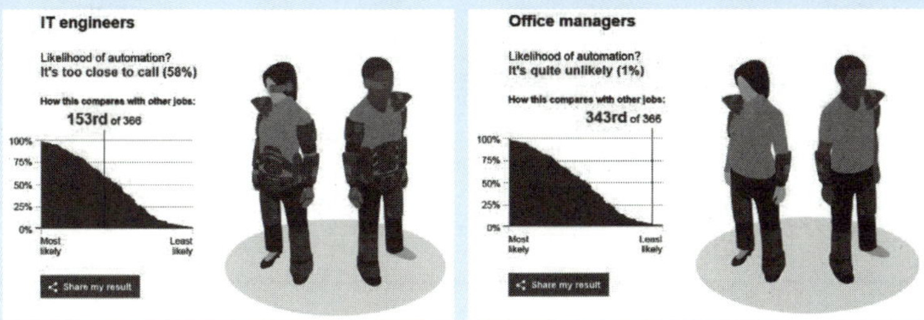

다. 인간복제, 유전자 조작 등 기술 발전이 초래할 수 있는 사회적 영향을 윤리적 이슈로 다루는 첨단과학기술 윤리학자, 미디어 윤리학자, 기계 언어학자 등도 생겨날 것이다.

3) 세대차

직업의 의미는 시대를 거쳐 변화해 오면서 사회에 속한 사람들의 경험적 배경이나 시대 상황과도 밀접한 관련을 가지고 있다. 서로 다른 형태의 경험적 배경과 그에 따른 다양한 가치관을 지닌 집단은 나름대로의 가치관에 따른 직업관을 가지게 된다. 다양한 사람들이 공존하는 사회 속에서 원만한 운영을 위해 통합 또는 조정 작업이 필요하게 된다. 또한 직장에서 함께 일하는 사람들의 생각을 비롯하여 경영자와 종업원 간의 갈등, 상사와 부하직원 간의 갈등, 노사 간의 갈등 등 모든 갈등상황을 세대 간의 이해에서 문제해결방법을 찾아볼 수 있다.

직장에서의 X · Y · Z세대

인시아드대의 신흥시장연구소(INSEAD Emerging Markets Institute), 글로벌 기업 브랜딩 전문회사 유니버섬(Universum), MIT 리더십 센터, 싱가포르의 싱크탱크 헤드 재단(HEAD Foundation)은 19개국의 학생과 직장인 1만 8천여 명을 X세대, Y세대, Z세대로 나누어 각 세대의 사람들이 직장에 불러올 변화, 기술의 최적화방식, 리더들의 업무효율성에 대해 알아보는 연구를 하였다.

세대 구분	분류
X세대	1965~1983년생
Y세대	1984~1996년생
Z세대	1997~2002년생

■ X · Y · Z세대의 공통점

세 세대의 공통점은 일하는 곳의 기업문화와 가치가 본인의 가치와 일맥상통해야 하는 것으로 보았는데, '나의 성격과 맞지 않는 곳에서 일하는 것'은 X · Y · Z세대 모두 싫어했다. 또 다른 공통점은 '갇히는 것'을 싫어하며 자신이 발전할 수 있는 기회를 찾기를 원하였다.

테크놀로지 측면에서는 X · Y · Z세대 모두 가상현실(VR)기술을 업무에 적용할 준비가 되어 있고 이를 사용하길 기대한다는 점이었다.

■ X · Y · Z세대의 차이점

각각의 세대는 일의 미래에 대한 생각이 달랐다. Y세대 사람들은 X세대 사람들보다 훨씬 더 긍정적으로 자신의 일의 미래를 내다봤다.

흥미로운 점은 X세대가 젊은 세대보다 가상현실기술을 사용하는 것에 대한 훈련을 받는 것을 더 많이 선택할 수 있다는 것이다. 가상현실기술 자체를 선호하는 것보다는 이를 사용함으로써 (일을 하는 데 있어서) 시간절약을 더 할 수 있어 보이기 때문이다.

또한 가장 어린 세대인 Z세대의 사람들은 유연근무제를 당연한 것으로 받아들였는데, 유연한 스케줄과 업무 장소가 더 좋은 기회를 제공할 것이라고 믿기 때문이었다.

이 연구조사 결과는 회사가 X · Y · Z세대들에게 어필하고 이들을 관리하고, 사람들을 리더로 성장시키는 것에 대한 중요한 시사점을 남겼다. X · Y · Z세대로 구성된 다양한 세대의 직장인들은 회사 미래에 많은 변화를 불러올 것이다. 업무방식 등 각 세대가 원하는 바를 잘 통합하고 이루기 위해 인사담당자들은 더 많은 일을 할 수 있다. 회사들은 미래를 위해 준비하고 X · Y · Z세대의 기대를 파악하고 이를 충족하기 위해 노력하여야 할 것이다.

2.1.2 직업능력

4차 산업혁명을 세계적 화두로 끌어올린 세계경제포럼(WEF)이 제시한 미래 인재의 핵심능력 가운데 가장 대표적인 능력은 도전정신, 문제해결능력, 소통능력, 창의성, 적응력, 협동능력이다. 인공지능(AI), 사물인터넷(IoT) 등 기술혁신으로 대표되는 4차 산업혁명도 그 원동력은 미래 인재의 능력에 달려 있기 때문이다. 고도로 발달한 인공지능이 생산직에서 전문직까지 기존 직업의 대부분을 대체할 것이라는 전망이 나오지만, 복잡한 문제를 해결하는 능력과 감성지능, 인지적 유연성과 협상능력 등을 갖춘 미래 인재는 인공지능이 따라올 수 없을 것이다.

또한 앞으로의 직업은 보다 다양한 직무능력을 요구하고 있으며 직업시장의 새로운 요구를 인식하고 변화된 근무환경에 적응할 수 있어야 한다. 이러한 환경에 적응해 나가는 데 있어 필수적인 능력을 예시하면 다음과 같다.

1) 유연성

이제는 평생직장을 찾는다는 개념에서 벗어나 평생직업을 구한다는 생각을 가져야 한다. 즉 회사에 대한 충성심에서 특정 직종의 전문성을 갖춘 직업에 대한 충성심으로 직업에 대한 개념을 바꾸어야 한다. 더 나아가 한 가지 직업에서 계속 일을 하는 것이 아니라 평생 동안 여러 개의 커리어를 추구하는 것이 일반화되고 있다. 글로벌 지구촌 시대에서는 전문 직업인일수록 직장의 이동이 용이하고 자신을 필요로 하는 곳이면 어디든지 찾아가 일을 하는 것이 가능하다. 지속적으로 변화하는 환경에서는 보다 진취적이고 유연한 사고방식과 적응력이 요구된다고 할 수 있다.

2) 창의력

과학적으로나 예술적으로 뛰어난 사람들만 창의력을 가진 것이 아니라 일반 직장인이나 소규모의 비즈니스를 운영하는 사람들도 얼마든지 창의적일 수 있고 또 창의력을 발휘하여야 한다. 과거에 갇혀 있는 고정관념이 아닌, 이전과 전혀 다른 새로운 관점으로 자신의 일과 사물을 바라볼 수 있어야 한다. 기업들은 창의적인 인재를 채용하고 육성하기 위해 다양한 시도를 하고 있으며 이들을 통해 창의적인 조직문화를 형성하는 데 투자를 아끼지 않고 있다. 누구나 창의적 잠재력을 가질 수 있어 자신만의 꾸준한 노력이 필요하다. 창의력은 인문학적 지식, 주변환경 및 문화적 체험 등 많은 요인들의 영향을 받기 때문이다.

3) 문제해결능력

문제해결능력은 어떤 문제 상황이 발생했을 때 논리적인 사고를 통해 이를 적절하게 해결하는 능력을 말한다. 문제해결을 위해서는 주어진 일을 수동적으로 처리하는 것이 아니라 창조적인 사고와 비판적인 사고 그리고 적극적인 자세로 문제를 해결하는 능력을 키워야 한다. 자신의 일을 '어떻게' 하면 잘 할 수 있는가에 그치지 않고 '왜' 이 일을 해야 하는가와 같이 문제에 대한 근본적인 인식을 하는 것이 중요하다.

4) 소통능력

업무 현장에서는 다양한 종류의 커뮤니케이션을 한다. 말하기, 듣기, 쓰기, 구체적으로는 발표하기, 지시하기, 이메일 쓰기, 보고하기, 토론하기 등 다양한 형태의 소통을 할 때 타인들과 정확하고도 원활한 커뮤니케이션을 할 수 있어야 한다.

특히 글로벌 시장에서 활동하려면 영어를 비롯한 제2, 3 외국어를 능숙하게 구사할 수 있는 능력이 기본이다. 전 세계 인터넷에서 유통되는 정보의 80% 이상이 영어로 쓰여진 정보라고 할 정도로 영어는 세계 공용어라 할 수 있으며, 중국의 급속한 경제성장으로 인해 중국어의 중요성도 커지고 있다. 또한 외국어를 능숙하게 구사한다는 것은 자신의 일자리를 국내에서 구할 수도 있지만 해외에서도 구할 수 있다는 것을 의미한다.

5) 협동능력

협동능력은 다양한 유형의 사람들과 원만하고 좋은 관계를 맺고 유지하면서 업무를 수행할 수 있는 능력을 의미한다. 팀워크능력이라고도 할 수 있는데 팀 내에서 자신에게 부과된 임무를 적극적으로 수행할 수 있을 뿐만 아니라 다른 사람들과 협상하고 팀이 성과를 낼 수 있도록 동기부여하며 갈등 상황을 해결할 수 있어야 한다.

6) 글로벌 마인드

글로벌 마인드는 서로 다른 문화에 대한 폭넓은 이해와 융통성을 바탕으로 세계인을 대하고도 비즈니스를 처리하는 기본자세를 말한다. 문화적 차이에 대해 적절하고도 긍정적인 반응을 보이는 국제비즈니스의 중요한 기법이 되기도 한다. 이를 위해서는 글로벌 트렌드를 이해하고 분석하는 능력과 타문화에 대한 이해와 수용능력을 키워야 한다.

2.1.3 국가직무능력표준(NCS)에서의 직업기초능력

우리나라도 선진국처럼 국가 차원에서 국가직무능력표준(National Competency Standards: NCS)을 설정하였다. 직업인으로서 기본적으로 갖추어야 할 공통역량인 '직업기초능력'과 해당 직무를 수행하는 데 필요한 역량인 지식 · 기술 · 태도를 '직무수행능력'으로 제시하고 있다. 직업기초능력은 [표 2-1]과 같이 다시 '의사소통능력, 수리능력, 문제해결능력, 자기개발능력, 자원관리능력, 대인관계능력, 정보능력, 기술능력, 조직이해능력, 직업윤리'의 10개 영역으로 나눌 수 있다. NCS 홈페이지에 게시된 내용을 발췌해서 요약하면 다음과 같다.

| 표 2-1 | 직업기초능력의 10개 영역

직업기초능력	직무수행능력
의사소통능력	문서이해능력, 문서작성능력, 경청능력, 언어구사력, 기초외국어능력
수리능력	기초연산능력, 기초통계
문제해결능력	사고력, 문제처리능력
자기개발능력	자아인식능력, 자기관리능력, 경력개발능력
자원관리능력	시간자원관리능력, 예산관리능력, 물적자원관리능력, 인적자원관리능력
대인관계능력	팀워크능력, 리더십능력, 갈등관리능력, 협상능력, 고객서비스능력
정보능력	컴퓨터활용능력, 정보처리능력
기술능력	기술이해능력, 기술선택능력, 기술적용능력
조직이해능력	국제감각능력, 조직체제이해능력, 경영이해능력, 업무이해능력
직업윤리	근로윤리, 공동체윤리

1) 의사소통능력

의사소통능력이란 업무를 수행함에 있어 글과 말을 읽고 들음으로써 다른 사람이 뜻한 바를 파악하고, 자기가 뜻한 바를 글과 말을 통해 정확하게 쓰거나 말하는 능력을 말한다.

직업기초 능력	직무수행 능력	정의	세부요소
의사소통 능력	문서이해 능력	업무를 수행함에 있어 다른 사람이 작성한 글을 읽고 그 내용을 이해하는 능력	• 문서정보 확인 및 획득 • 문서정보 이해 및 수집 • 문서정보 평가
	문서작성 능력	업무를 수행함에 있어 자기가 뜻한 바를 글로 나타내는 능력	• 작성 문서의 정보 확인 및 조직 • 목적과 상황에 맞는 문서 작성 • 작성한 문서 교정 및 평가

	경청능력	업무를 수행함에 있어 다른 사람의 말을 듣고 그 내용을 이해하는 능력	• 음성정보와 매체정보 듣기 • 음성정보와 매체정보 내용 이해 • 음성정보와 매체정보에 대한 반응과 평가
	언어 구사력	업무를 수행함에 있어 자기가 뜻한 바를 말로 나타내는 능력	• 목적과 상황에 맞는 정보 조직 • 목적과 상황에 맞게 전달 • 대화에 대한 피드백과 평가
	기초 외국어 능력	업무를 수행함에 있어 외국어로 의사소통 할 수 있는 능력	• 외국어 듣기 • 일상생활의 회화 활용

2) 수리능력

수리능력은 업무를 수행함에 있어 사칙연산, 통계, 확률 등의 의미를 정확하게 이해하고, 이를 업무에 적용하는 능력이다.

직업기초능력	직무수행능력	정의	세부요소
수리능력	기초연산 능력	업무를 수행함에 있어 기초적인 사칙연산과 계산을 하는 능력	• 과제해결을 위한 연산방법 선택 • 연산방법에 따라 연산수행 • 연산 결과와 방법에 대한 평가
	기초통계 능력	업무를 수행함에 있어 필요한 기초 수준의 백분율, 평균, 확률과 같은 통계능력	• 과제해결을 위한 통계기법 선택 • 통계기법에 따라 연산수행 • 통계 결과와 기법에 대한 평가
	도표분석 능력	업무를 수행함에 있어 도표(그림, 표, 그래프 등)가 갖는 의미를 해석하는 능력	• 도표에서 제시된 정보 인식 • 정보의 적절한 해석 • 해석한 정보의 업무 적용
	도표작성 능력	업무를 수행함에 있어 필요한 도표(그림, 표, 그래프 등)를 작성하는 능력	• 도표 제시방법 선택 • 도표를 이용한 정보 제시 • 제시 결과 평가

3) 문제해결능력

문제해결능력이란 업무를 수행함에 있어 문제 상황이 발생하였을 경우, 창조적이고 논리적인 사고를 통하여 이를 올바르게 인식하고 적절히 해결하는 능력을 의미한다.

직업기초능력	직무수행능력	정의	세부요소
문제해결능력	사고력	업무와 관련된 문제를 인식하고 해결함에 있어 창조적, 논리적, 비판적으로 생각하는 능력	• 창의적 사고 • 논리적 사고 • 비판적 사고
	문제처리능력	업무와 관련된 문제의 특성을 파악하고, 대안을 제시, 적용하고 그 결과를 평가하여 피드백하는 능력	• 문제 인식 • 대안 선택 • 대안 적용 • 대안 평가

4) 자기개발능력

자기개발능력은 업무를 추진하는 데 스스로를 관리하고 개발하는 능력을 말한다.

직업기초능력	직무수행능력	정의	세부요소
자기개발능력	자아인식능력	자신의 흥미, 적성, 특성 등을 이해하고, 이를 바탕으로 자신에게 필요한 것을 이해하는 능력	• 자기이해 • 자신의 능력 표현 • 자신의 능력발휘방법 인식
	자기관리능력	업무에 필요한 자질을 지닐 수 있도록 스스로를 관리하는 능력	• 개인의 목표 정립(동기화) • 자기통제 • 자기관리 규칙의 주도적인 실천
	경력개발능력	끊임없는 자기개발을 위해서 동기를 갖고 학습하는 능력	• 삶과 직업세계에 대한 이해 • 경력개발 계획 수립 • 경력전략의 개발 및 실행

5) 자원관리능력

자원관리능력이란 업무를 수행하는 데 시간, 자본, 재료 및 시설, 인적자원 등의 자원 가운데 무엇이 얼마나 필요한지를 확인하고, 이용가능한 자원을 최대한 수집하여 실제 업무에 어떻게 활용할 것인지를 계획하고, 계획대로 업무수행에 이를 할당하는 능력이다.

직업기초 능력	직무수행 능력	정의	세부요소
자원관리 능력	시간관리 능력	업무수행에 필요한 시간자원이 얼마나 필요한지를 확인하고, 이용가능한 시간자원을 최대한 수집하여 실제 업무에 어떻게 활용할 것인지를 계획하고 할당하는 능력	• 시간자원 확인 • 시간자원 확보 • 시간자원 활용 계획 수립 • 시간자원 할당
	예산관리 능력	업무수행에 필요한 자본자원이 얼마나 필요한지를 확인하고, 이용가능한 자본자원을 최대한 수집하여 실제 업무에 어떻게 활용할 것인지를 계획하고 할당하는 능력	• 예산 확인 • 예산 할당
	물적 자원관리 능력	업무수행에 필요한 재료 및 시설자원이 얼마나 필요한지를 확인하고, 이용가능한 재료 및 시설자원을 최대한 수집하여 실제 업무에 어떻게 활용할 것인지를 계획하고 할당하는 능력	• 물적자원 확인 • 물적자원 할당
	인적 자원관리 능력	업무수행에 필요한 인적자원이 얼마나 필요한지를 확인하고, 이용가능한 인적자원을 최대한 수집하여 실제 업무에 어떻게 활용할 것인지를 계획하고, 할당하는 능력	• 인적자원 확인 • 인적자원 할당

6) 대인관계능력

대인관계능력은 업무를 수행함에 있어 관련된 사람들과 문제를 일으키지 않고 원만하게 잘 지내는 능력을 말한다.

직업기초 능력	직무수행 능력	정의	세부요소
대인관계 능력	팀워크 능력	다양한 배경을 가진 사람들과 함께 업무를 수행하는 능력	• 적극적 참여 • 업무 공유 • 팀구성원으로서의 책임감
	리더십 능력	업무를 수행함에 있어 다른 사람을 이끄는 능력	• 동기화시키기 • 논리적인 의견 표현 • 신뢰감 구축
	갈등관리 능력	업무를 수행함에 있어 관련된 사람들 사이에 갈등이 발생하였을 경우 이를 원만히 조절하는 능력	• 타인의 생각 및 감정 이해 • 타인에 대한 배려 • 피드백 제공 및 받기
	협상능력	업무를 수행함에 있어 다른 사람과 협상하는 능력	• 다양한 의견 수렴 • 협상가능한 실질적 목표 구축 • 최선의 타협방법 찾기
	고객 서비스 능력	고객의 요구를 만족시키는 자세로 업무를 수행하는 능력	• 고객의 불만 및 욕구 이해 • 매너와 신뢰감 있는 대화법 • 고객의 불만에 대한 해결책 제공

7) 정보능력

정보능력이란 업무와 관련된 정보를 수집하고 이를 분석하여 의미 있는 정보를 찾아내는 능력이다. 업무수행에서 정보를 적절하게 조직, 관리, 활용하기 위해 컴퓨터와 같은 정보테크놀로지를 효과적으로 사용할 수 있어야 한다.

직업기초 능력	직무수행 능력	정의	세부요소
정보능력	컴퓨터 활용능력	업무와 관련된 정보를 수집, 분석, 조직, 관리, 활용하는 데 있어 컴퓨터를 사용하는 능력	• 컴퓨터이론 • 인터넷 사용 • 소프트웨어 사용
	정보처리 능력	업무와 관련된 정보를 수집하고 분석하여 의미 있는 정보를 찾아내며 업무수행에 정보를 적절하게 조직, 관리, 활용하는 능력	• 정보수집 • 정보분석 • 정보관리 • 정보활용

8) 기술능력

기술능력은 업무를 수행함에 있어 도구, 장치 등을 포함하여 필요한 기술에는 어떠한 것들이 있는지 이해하고, 실제로 업무를 수행함에 있어 적절한 기술을 선택하여 적용하는 능력이다.

직업기초 능력	직무수행 능력	정의	세부요소
기술능력	기술이해 능력	업무수행에 필요한 기술적 원리를 올바르게 이해하는 능력	• 기술의 원리와 절차 이해 • 기술 활용 결과 예측 • 활용가능한 자원 및 여건 이해
	기술선택 능력	도구, 장치를 포함하여 업무수행에 필요한 기술을 선택하는 능력	• 기술 비교, 검토 • 최적의 기술 선택
	기술적용 능력	업무수행에 필요한 기술을 업무수행에 실제로 적용하는 능력	• 기술의 효과적 활용 • 기술 적용 결과 평가 • 기술 유지와 조정

9) 조직이해능력

조직이해능력이란 업무를 원활하게 수행하기 위해 국제적인 추세를 포함하여 조직의 체제와 경영에 대해 이해하는 능력을 말한다.

직업기초 능력	직무수행 능력	정의	세부요소
조직이해 능력	국제감각	주어진 업무에 관한 국제적인 추세를 이해하는 능력	• 국제적인 동향 이해 • 국제적인 시각으로 업무 추진 • 국제적 상황 변화에 대처
	조직체제 이해능력	업무수행과 관련하여 조직의 체제를 올바르게 이해하는 능력	• 조직의 구조 이해 • 조직의 규칙과 절차 파악 • 조직 간의 관계 이해
	경영이해 능력	사업이나 조직의 경영에 대해 이해하는 능력	• 조직의 방향성 예측 • 경영조정(조직의 방향성을 바로잡기에 필요한 행위하기) • 생산성 향상방법
	업무이해 능력	조직의 업무를 이해하는 능력	• 업무의 우선순위 파악 • 업무활동 조직 및 계획 • 업무수행의 결과 평가

10) 직업윤리

직업윤리란 업무를 수행함에 있어 원만한 직업생활을 위해 필요한 태도, 매너, 올바른 직업관을 의미한다.

직업기초능력	직무수행능력	정의	세부요소
직업윤리	근로윤리	업무에 대한 존중을 바탕으로 근면하고 성실하고 정직하게 업무에 임하는 자세	• 근면성 • 정직성 • 성실성
	공동체윤리	인간존중을 바탕으로 봉사하며 책임 있고 규칙을 준수하며 예의 바른 태도로 업무에 임하는 자세	• 봉사정신 • 책임의식 • 준법성 • 직장예절

2.2 직업환경의 변화

현대사회는 전 세계적으로 그동안 급속한 성장을 이룩하여 왔으며 그 과정에서 사회의 다양성과 복잡성이 날로 더해가고 있다. 급속한 변화 속에서 사람들은 가치관과 규범의식에 혼란이 생겼고, 이는 직업윤리와 가치관에도 많은 변화를 가져왔다.

최근 미디어의 발달로 기업과 임직원들의 윤리의식은 물론 평판이 매우 중요시되고 있다. 직업은 이제 개인을 넘어 사회적 책임으로 인식되고 있으며, 청년실업, 조기퇴직, 고학력자의 증가, 업무의 질에 대한 관심 등 직업에 관한 이슈들도 사회의 변화와 함께 급속하게 변화하고 있다.

2.2.1 고용유형의 변화

오늘날 지식에 기반을 두고 글로벌 협력을 해야 하는 일들은 프로젝트의 성격에 따라 주로 팀제로 운영된다. 프로젝트 팀은 일반적으로 예전의 고정된 부서와 달리 일정한 형태와 조직의 모양을 갖춘 고정적인 것이 아니라 그때마다 필요한 기술과 자원이 달라지기 때문에 팀원의 구성도 달라진다. 새로운 필요에 따라 인원이 교체 또는 충원되기도 하고 팀원의 변화에 따라 업무의 재배치가 이루어진다.

업무의 종류와 성격에 따라 필요한 직원을 모두 정직원으로 고용하는 것이 아니라 필요에 따라 계약직, 임시직, 컨설턴트, 프리랜서 등을 고용하여 팀을 이루게 된다. 또 어떤 업무는 법률회사, 컨설팅회사 등 해당 분야의 전문적인 외부 조직과 계약을 맺어 업무를 맡기게 되는데 이를 아웃소싱(outsourcing)이라고 한다. 즉 조직은 풀타임 정직원은 핵심적인 임무와 역할에만 고용하고 나머지는 용역회사나 전문가집단으로부터 필요에 따라 인력을 공급받는다.

아웃소싱(outsourcing)
기업 내부의 프로젝트나 활동을 외부 조직에 위탁해 처리함으로써 경쟁력 확보와 생산성 향상을 꾀하기 위한 경영전략

예전에는 생산업자가 하던 일을 오늘날에는 소비자가 공정에 참여하도록 업무를 설계하기도 한다. 은행의 자동 현금출납기, 조립식 가구업체(Do it yourself: DIY) 등과 같이 소비자가 작업의 일부를 직접 담당하도록 하여 제품과 서비스의 가격을 낮추기도 한다.

DIY(Do It Yourself)
조립용 부품을 구입하여 자신이 직접 조립하는 것

2.2.2 평생고용, 평생직업의 퇴색

조직의 구조가 점점 수평화되고 소규모화되면서 실질적으로 한 조직 내에서 승진할 수 있는 사람들의 숫자는 점점 줄어들고 있다. 평생고용이 보장되고 수직적 승진 경로가 확립되어 있던 예전의 직장환경에서는 일단 좋은 회사에 취직하면 모든 것이 보장되었다. 그러나 이제는 평생고용이 보장되지도 않고 하는 일의 종류 또한 다양하게 계속 변화한다.

1997년 말의 IMF 외환위기를 계기로 인사 · 노사, 조직 부문의 운영 시스템 측면에서도 성과를 중시하는 글로벌 스탠다드의 바람이 불어 닥쳤다. 연봉제와 성과급제의 도입, 정리해고의 법제화와 구조조정의 확산 등으로 평생직장의 개념이 급속도로 퇴색되고 평생직업의 개념이 일반화되었다. "어디에서 일하느냐"가 중요한 것이 아니라 "무슨 일을 하느냐"가 중요한 시대가 된 것이다.

제4차 산업혁명에 따라 지금과 같이 대기업에 입사하기 위해 노력하고 대기업에서 평생 일하는 형태의 고용은 사라질 것이다. '세계미래보고서 2055'에 의하면 2030년경에는 사람들이 평생 동안 최소 여섯 번 이상 직장이 아니라 직업을 바꾸게 될 것이라고 한다. AI나 로봇에 의해 많은 직업들이 대체될 수 있다. 변호사, 의사, 회계사, 세무사, 통역, 디자이너, 기자 등과 유통, 물류 등 서비스직뿐만 아니라 전문직도 AI와 로봇이 사람을 일부 대체할 것으로 예상된다. 또한 중간관리 직업군이 대폭 없어질 전망이다. 전략적 경영의사결정을 하는 고위 경영층과 고객서비스를 하는 저임금계층만 살아남는 직업군의 양극화가 일어날 것이다.

이와 함께 사람들은 자의든 타의든 앞으로 잦은 직장과 직업 변경을 하게 되어 생애 동안 많은 직업을 경험하는 패치워크 커리어(patch-work career), 즉 조각보와 같이 다양한 형태의 일을 하게 될 것이라고 한다.

2.2.3 새로운 근무유형

지금까지 한 회사에 취업하여 주 5일, 하루 8시간씩 근무하는 형태가 일반적이었다면 앞으로는 아래와 같이 다양한 형태의 근무유형이 일반화될 것이다.

1) 유연근무제

유연근무제(flextime schedule)란 단시간 근로, 시차 출퇴근제, 집중근무시간제, 요일근무제, 재택근무 등 육아 및 가사노동을 직장 일과 병행해 수행하려는 근로자를 위한 탄력적 근무 형태를 말한다. 유연근무제도는 노동자들이 일과 가정을 양립할 수 있도록 도와주고 융통성 있는 경력 설계를 가능하게 해 여성의 노동시장 이탈을 예방하고, 나아가 일자리 나누기를 통한 일자리 창출효과가 있다.

2) 스마트근무제

스마트근무제는 재택근무, 스마트워킹센터 근무 등으로 구성된 유연근무제로 우리나라에서도 일부 은행이 도입하여 은행권에 변화를 불러일으켰다는 평가를 받고 있다. 스마트근무제의 가장 큰 장점은 시간과 공간의 제약 없이 유연한 근무환경에서 일할 수 있다는 점이다.

특히 자율출퇴근제는 자신의 생활 패턴과 업무 형태에 맞게 출퇴근시간을 조절할 수 있어 맞벌이 직원들이 선호한다. 스마트워킹센터 근무는 회사로 출근하는 대신 집 근처의 사무실과 유사한 공간에서 시공간의 제약 없이 일할 수 있는 제도로, 청바지나 반바지 등 자유로운 복장도 가능하다. 스마트근무제는 효율적으로 일하는 문화를 정착시켜 급변하는 경영 환경에 유연하게 대응할 수 있다.

3) 재택근무

정해진 시간에 직장으로 출퇴근을 하지 않고 가정에서 업무를 처리하는 새로운 작업환경을 말한다. 정보통신의 발달로 기존의 사무 형태와 같이 일정한 공간과 시간을 필요로 하는 근무 형태에서 모든 연락사항은 컴퓨터를 이용하여 가정에서 필요한 시기에 업무를 수행하는 재택근무가 가능하게 되었다. 특별한 회의나 서로 만나야 할 필요가 있을 경우에만 출근하며 영업직의 경우에는 영업활동은 직접 고객을 찾아가 하고 그 결과 보고서는 컴퓨터로 본사와 고객에게 각각 전송하는 방법을 활용하기도 한다.

재택근무는 일반적인 업무에서 기업의 최고경영자층까지 확산되고 있으며, 이러한 재택근무는 출퇴근에 소요되는 많은 시간과 육체적 피로를

학습지 교육과정 개발팀에서 일하는 김경미 씨는 지난 달부터 재택근무를 하고 있다. 일주일에 하루는 사무실에 나가 다른 직원들과 협의가 필요한 사항을 회의하고 지난 한 주간의 작업을 서로 점검한 뒤 다음 일주일 작업 분량에 대한 업무계획을 세운다. 집에서 작업을 할 때는 회사 인트라넷 게시판에 협의사항을 수시로 게시하고 다른 직원들과 채팅을 하면서 업무에 대해 의논을 하기도 한다. 오전 9시에 4살짜리 딸을 유아원에 보낸 후 집중해서 작업을 하고 딸이 유아원에서 돌아오는 2시 이후에는 딸 아이의 간식을 만들어주기도 하고 함께 놀아주기도 한다. 저녁 9시에 딸 아이가 잠이 들면 12시까지 다시 작업을 한다. 출퇴근에 시간을 빼앗기지 않아서 좋고 또 육아를 비교적 쉽게 병행할 수 있어 김경미 씨는 현재와 같은 근무조건에 매우 만족해 한다.

줄여주고 개인의 생활 리듬과 취향에 알맞은 작업환경을 제공해준다. 또한 기업의 입장에서도 사무실 유지비용 등을 절약할 수 있고 능력 있는 다양한 인재를 이용할 수 있는 등의 많은 이점을 취할 수 있다.

4) 일자리 나누기

일자리 나누기(job sharing)는 근로자 한 사람이 담당하는 일을 여러 사람이 나누어 수행하는 노동 형태이다. 컴퓨터 제어기술의 확산과 사무자동화 및 로봇산업의 발달 등의 영향으로 인간의 직접적인 노동력을 필요로 하는 일자리가 줄어듦에 따라 새롭게 나타난 근로 형태를 말한다. 예를 들어 특정 사업장의 잉여 노동력이 30%라면 이들을 해고하는 대신 1인당 작업량을 30% 줄여 인원을 감축하지 않고 함께 일하는 방식을 말한다. 이러한 고용 형태는 일자리 축소로 인한 정리해고의 대안으로 제시된다.

5) 포트폴리오 노동자

포트폴리오 노동자(portfolio worker)는 경영사상가 찰스 핸디(Charles Handy)가 레오나르도 다빈치를 본보기로 하여 만들어 낸 신조어이다. 이는 여러 가지 다양한 직업 포트폴리오를 개발해서 각각 파트타임으로, 그것도 가능하면 프리랜서로 일하는 사람을 말한다. 예를 들어 일주일에 사흘은 기업 컨설턴트로, 나머지는 자신의 취미를 살린 웨딩 사진작가나 온라인 서점 운영자로 일하는 것이다.

핸디는 이것이 경제적으로 불안한 시기에 실업률을 낮춰주는 현명한 생존전략이라 보았다. 하지만 포트폴리오 근무를 '어쩔 수 없는 생존전략'으로만 바라보는 것은 적절치 않다. 다빈치처럼 동시에 여러 가지 직업을 가진다는 르네상스적 관점을 긍정적으로 수용한다면 자신의 잠재된 가능성을 개발하여 다양한 분야의 일을 할 수 있을 것이다.

학습문제

1. 미래 30년 내에 없어질 직업 10개를 조사해보자.
2. 여성에게 다양한 형태의 고용 형태가 어떤 도움이 되는지 토론해보자.
3. 포트폴리오 노동자에 해당하는 가족, 지인의 사례를 찾아 예시해보자.

참고문헌

곽수근(2017. 3. 30). "다양한 인재… 그러나 4차 산업혁명에 걸맞은 핵심 능력은." 조선일보.

국제노동브리프(2016년 6월호). 한국노동연구원.

글로벌마인드(2017. 5). HRD 용어사전. (사)한국기업교육학회.

김기진(2017. 5. 18). "창의력 가진 사람만이 4차 산업혁명 변화 알아챈다." 글로벌이코노믹.

로먼 크르즈나릭(2013). 인생학교 일-일에서 충만함을 찾는 법. 정지현 역. 쌤앤파커스.

미래창조과학부(2017). 10년 후 대한민국, 미래 일자리의 길을 찾다.

박영숙, 제롬 글렌(2017). 세계미래보고서 2055, 비즈니스북스.

백양순(2017. 4. 4). "[미래포럼] 4차 산업혁명 시대 한국의 미래." 전자신문.

윤선영(2017. 4. 21). "[View & Outlook] 컬러풀 직장세대, 그들은 누구…." 매일경제.

이원덕(2017. 2. 16). "4차 산업혁명, 일자리는 어찌 될까?." 파이낸셜뉴스.

이종수(2009). 행정학 사전. 대영문화사.

장석인(2017). "제4차 산업혁명 시대의 산업구조 변화 방향과 정책과제." 국토, 424, pp.22-30.

정구현, 강원, 강한수, 김은환, 김종년(2008). 한국의 기업경영 20년 개방의 파고를 넘어 세계로. 삼성경제연구소.

정균승(2005). 유비쿼터스 혁명과 프로슈머 마케팅. 엔타임

최애경(2006). 성공적인 커리어를 위한 인간관계의 이해와 실천. 도서출판 청람.

클라우스 슈밥(2016). 클라우스 슈밥의 제4차 산업혁명. 송경진 역. 새로운 현재.

Butterfield, K, Trevino, L. and Weaver, G.(2000). "Moral Awareness in Business Organizations: Influences of Issue-Related and Social Context Factors." *Human Relations*, 53, 7, 981-1018.

INSEAD, Building leaders for the next decade.

NCS 국가직무능력표준 홈페이지 http://www.ncs.go.kr/

2 Part 윤리와 사회

Chapter 3

윤리의 의미

학 습 목 표

- 윤리와 법의 차이를 설명할 수 있다.
- 윤리의식에 영향을 미치는 요인들을 열거할 수 있다.
- 다양한 윤리이론을 설명할 수 있다.

3.1 윤리와 도덕, 법

3.1.1 윤리와 도덕, 법의 개념

1) 윤리와 도덕

윤리(ethics)란 인간 사이의 인륜 또는 이치를 말하고, 도덕(morality)은 인간이 마땅히 지켜야 할 도덕적인 행동의 기준을 의미한다. 그리스어의 습관, 풍속, 품성을 의미하는 'ethos'에서 유래한 것에서 볼 수 있듯이, 사회의 풍속과 관습에 따라 개인적 · 사회적 행동을 규율하는 행위규범을 뜻한다. 따라서 윤리는 사회 구성원들 사이의 상호작용을 통하여 형성된 도덕적인 가치로서, 생각이나 행동의 옳고 그름을 가늠해주는 행동규범의 척도라 할 수 있다.

일반적으로 윤리와 도덕을 동일하게 사용하기도 한다. 도덕과 윤리를 유사하게 볼 수도 있으나 실제로는 차이가 있다. 도덕은 주로 외적인 사회관계를 나타내는 반면, 윤리는 인간의 내면적인 정신활동을 강조하기 때문이다. 도덕은 기존의 사회규범을 수동적으로 받아들여 실천하는 데 중점을 두지만, 윤리는 도덕적 문제나 사회규범을 정당하게 비판하거나 새로운 행위규범을 만들어내는 것이다.

도덕은 구체적인 행동과 같이 실천하는 데 사용되는 것이고 윤리는 도덕을 이론적인 면에서 이야기할 때 사용된다는 차이점이 있으며 윤리가 하나의 틀이나 그릇이라면, 도덕은 그 그릇에 담겨 있는 내용물이라고 볼 수 있다.

2) 윤리와 법

생활양식이나 생활관습에 따라 질서나 규범을 정하고 그것을 엄격하게 지켜나가기 위해서 윤리라는 개념이 생겼다. 이러한 점에서 윤리와 법은 같은 뿌리에서 나온 것이라고 볼 수 있지만 사회가 복잡해지면서 법은 사회적인 규제로, 윤리는 개인적인 규제로 작용하게 되었다. 법이 무조건 따라야 하는 강제성으로 인간의 행동을 규제하는 데 반해, 윤리는 개인의 양심과 자율성을 바탕으로 합리적인 사고를 할 수 있게 하는 사회규범이다.

많은 사람들이 법을 지키는 행동이 윤리적 행동이라고 믿는다. 하지만 우리 사회에서는 법으로 규정하지는 않았지만 지켜야 할 많은 규칙이 있다. 예를 들면 자신의 이윤이나 안전을 추구하기 위한 충돌이나 마찰은 불법이 아닐 수 있다. 또한 시대에 따라 그 기준이 달라지기도 하는데, 예를 들면 1950년대까지만 해도 미국에서는 인종차별이 불법적인 행동이 아니었다.

그림 3-1 윤리와 법의 영역

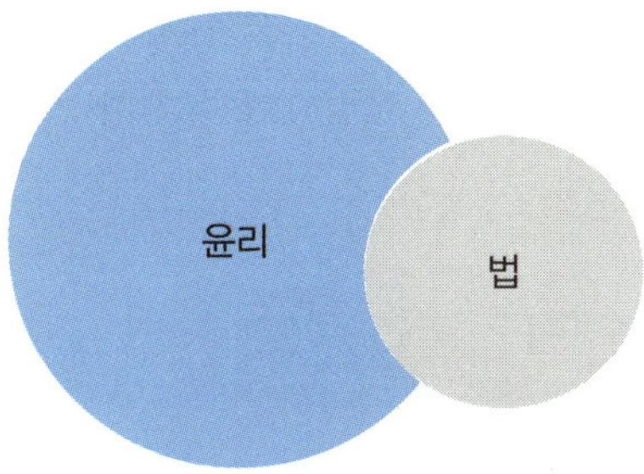

그러나 우리 사회에는 법뿐만 아니라 윤리도 함께 존재한다. 윤리는 법의 부분 영역에 포함되기는 하지만 완전히 일치하지는 않는다. 그래서 때로는 합법적인 행위도 비윤리적일 수도 있고, 비윤리적인 행동이라고 해서 모두 다 법에 위반되는 것은 아니다.

3) 직업윤리와 법

직업을 통해 경제활동을 할 때 개개인은 다양한 윤리적 문제와 도덕적 갈등에 접하게 된다. 직장에서의 옳고 그른 행동의 차이는 도덕적으로나 윤리적으로 명백한 기준이 항상 있는 것은 아니다. 올바른 직업의식을 가지고 윤리기준에 따라 행동한다는 것은 개인 차원에서뿐만 아니라 사회적 차원에서도 매우 중요하다. 최근에 경영의 사회적 책임과 기업윤리에 대한 중요성이 부각되고 있는 것도 이와 같은 이유로 볼 수 있다. 즉 유해물질이나 폐수를 방출하는 기업체나 세금포탈하는 기업주는 사회적으로 지탄을 받고 법적인 처벌을 받기까지 한다.

세금포탈
적법하게 세금이 부과되었으나 그것을 피하는 것

사람들의 가치관은 다 다르기 때문에 같은 행동에 대하여 어떤 사람은 윤리적인 행동이라고 생각하지만 어떤 사람들은 그렇지 않다고 생각하기도 한다. 또 같은 행동이라도 특정 상황에서는 윤리적이지만 다른 상황에서는 비윤리적일 수도 있다. 예를 들어 선물을 주는 것은 잘못된 행동이 아니지만 사업상의 목적을 위해서 값비싼 선물을 주는 것은 뇌물이다. 따라서 윤리는 대상과 상황에 따라 상대적인 것으로 여겨질 수 있다. 이러한 이유로 각 기업체들이나 같은 종류의 직업집단은 윤리강령이나 그 집단만의 고유한 직업윤리를 제정하여 실천하려고 한다. 이러한 직업

전관예우(前官禮遇)

판사, 검사 혹은 고위 공무원들이 퇴임 후 대형 로펌(법률회사)이나 대기업에 취직해 월 수천만 원 또는 억대의 보수를 받는 것을 전관예우라고 한다. 만약 이들이 많은 봉급을 받는 이유가 과거 공직에 있을 때 형성된 후배 법조인이나 관료들과의 상하관계와 친분을 이용해 회사에 유리하도록 영향력을 행사하는 것이라면 이는 명백한 부정부패이다. 전직 고관들은 정부로부터 기업과 연관된 일거리를 얻어 오거나 자기가 근무하던 부처 후배 공무원들에게 청탁해 인허가가 잘 나오게 하고, 부과된 과태료를 깎거나 수사와 재판을 유리하게 돌아가도록 법원과 검찰에 영향력을 행사할 수도 있기 때문이다.

윤리는 도덕적으로 해이해진 직업집단과 개개인에게 도덕적 의식을 심어줄 수 있다.

3.1.2 윤리의 특징

1) 광범위성

인간의 행동은 보통 '법률, 윤리, 자유로운 선택'이라는 세 가지 영역으로 구분된다. 법률의 영역에서는 행동기준이 법의 제약을 받고, 자유로운 선택 영역에서는 이와 반대로 아무 제약 없이 완전히 자유롭게 행동할 수 있는데 윤리는 이 두 영역의 중간에 위치한다. 따라서 윤리의 영역은 그 적용범위가 매우 광범위하다고 할 수 있다.

2) 이슈의 다양성

윤리적 이슈는 개인에서부터 사회, 국가, 국제 수준까지 여러 가지 수준에서 다양하게 논의된다. 개인과 사회로 나누어 이에 해당하는 이슈를 논하기도 하고, 개인, 조직, 산업, 사회, 국제적 관점 등으로 폭넓게 구분하기도 한다. 그만큼 윤리적인 이슈는 다양한 분야와 관점에서 볼 수 있으며, 그 범위에 특별한 제한이 있지 않다.

3) 영향요인의 다양성

개인의 윤리의식에 영향을 미치는 요인은 매우 다양하다. 일반적으로 윤리적 행동에 영향을 주는 요인을 개인적 요인, 사회적 요인, 경제·제도적 요인, 문화적 요인으로 구분한다. 개인적 요인에는 개개인의 가치관, 감정 및 태도, 정직성, 선(善)이나 도덕에 대한 기준, 의사소통유형 등이 있다. 사회적 요인은 집단의 목표, 형평성 및 공평성, 관계, 집단압력 등을 들 수 있다. 문화적 요인으로는 문화적인 가치나 신념, 관행, 종교문화의 차이 등이 있다. 마지막으로 경제 · 제도적 요인에는 경제적인 이익 및 손해, 성과와 보상의 불일치 상황, 비도덕적인 행동에 대한 제재 장치 등을 의미한다. 이러한 다양한 영향요인에 따라 개개인은 윤리의식에 차이를 보이게 된다.

그림 3-2 개인 윤리의식에 영향을 미치는 요인

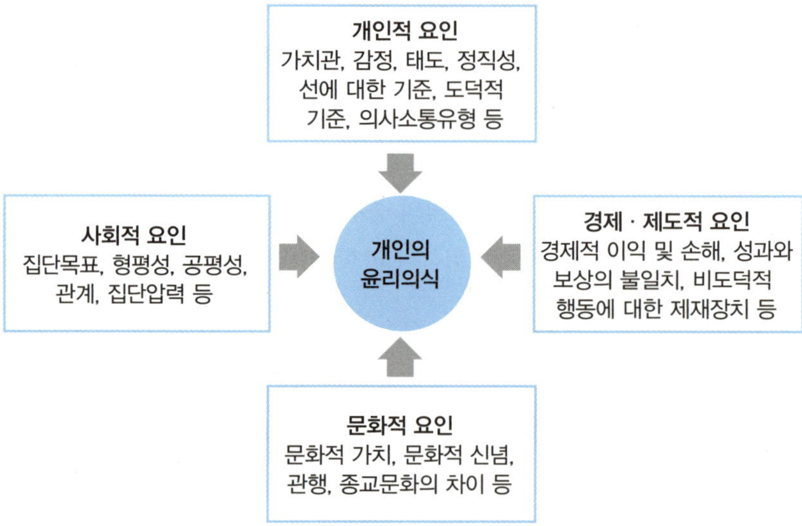

표 3-1 | 개인 윤리의식의 영향요인별 특징

요인	설명
개인적 요인	개개인에 따라 윤리의식의 차이가 있을 수 있음
사회적 요인	개인적으로는 윤리적인 의사결정을 하고 싶더라도 한 조직의 구성원으로서 다른 의사결정을 내릴 수도 있음
경제 · 제도적 요인	원칙을 지키는 것이 오히려 손해일 정도로 사회적인 제도가 확립되어 있지 않으면 옳지 않다는 것을 알면서도 자신의 경제적 이익을 추구함
문화적 요인	개인이 속해 있는 문화(동서양), 종교적인 배경(기독교, 불교, 이슬람 등)에 따라 윤리의식의 차이를 보임

윤리적 의사결정은 먼저 윤리적 인식으로부터 시작된다. 현재의 상황이 윤리적으로 문제가 있음을 깨달은 후에는 윤리적인 판단을 하여야 할 것이다. [표 3-1]에서 볼 수 있는 바와 같이 현재의 상황이 윤리적인지 비윤리적인지 판단하는 것은 개인적, 사회적, 문화적 요인에 따라 다를 것이다. 또한 윤리적 판단을 한다고 해서 꼭 윤리적 행동으로 이어지는 것은 아니다. 행동의 결과가 개인에게 손해를 가져다준다면 많은 사람들은 행동하기를 주저할 것이기 때문이다.

그림 3-3 윤리실천 단계

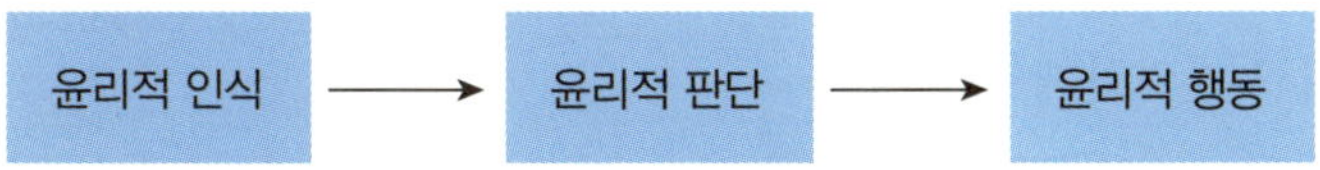

3.2 윤리적 판단기준

3.2.1 윤리적 판단의 기준

1) 윤리적 판단의 중요성

개인 혹은 조직이 왜 특정한 윤리적 의사결정을 하는가를 이해하기 위해 기본적으로 윤리적 판단기준에 대한 검토가 필요하다. 이 윤리적 판단기준은 윤리적 의사결정의 기초가 되기 때문에 중요하다. 또한 아무리 윤리적인 의식과 태도를 지니고 있다 해도 행동을 비윤리적으로 한다면 결코 윤리적인 사람이라고 평가할 수 없다. 윤리적인 행동을 하기 위해서는 먼저 무엇이 윤리적인지를 판단할 수 있어야 하기 때문이다.

2) 윤리적 판단의 영향요소

개인의 윤리적 판단에 영향을 미치는 요소를 버터필드(Butterfield, 2000) 등의 연구자들은 크게 세 가지로 나누고 있다. 첫째, 사회환경 속에서 대부분의 사람들은 주위 사람들의 시선이나 의견, 즉 동료들이 어떻게 생각할까를 우선 고려한다는 것이다. 만약 동료들이 나의 의사결정을 비윤리적이라고 판단한다면 그 행동을 하지 않을 가능성이 높다.

둘째로는 윤리적 딜레마 상황에서 윤리적 용어를 사용하면 다시 한 번 자신의 판단을 생각해보게 한다는 것이다. 단순히 "상사 대신 상사 사인을 하면 안 됩니다."가 아니라 "상사 사인을 위조하면 안 됩니다."라는 것이 훨씬 강력하게 들린다.

셋째로는 나의 행동이 얼마나 많은 사람들에게 얼마나 큰 영향을 미칠 것인가도 매우 중요한 요소이다. 공장폐수를 하수구로 흘려보내는 간단한 행동이 수많은 사람들의 식수원을 오염시킨다면 이는 매우 비윤리적이고도 불법적인 행동이 된다.

기업 임원이나 고위직 공직자들의 성희롱이나 성폭력 사건이 자주 언론에 보도되고 있다. 때로는 남성 상사가 자신은 그런 의도가 없었다며 억울함을 호소하기도 한다. 이를 막기 위해서는 평소 행동을 조심해야 한다. 예를 들면 해외 출장 시 호텔에서 남성 상사가 여성 부하 직원에게 지시를 내리거나 서류 심부름 등을 시키기 위해서 자신의 방으로 오라고 하는 것은 매우 조심해야 할 상황이다. 여성 직원 혼자 서류 등을 방으로 가지고 오게 하기보다는 호텔 서비스를 통해 전달받거나 방문 밖 복도에서 받는 것이 좋고, 대면 지시가 필요할 때는 좀 불편하더라도 로비나 라운지 등 개방된 장소에서 만남으로써 두 사람이 밀폐된 공간에 놓이는 상황을 아예 차단해야 불필요한 구설수로부터 자신을 보호할 수 있다.

3.2.2 윤리적 판단과 윤리이론

우리는 일상생활이나 직장에서 도덕적이고 윤리적인 결정을 내려야 하는 순간을 자주 경험하게 된다. 어떤 경우엔 명확하게 답이 보일 때도 있지만, 어떤 경우는 아주 애매모호한 상황에 놓이기도 한다. 그렇기 때문에 어떤 결정이 올바르고 그 결정을 하기 위한 윤리적인 판단기준이 되는 근거는 무엇인지 알고 있을 필요가 있다. 가장 대표적인 윤리적 판단기준인 규범주의, 상황주의, 공리주의에 대해 알아보도록 하자.

1) 규범주의

규범주의는 규정된 원칙(principle)에 충실해야 한다는 윤리적 판단기준을 말한다. 의무적인 원칙인 성서나 법 등과 같은 원칙 준수를 중요시하고, 프로테스탄트 윤리학자들은 성경에 절대적인 기반을 두었다. 규범주의는 인간이 원칙을 따른다면 의사결정을 할 때 방황할 일이 없으며, 성경이나 법의 권위가 확고하게 서는 동시에 사회의 질서가 정연하게 유지될 수 있다고 본다.

칸트는 실천이성비판에서 '정언명령'이란 행위의 결과에 구애됨이 없는 행위 그것 자체가 선이기 때문에 무조건 수행해야 하는 도덕적 명령이라고 하였다. 예를 들면 정직, 평등, 정의, 진실, 충성심, 인간의 권리, 인간존중 등과 같은 가치가 보편적 선이라고 할 수 있다.

그러나 규범주의 접근법의 단점은 사회공리적 가치를 완전히 벗어난 결정을 내릴 수 있는 위험성을 가지고 있다는 것과 두 가지 가치가 충돌할 때는 어느 가치를 상위 가치로 둘 것인가를 판단하기 힘들다는 것이다. 예를 들면 친구가 실수로 교통사고로 사람을 친 것을 목격한 후 친구에게 경찰에 절대로 이야기하지 않겠다고 약속을 하였다. 경찰이 진술을 요구할 때 친구에게 약속을 했기 때문에 그 약속을 지키는 것이 옳은가 아니면 경찰에게 진실을 이야기하는 것이 옳은가를 판단하기는 쉽지 않을 것이다.

2) 상황주의

상황주의는 윤리가 시대와 장소에 따라 다를 수 있고 변천될 수 있기 때문에 상황에 따른 합리적인 결정이 필요하다는 것이 그 시작이다. 상황주의에서는 양심, 즉 도덕적 의식을 하나의 기능으로 생각한다. 구체적이고 특수한 상황에서 무엇이 옳고 그른가를 개인의 양심만이 식별할 수 있다는 것이다.

이는 규범주의와는 반대되는 입장으로 개인의 양심판단만을 절대적 행동규범으로 인정하면서 보편적 윤리규범을 부정한다. 그러나 개인의 양심 수준 또한 개인마다 다르기 때문에 이론의 적용에는 한계가 있다.

3) 공리주의

공리주의는 어떤 행동의 결과가 최대 다수의 사람에게 최대의 선(善)을 가져온다면 윤리적이라고 주장하는 이론이다. 여기서 선이란 어떤 행동에 의해 영향을 받은 사람들의 최대 행복을 말한다. 어떤 결정이 결과적으로 더 많은 이익을 가져올 것이라 기대된다면 그 결정은 윤리적이라고 보고 그 결과에 이르는 과정을 크게 문제삼지 않는다. 윤리적 결정은 사회의 이익을 최대화하고 해악은 최소화해야 한다. 이 접근법에서는 소수자의 권익이 쉽게 희생될 수 있다. 즉 개인의 이익이 아닌 사회와 다수의 이익을 중요시하기 때문이다.

공리주의이론을 응용하는 데 있어 중요한 요소는 선이 단지 경제적인 면에서만 제한되는 것이 아니고 사회적인 면도 포함해야 한다는 점이다. 기업의 근본적인 목적은 경제적 이윤을 추구하는 것이지만, 우리 사회는 기업경영이 사회적 책임감을 가지고 이루어지기를 기대하기 때문에 그 기대에 부응한다면 그것은 사회적 선이 되고 효익을 제공한다고 할 수 있다.

3.3 윤리적 의사결정

3.3.1 윤리적 의사결정 단계

비즈니스 상황에서 윤리적으로 딜레마에 처할 때는 올바른 의사결정을 하여야 한다. 국제윤리경영센터(International Center for Ethics in Business)에서 제시한 윤리적 의사결정 프로세스는 다음과 같다.

■ 1단계: 사실 관련 정보를 수집한다.

윤리적 딜레마 상황이 발생하면 육하원칙에 의하여 관련 정보를 체계적으로 수집한다. 사실 확인 없이 추측만으로 결론을 내려서는 안 된다.

■ 2단계: 윤리적 이슈가 무엇인지 파악한다.

현재 상황에 있어서 중요한 윤리적 이슈는 무엇인지 파악한다. 여러 개의 이슈가 있을 때는 그 중에서 가장 중요한 이슈는 무엇인지 먼저 파악하고 하나씩 대처하도록 한다.

■ 3단계: 이 윤리적 이슈로 인하여 영향받을 이해관계자(stake-holders)들을 파악한다.

이 상황에서 가장 영향을 많이 받을 이해관계자는 누구인가, 이차적으로 영향받을 대상은 누구인가를 생각해보고 그들의 입장에서 다시 한 번 생각해본다.

■ 4단계: 이 상황이 진행될 때 예상되는 결과를 생각해본다.

이 윤리적 이슈로 인하여 당사자들에게 어떤 긍정적, 부정적 결과를 가져올지 생각해본다. 또한 그 결과가 일어날 확률과 또 얼마나 크게 영향받을지도 생각해본다. 단기적으로, 그리고 장기적으로도 어떤 결과를 가져올지를 다각적으로 검토한다.

■ 5단계: 적절한 원칙, 권리, 정의 등을 파악한다.

윤리적 딜레마 상황에서 의사결정함에 있어 어떤 원칙을 적용할 것인지를 다각적으로 생각해본다. 즉 아무에게도 피해를 입히지 않고 싶은지, 아니면 내가 상대로부터 대접받고자 하는 것처럼 상대방을 대접할 것인지, 분배적 공정성이 중요한지 절차적 공정성이 중요한지를 판단해본다.

■ 6단계: 자신의 원칙과 품성을 고려한다.

내가 내린 결정으로 인하여 나중에 사람들은 나를 어떻게 평가해주기를 원하는지, 나는 어떤 가치를 추구하는지, 내가 하고자 하는 행동이 신문 1면에 나는 것과 같이 많은 사람들에게 알려져도 괜찮을지를 생각해본다.

■ 7단계: 가능한 행동에 대하여 창의적으로 생각해본다.

어느 한쪽을 곤경에 빠뜨리기보다는 관련자 모두에게 적합한 대안은 없는지를 창의적으로 생각해본다. 지금까지의 해결방안이 아니라 또 다른 대안은 없는지 브레인스토밍해본다.

■ 8단계: 어딘가 께름칙하지는 않은지 다시 확인해본다.

위의 모든 단계를 거쳐 신중한 결론을 내렸더라도 뭔가 마음에 걸리는 것은 없는지 다시 한 번 확인한다. 말로 뚜렷이 설명할 수는 없지만 직감적으로 꺼려진다면 나중에 문제가 생길 수 있다. 특히 경험이 많은 경영자라면 직감이 맞을 확률이 높다.

- 9단계: 적절한 윤리적 행동을 결정하고 이를 반대하는 상대방에게 어떻게 대처할지를 결정한다.

자신의 행동에 대한 결과, 책임 등을 다시 한 번 생각한 후 실천에 옮긴다. 이해관계자들의 전반적인 이익을 고려하면서도 이슈 관련자들의 권리를 침해하지 않도록 한다. 또한 이 의사결정에 반대하는 사람들에게는 어떻게 설득하고 대응할지를 생각해 두어야 한다.

3.3.2 윤리적 판단의 적용 사례

다음은 윤리적 판단이 필요한 상황으로 우리가 일상생활에서 겪을 수 있는 윤리적 딜레마 상황들과 윤리적 판단근거를 이야기할 때 자주 다루어지는 유명 사례들이다. 각각의 상황을 규범주의, 상황주의, 공리주의의 입장에서 바라보았을 때 어떻게 결정할 수 있는지 논의해보자. 각 사례는 규범주의, 상황주의, 공리주의 중 한 가지 이상을 적용해볼 수 있으며 반드시 세 가지의 기준이 모두 적용되는 사례가 아닐 수도 있다.

또한 위에서 제시한 윤리적 의사결정의 단계를 적용하면서 아래 사례들에 대한 행동적 대안들을 생각해보자.

생각해보기

■ 사례 1

A회사 인사팀에서 근무하는 김 비서는 직무특성상 승진이나 해고 등의 인사 결과에 대해서 보통 누구보다도 빨리 알게 된다. 평소 친분이 있는 직원들이나 인사이동에 민감한 직원이나 임원들은 해마다 인사이동 시즌이 되면 김 비서에게 승진이나 해고 여부에 물어보며 미리 정보를 알고 싶어 한다. 평소 김 비서에게 잘 대해주는 박부장이 자신이 이번에 임원승진 대상에 포함되어 있는지 넌지시 물어왔다. 회사 내 윤리규정에 의하면 비서는 어떠한 회사 기밀도 공식적인 경로를 거치지 않고 말을 해서는 안 된다. 내

가 김 비서라면 어떻게 할 것인가?

■사례 2

브레이크가 고장 난 전차 앞에 다섯 명이 서 있다. 선로를 유지하여 다섯 명을 치어 죽일 수도 있고 (이유는 알 수 없지만 그들은 선로에서 벗어나지 못한다) 다른 선로로 방향을 틀어 한 사람만 치어 숨지게 할 수 있다.

사람이 적은 선로로 방향을 틀어 다섯 사람 대신 한 사람을 죽여야 할까? 내가 선로를 바꿀 수 있는 기술자라면 어떻게 할 것인가?

■사례 3

어느 병원에 5명의 환자가 누워 있다. 이 중 4명은 각각 위, 간, 심장, 신장 한 가지씩의 내장기관이 회복 불가능할 정도로 손상된 환자들이다. 이들은 장기이식을 받지 않는 한 더 이상 생명을 유지하기가 힘든 상황이다. 그런데 나머지 한 명은 신경 계통의 이상으로 의식이 없으며 전신마비 상태이긴 하지만 내장 기관에는 이상이 없다.

이때 공리주의자인 한 의사는 다음과 같은 제안을 한다. “최대다수의 최대행복이라는 공리주의 원리에 의하면 전신마비 환자의 장기를 나머지 네 사람에게 이식시키는 것이 좋다. 한 사람이 살고 네 사람이 죽는 것보다는 한 사람이 희생되더라도 네 사람이 사는 편이 그 행복의 총량에 있어서 더 크기 때문이다.” 이러한 제안을 받아들일 수 있는가?

■ 사례 4

서부 개척시대에는 서부로 가는 이주민들이 인디언 마을을 지나가게 되면 인디언으로부터 습격을 받아 많은 사람들이 목숨을 잃곤 하였다. 어느 한 집단이 밤에 인디언 마을 근처를 지나가게 되었는데 갓난아기가 계속 울었다. 아기 울음 소리가 들키기라도 할 때는 집단 전체가 죽임을 당할 수도 있는 상황이었다. 아기 엄마는 이 상황에서 어떻게 할 것인가를 고민하다가 아기의 목을 졸라 죽였다. 일행들은 무사히 인디언 마을을 지나갈 수 있었다. 이 상황에서 당신이 이주집단의 우두머리였다면 어떤 결정을 내렸을 것인가? 혹은 엄마의 입장이었다면 어떤 선택을 하였을 것인가? 이 아기 엄마의 행동은 어떤 윤리적인 입장에서 내린 결정이었을까?

무사히 안전한 서부 도시에 도착하여 이 아기 엄마에게 살인죄를 적용하여 법의 심판을 받게 하여야 할 것인가?

학습문제

1. 공리주의적 윤리판단의 한계점을 토론해보자.
2. 최근 사회적으로 문제가 된 이슈 중 비윤리적인 행동 사례와 불법적인 사례를 열거해보자.
3. 종교가 문화 및 개인의 윤리의식에 어떻게 영향을 미치는지 토론해보자.

참고문헌

박필배(2013). 윤리학과 인간의 직업적 삶. 도서출판 중원문화.

이종영(2003). 기업윤리－이론과 실제. 삼영사.

Sandel, M. J.(2010). *Justice: What's The Right Thing To Do?*. Macmillan.

Trevino, L. & Nelson, K.(2014). *Managing Business Ethics*, 6th ed., Wiley.

International Center for Ethics in Business https://business.ku.edu

Chapter 4

현대사회의 윤리적 이슈

학|습|목|표

- 현대사회의 윤리적 이슈들을 설명할 수 있다.
- 정보윤리 실천방안들을 예시할 수 있다.
- 성희롱의 정의를 설명할 수 있다.

제4차 산업혁명시대의 등장과 인공지능의 발전으로 다양한 문제들이 새롭게 등장하고 있다. 이 장에서는 급변하는 현대사회에서 요구하는 다양한 윤리적 이슈를 환경윤리, 생명윤리, 정보윤리, 성윤리로 나누어 살펴보자. 내용 중 일부는 관련 국제기구나 단체의 사이트에 게재된 내용을 발췌, 요약하였음을 밝힌다.

4.1 환경윤리

제2차 세계대전 이후 세계각국은 경쟁적으로 산업을 발전시키면서 자연을 무분별하게 개발하여 경제성장을 이루어왔다. 급진적인 산업화, 도시화, 대량생산과 소비활동 등으로 지구환경의 오염과 파괴현상은 급속히 확산되었다.

환경문제로 떠오르는 이슈들을 지구온난화, 오존층 파괴, 산성비, 엘니뇨와 라니냐로 나누어 그 발생원인과 영향을 살펴보고, 환경보존을 위한 국제적인 노력을 살펴보자.

4.1.1 주요 환경이슈

1) 지구온난화

지구온난화(global warming)는 지구 표면과 대기의 기온이 상승하는 것을 의미한다. 지구의 표면온도는 꾸준히 조금씩 상승되어 왔으나 그 상승속도가 최근에 와서 빨라졌다는 것이 문제이다. 이 영향으로 우리나라에도 최근 아열대 기후현상이 나타나고 동식물의 서식 분포도 달라지고 있다. 지구온난화의 가장 큰 원인으로는 무분별한 자연파괴와 산업화 그리고 인간의 욕심과 환경에 대한 무지함으로 인한 대기 중 온실가스

(greenhouse gases)의 증가를 들 수 있다.

자연적인 온실효과(natural greenhouse effect)는 태양으로부터의 열을 흡수하여 지구의 온도를 적정 수준으로 유지시켜주는 역할을 한다. 그러나 온실가스가 빠른 속도로 늘어남으로써 지구온난화를 가져오고 이러한 기후변화는 지구에 매우 다양한 영향을 미친다. 오늘날 우리가 경험하는 국지적 폭우, 폭염, 해수온도와 해수면 상승으로 인한 바다생태계의 교란, 지진 등 지구촌의 많은 재해들은 온난화현상과 관련이 깊다고 할 수 있다.

2) 오존층 파괴

오존(O^3)은 지구의 상층대기권에 다량 존재하는 무색의 기체이다. 상층에 위치하는 오존층은 태양광선으로부터 나오는 자외선을 다량 흡수함으로써 지구의 생명체들이 태양의 유해한 자외선에 직접 노출되는 것을 막아준다.

1970년대 후반부터 오존층 파괴에 대한 심각성이 널리 알려지면서 그 원인에 대한 많은 연구들이 실시되어 왔다. 다양한 원인들이 존재하지만 그 중에서도 오존은 염소 원자와 일산화탄소에 의해 많은 영향을 받는 것으로 나타났다. 염소 원자는 프레온이라고 불리는 염화불화탄소(CFC)에 다량 함유되어 있는데 냉장고나 에어컨의 냉매나 각종 스프레이 등의 충전재로 쓰이는 물질이다. 또 다른 원인은 자동차나 비행기 등의 배기가스가 배출하는 일산화탄소이다.

오존층이 파괴되면 인간은 다양한 피해를 입게 되는데 그 중에서도 건강상의 피해로는 피부암과 백내장을 들 수 있으며 면역체계에도 영향을 주어 질병에 걸릴 확률도 높아진다.

3) 산성비

산성비란 용어는 1852년 스코틀랜드의 과학자인 로버트 스미스

(Robert Smith)가 영국의 산업도시들의 빗물들의 성분을 조사하면서 생겨난 용어이다. 빗물의 산도가 pH(수소이온 농도)값이 5.2 이하일 때 산성비(acid rain)라고 한다. 다양한 원인이 있겠으나 공장이나 가정에서 석탄이나 석유 등이 연소되면서 발생하는 황산물질이나 자동차에서 배출되는 질소화합물 등이 대기에 섞이면서 구름으로 유입되어 빗속에 섞이게 된다. 산성비는 다양한 경로를 통하여 인간의 생활과 건강에 직간접적인 영향을 끼치게 된다.

산성비는 일차적으로 땅에 떨어져 농작물에 영향을 입히고 나무에도 영향을 미쳐 산림이 망가지게 된다. 뿐만 아니라 바다나 강에 떨어진 산성비는 물고기와 수중생물의 서식에도 나쁜 영향을 준다. 물고기가 떼로 죽어 하천이 부패하거나 호수가 오염되기도 한다. 또한 돌이나 금속철재로 만든 건축물이나 유적지의 유물도 산성비로 인하여 외관이 부식되어 손상을 입기도 한다. 산성비를 줄이기 위한 선진국들의 다양한 노력들이 계속되고 있다.

4) 엘니뇨와 라니냐

엘니뇨(El Niño)란 남아메리카 서해안을 따라 흐르는 차가운 페루 해류 속에 갑자기 이상난수(異常暖水)가 침입하는 해류의 이변현상이다. 기상학자들은 열대 태평양 지역의 해수면 온도가 5개월 이상 평년 수온보다 0.5도 이상 높은 경우를 엘니뇨라고 정의하고 있다. 페루 해류는 무역풍이 약해지는 12~2월에는 엘니뇨현상이 일어나 적도 쪽으로부터 북풍과 함께 이상난수가 침입해 온다. 이로 인해 오징어는 떼죽음을 하고, 정어리는 어디론가 사라져 버린다. 또한 바다의 해조(海鳥)들도 굶어 죽고, 육지에서는 큰 홍수가 일어나 엄청난 피해를 입는다.

이와 반대로 해수면 온도가 0.5도 이상 낮은 경우를 라니냐(La Niña)라고 한다. 라니냐는 1988년 미국의 중부지역을 휩쓴 가뭄과 혹한의 직접적인 원인이 되기도 했다. 엘니뇨와 번갈아 대략 4년의 주기로 일어나는 이 현상은 1~3년간 대기순환 교란에 영향을 미친다.

4.1.2 환경운동과 국제적 협약

1) 비엔나협약과 몬트리올의정서

비엔나협약(Convention for the Protection of the Ozone Layer, Vienna 1985)은 CFC(프레온가스)와 할론(Halon) 등의 방출에 따른 오존층 파괴의 영향으로부터 지구와 인류를 보호하기 위해 최초로 만들어진 국제환경협약이다. 협약의 채택을 위해 1981년 특별위원회를 발족하였다. 그리고 '오존층 보호를 위한 비엔나협약'에 122개국이 가입하고 서명하여 이를 채택하여 1988년에 9월부터 시행되고 있다. 이 협약의 이행을 위해 구체적인 의무조항을 몬트리올의정서(Montreal Protocol)에 규정하고 1987년 9월에 채택하여 1989년 1월부터 시행하고 있다.

몬트리올의정서에 의하면 CFC(프레온가스), 3종류의 할론, 사염화탄소 등 총 20여 종의 대상물질과 관련 제품의 교역을 규제하고 있으며, 비가입국에 대한 통상제재를 처음으로 국제협약에 채택하였다. 우리나라는 1992년 2월 27일에 가입하여 규제를 받고 있다.

2) 유엔기후변화협약

유엔기후변화협약(The United Nations Framework Convention on Climate Change: UNFCCC)은 지구기온을 상승시키는 이산화탄소, 질소산화물, 메탄 등의 발생량을 줄이기 위하여 석유, 석탄 등의 화석연료의 사용을 줄이는 것을 목표로 한 국제협약이다. 온실가스의 문제가 심각해졌으나 각 나라에서 온실효과를 일으키는 기체가 방출되는 것을 규제하거나 억제하는 효과적인 방안이 미흡하기 때문에 글로벌 차원의 협약을 만들어 이를 규제하고 감독하고자 하였다. 1994년 3월에 50개국 이상이 가입함에 따라 발효되었고, 우리나라는 1993년 12월 47번째로 가입하여 1994년부터 국내에서 효력을 발생하였다. 2015년 기준으로 197개 국가가 참여하고 있다.

협약상의 감축의무만으로는 충분하지 않은 문제점을 개선하기 위하여 1997년 일본 교토에서 개최된 당사국총회에서 2000년 이후 선진국의 감축목표를 구체적으로 정하였다. 교토의정서는 미국, 호주, 캐나다, 일본, EU 등 37개국을 대상으로 2008~2012년까지를 제1차 감축공약기간으로 하여 온실가스 총배출량을 1990년 수준보다 평균 5.2% 감축하는 것을 목표로 한다. 2차 감축공약기간은 2008~2020년으로 교토의정서의 만료 시점 이후 이를 대체하기 위해 다시 2015년에 파리기후협정이 채택되었다.

1997년에 채택된 교토의정서는 선진국들에게만 온실가스 감축 의무를 부과하였지만 파리협정은 195개국 당사국 모두가 감축목표를 설정하고 지켜야 한다는 점에서 차이가 있다. 지구상의 대부분의 국가들에게 문제의 심각성을 인지시키고 참여를 유도하며 급속하게 진전되는 기후변화에 대응하기 위함이다. 각 국가는 자발적으로 온실가스를 얼마나 감축시킬지의 목표를 정하는데 미국, 유럽연합, 중국, 한국 등의 국가들은 25~40%의 감축목표를 정하였다.

3) 리우회의

리우회의(Rio Summit)는 1992년 6월 3~14일까지 브라질 리우데자네이루에서 각국 대표들과 민간단체들이 지구 환경보전을 위해서 개최한 회의이다. 이 회의는 정부 대표가 중심이 된 유엔환경회의(UNCED: 일명 Earth Summit)와 각국 민간단체가 중심이 된 지구환경회의(Global Forum '92)가 함께 개최되었다. 이 회의과정에서 환경문제와 경제개발을 둘러싸고 선진국과 개도국 사이의 이해관계가 첨예하게 맞섰으며, 환경보존을 위한 재정지원과 기술이전문제를 놓고 많은 논란이 있었다. 이러한 논의 끝에 지구환경보호의 기본원칙인 '리우선언'과 21세기를 향한 세부실천계획인 'Agenda 21'을 확정하였다. 구체적으로 지구온난화방지협약, 생물다양성보존협약, 삼림보전원칙 등을 채택하였다. 인간은 지속가능한 개발을 통해 자연과의 조화 속에 건전하고 평화로운 생활을 할 권리가 있다. 그러기 위해서는 빈곤을 퇴치하고, 후진국의 특수사정과 수요를 우선적으로 고려해야 하는 등 지구환경보존의 기본적인 방향을 제안하고 있다.

4) 바젤협약

1980년대부터 선진국들이 유해폐기물 처리에 대한 규제를 강화하였다. 이에 따라 유해폐기물의 처리비용이 상승하고 법적인 규제도 엄격해졌다. 유해폐기물 처분에 따른 비용 상승을 꺼리는 관련업자들은 이를 더 낮은 가격에 처리하기 위하여 비교적 법적 규제가 적은 개도국이나 동유럽 국가로 수출하는 편법을 사용하였다. 개도국에 반입된 폐기물은 안전하게 관리되지 않고 야적장에 방치되거나 바다에 버려져서 자연환경과 생태계를 파괴시키고 결과적으로 인간의 건강을 해치게 되었다.

특히 1987년부터 1988년까지 이탈리아의 유해 폐기물이 나이지리아의 코코항에 대량으로 반입된 사건이 발생하자 유엔환경계획(UNEP)은 불법적인 유해 폐기물의 국가 간 이동을 막기 위해 1989년에 바젤협약(Basel Convention)을 채택하고 1992년에 발효하였다.

가입국들은 폭발성, 인화성, 중독성 등 13가지 특성을 가지고 있는 동, 아연, 카드뮴 등 47종의 폐기물을 국외로 반출해서는 안된다. 또한 폐기물을 최소화하는 정책을 펴고 이러한 폐기물을 안전하게 처리하는 시설을 최대한 확보해야 한다.

4.2 생명윤리

과학기술의 발달이 의학에 영향을 미치며 예전엔 공상과학영화에서 볼 수 있었던 인간복제가 현실화되면서 생명윤리에 대한 국제적인 관심이 커지고 있다. 의료기술이 급속히 발달하면서 낙태, 안락사, 장기이식을 행함에 있어서 찬반 논쟁이 있고, 최근에는 인터넷을 통한 정자 및 난자의 판매에 따른 문제점까지 큰 이슈가 되고 있다. 생명을 경시하는 풍조가 늘어나면서 사회적으로 생명윤리에 대한 대책을 논의하기에 이르렀다.

현대사회에서 중요하게 다루어지고 있는 안락사, 뇌사판정, 그리고 인간복제에 관한 문제들을 살펴보자.

4.2.1 안락사와 연명치료 중단

안락사에 대해서 살인행위로 보는 견해와 고통을 마감시키는 구원의 행위라는 두 가지 견해가 존재한다. 후자의 경우 존엄한 죽음을 맞이할 수 있는 권리가 인간에게 있다고 주장하며 안락사의 정당성을 내세우고 있다.

말기암 환자가 호흡을 멈추었을 때 과연 심폐소생술을 하여야 할 것인가? 몇 년 동안 의식이 깨어나지 못하고 식물인간으로 인공호흡기로 연명하는 혼수상태 환자의 호흡기를 가족들이 떼어달라고 하면 의사는 어떻게 할 것인가?

미국은 비교적 진보성이 강한 캘리포니아주, 워싱턴주, 오리건주 등을 중심으로 말기 불치병 환자에 대한 연명치료를 중단하고 존엄한 죽음을 선택할 수 있는 권리를 부여하자는 취지에서 안락사 허용 운동이 시작됐다.

네덜란드는 세계 최초로 안락사를 합법화한 나라로 2001년 법안이 통

생각해보기

호주의 식물 생태학자 데이비드 구달(David Goodall)은 104세가 되던 2018년도에 치사량에 해당하는 신경안정제 주사를 맞고 운명하였다. 호주에서는 안락사가 허용되지 않아 안락사를 허용하는 스위스까지 노구를 이끌고 가서 '엑시트 인터내셔널'이라는 기관의 도움을 받아 병든 몸으로 추하게 늙어가기보다는 스스로 생을 마감하는 것을 택하였다. 많은 국가에서 불필요한 생명연장을 위한 치료를 중단하는 존엄사는 허용되도록 법제화하였지만 시한부나 불치병 때문이 아니라 고령이나 심한 통증으로 인하여 독극물을 투입하여 인위적으로 목숨을 끊는 안락사를 허용하는 곳은 스위스, 네덜란드, 룩셈부르크 등 유럽 몇 개국에서만 허용하고 있다. 불치병에 걸리지 않은 이들에게 안락사를 합법적으로 허용하면 생명경시 풍조가 확산될 것이라는 우려가 있어 대부분의 국가에서는 아직 법으로 금하고 있다.

과연 인간에게 스스로 생명을 끊을 권리가 있는 것일까?

과되어 2002년 4월부터 시행에 들어갔다. 그리고 스웨덴, 덴마크, 콜롬비아, 중국 등 안락사를 묵인하고 있는 몇몇 국가를 제외하고 거의 모든 국가에서 안락사는 금기시되고 있다.

우리나라에서는 '호스피스 · 완화의료 및 임종과정에 있는 환자의 연명의료 결정에 관한 법'이 통과되어 연명의료 분야는 2018년도부터 시행되고 있다. 급속도로 병세가 나빠져 사망이 임박한 환자를 대상으로 불필요한 의료행위를 중단하고 존엄하게 죽음을 맞이할 수 있도록 하는 법안이다. 그러나 말기 환자에게 독극물을 주입하여 임종에 이르게 한다든지 하는 행위는 불법이다.

4.2.2 뇌사

뇌사는 일반적으로 생명유지의 중요한 역할을 담당하는 폐나 심장의 기능정지보다 뇌가 먼저 정지한 경우로서 2주일 내로 폐와 심장이 멈추어 결국엔 죽음에 이르게 된다. 뇌는 생명유지의 결정적 기능을 하는 호흡, 심장박동, 혈압조절 등의 역할을 담당하고 있어 해당 장기에 문제가 없더라도 뇌가 정지하면 인체는 죽을 수밖에 없다.

뇌사는 흔히 식물인간과 혼동되기도 하는데 전혀 다른 개념이다. 식물인간은 인간으로서의 기본기능, 즉 움직이고, 느끼고, 기억하고, 생각하는 등의 기능은 하지 못하여 식물처럼 보이는 상태이다. 그러나 생명유지에 필요한 호흡, 체온조절, 심장박동 등의 기능은 정상적이고 장기간 의식이 없고 움직이지 못하는 상태이다.

그러나 뇌사는 일정기간이 지나면 사망하기 때문에 뇌사판정이 중요한 이유는 뇌사자들이 장기이식을 위한 장기를 제공할 수 있기 때문이다. 뇌사장기기증은 아직 활동하고 있는 장기를 적출하여 이식하는 것으로 심장, 간장, 췌장, 각막 등 최대 9개의 장기를 적출하여 이식할 수 있다. 어차피 죽을 생명이 고통받는 다른 생명을 위하여 자신의 장기를 남기고 세상을 떠날 수 있다.

'사랑의 장기기증운동본부'는 평소 자신의 사후에 장기를 기증하겠다는 사람들의 서약을 장려하며 뇌사 시 혹은 사후에 장기를 필요한 사람에게 줄 수 있도록 체계적으로 돕는 기관이다. 홈페이지를 방문하면 여러 사례들을 접할 수 있다. 경기도의 한 외국인 학교의 교사였던 린다 프릴 선생님은 수업 도중에 뇌출혈로 쓰러져 뇌사 상태에 빠졌다. 남편은 평소 아내의 뜻에 따라 한국인 5명에게 아내가 장기를 나누어주고 떠날 수 있도록 적극적으로 협력하였다고 한다.

4.2.3 인간복제

국내에서 인간복제에 대한 관심을 불러일으킨 것은 황우석 사건이었다. 2004년 황 교수는 세계적으로 저명한 학술지인 '사이언스'에 인간체세포를 이용한 배아줄기세포 배양에 성공하였다고 발표하였다. 그러나 논문이 조작되었다는 것이 나중에 밝혀져 서울대 교수직에서 물러났다. 그 이후에도 인간복제연구에 대한 법률적 · 도덕적 논란은 계속되어 오고 있다.

1) 복제의 종류

복제는 절차에 따라 몇 가지 종류로 나눌 수 있다. 복제의 종류를 살펴보면 다음과 같다.

(1) 체세포복제 · 개체복제

체세포복제란 수정되지 않은 난자를 채취해 난자의 핵을 제거한 다음 복제를 원하는 개체의 근육, 귀 등에서 떼어낸 체세포와 전기충격으로 융합시키는 것이다. 그러면 개체의 체세포 핵이 난자 속으로 들어가 수정란이 되고 이를 좀 더 배양하면 배아가 된다. 체세포복제로 만들어진 배아를 자궁 속에 착상시켜 완전한 생명체로 자라게 한 뒤 태어나게 하는 방식으로 정자와 난자가 결합하는 수정과정 없이 체세포만으로도 생명이 태어날 수 있다.

세계 최초의 체세포복제 생명체로는 1997년에 탄생한 양 '돌리'가 있다. 현재 개체복제의 경우 사람에게는 허용되지 않고 동물은 제한적으로 허용되고 있으나 나라마다 이에 대한 법규는 다르다.

(2) 배아복제

난자와 정자가 수정된 후 다양한 신체기관이 발달되기 전인 9주 이내의 세포를 배아라고 한다. 생명체로부터 체세포를 분리하여 배양한 후에 이 세포를 다시 핵을 제거시킨 난자에 넣어 세포를 융합해 나가는 과정을 체세포 핵이식이라고 한다. 이것을 인큐베이터 안에서 키우면 세포가 계속 분할하여 정자와 난자가 결합하여 만들어진 것처럼 배아가 된다. 이 상태를 배아복제라고 한다. 배아복제된 난자를 자궁에 착상시켜 자라면 복제생명이 탄생한다. 그러나 배아에서 배아줄기세포를 확보한 후에 이를 자신의 치료목적으로 쓸 수도 있다. 배아복제는 치료용으로도 선택할 수 있는 면에서 개체복제와 다르다.

많은 과학자들과 다양한 불치병을 앓고 있는 환자들과 가족들은 '배아줄기세포'를 얻기 위한 치료용 배아복제는 용인되기를 바라고 일부 국가에서는 이에 대한 연구가 활발하다. 그러나 배아까지 생명체로 인정하고 생명의 존엄성을 지켜야 한다는 것이 가톨릭 교단이나 인권윤리단체들의 입장이다.

2) 인간복제에 따르는 이슈들

인간복제에 수반되는 이슈는 매우 다양하나 그 중에 주요한 세 가지를 살펴보면 다음과 같다.

첫째, 종교·윤리적 문제이다. 기독교계에서는 인간생명을 인위적으로 조작하는 행위를 창조주로서의 신을 모독하는 행위로 규정하고 있다. 윤리적으로는 인간복제가 인간의 존엄성을 대단히 훼손할 것이라는 우려가 있다. 뿐만 아니라 인간복제연구 및 시술과정에서 수많은 수정란이나 배아가 희생되기 때문에 특히 가톨릭교계에서는 인간생명의 존엄성을 훼손한다고 반대한다.

둘째, 법률적 문제이다. 가족의 개념이 혼란에 빠지고 가족을 기본단위로 하여 파생된 유산상속법, 친족법, 보험법 등에 영향을 미치게 된다.

복제인간을 형제나 가족에 포함시켜야 할지, 또 포함시켰을 때 가족 간의 관계를 어떻게 규정할지 매우 혼돈스러울 것이다.

셋째, 사회적 문제이다. 인간복제는 가족제도와 결혼에도 매우 큰 영향을 미칠 것이다. 결혼하지 않고 복제를 통하여 자녀를 가질 수도 있고 유전자를 조작하여 우수한 형질만 가진 아이를 생산함으로써 새로운 계급계층이 생겨 갈등을 빚을 수도 있다.

이와는 달리 인간복제의 긍정적인 면을 부각하는 학자들의 생각은 다음과 같다.

첫째, 인간개체 복제술의 이점은 정상적으로 임신을 할 수 없는 부부가 아기를 가질 수 있다는 것이다. 예를 들면 정자에 문제가 있어서 정상적인 방법으로는 수정이 불가능할 때 체세포 핵이식술을 이용하면 정자가 없어도 수정이 가능하다는 것이다.

둘째, 현재 파킨슨병, 백혈병, 당뇨병 등에 걸린 환자에게 환자 자신의 세포를 재생시켜 면역학적 거부반응을 해결하고 불치병으로부터 벗어날 수 있도록 도와줌으로써 삶의 질을 높일 수 있다는 견해가 있다.

셋째, 만성적인 장기 부족현상을 해결함으로써 장기이식문제를 해결할 수 있다. 장기복제란 현재로서는 장기유전자 정보를 담은 배아세포를 사람의 장기와 가장 구조가 비슷한 돼지의 자궁에 착상시켜 돼지가 태어나게 하는 것을 말한다. 그리고 돼지로부터 이식가능한 장기를 추출하여 인간의 몸에 이식하는 것이다. 인간을 대상으로 한 복제가 가능하게 된다면 몸이 다치거나 병이 들었을 때 자신의 신체를 복제하여 이식함으로써 다시 건강을 되찾을 수 있게 된다.

4.3 정보윤리

정보윤리란 컴퓨터와 인터넷을 기반으로 이루어지는 활동에 있어 옳음과 그름, 좋음과 나쁨, 윤리적인 것과 비윤리적인 것을 올바르게 판단하여 행위하는 데 필요한 규범적인 기준체계이다.

인터넷을 통해 많은 정보를 공유할 수 있게 되었고, 축적된 정보를 유용하게 사용할 수 있다. 인터넷의 폭발적 확대는 인간들의 삶의 방식과 비즈니스 방식에도 큰 영향을 미치고 있다. 많은 사람들이 인터넷 중독에 빠지거나 소셜네트워크의 영향으로 다양한 부작용이 생기기도 한다. 그런가 하면 인터넷을 기반으로 아이돌그룹 '방탄소년단'은 세계적인 스타로까지 발돋움할 수 있고, 온라인 거래가 규모면에서 오프라인 거래를 능가하는 경우도 허다하다.

4.3.1 정보보호

정보화가 급속하게 발전하면서 공공기관을 비롯한 기업의 고객들은 온라인으로 개인정보를 활용한 다양한 서비스를 제공받고 있다. 이에 반해 정보화사회의 역기능으로 일어나는 피해 또한 적지 않게 발생하고 있다. 현대사회에서 인터넷과 스마트폰은 생활을 더욱 풍요롭게 해주었지만, 반대로 개인의 정보가 쉽게 유출될 수 있는 환경을 만들었다. 2016년에는 국내 대형 온라인 쇼핑몰이 해킹공격을 받아 1,000만여 고객의 개인 정보가 유출되었다.

또한 금융기업에서 보유하고 있던 고객들의 개인 정보가 해킹으로 인해 유출되는 일들이 우리 사회에서 빈번하게 일어나고 있다. 한편 내부 직원의 비윤리적인 행위로 고객의 정보가 유출되는 경우도 있다. 2015년 대규모의 고객정보 유출 사고가 일어났었던 미국의 컨설팅 전문기업인 론치포인트 벤처스는 2017년에는 내부 직원이 기업의 민감한 정보가

> 2018년 페이스북이 개인정보를 유출한 것으로 밝혀져 막대한 벌금을 물었다. 데이터분석업체인 영국의 '케임브리지 애널리티카'라는 회사는 8,700만 명 이상의 페이스북 사용자들의 개인정보를 빼내어 분석함으로써 정치적 영향력을 미쳤다고 한다. 원래 페이스북은 광고주 같은 제3자에게 개인정보를 제공할 때 그 정도를 분명히 밝혀야 하는데 이를 어겼다는 것이다. 트위터도 같은 업체에 개인정보를 판매한 것으로 나타났다.

담긴 파일을 지속적으로 자신의 이메일로 전송하여 정보를 유출한 것으로 드러났다.

기업에서는 온라인을 통한 정보유출을 막기 위해 정보보호의 패러다임을 바꾸어 나가고 있다. 정보보호의 지식을 갖춘 우수한 인재 채용과 최신 컴퓨터를 도입하여 정보보호정책을 수립하고, 지속적으로 정보보호활동을 하는 등 사이버 침해를 막기 위한 다양한 보안전략과 정책을 갖추어 나가고 있다.

이러한 개인정보의 유출을 예방하기 위해서는 개인들의 노력도 필요하다. 컴퓨터를 사용할 때 주기적으로 백신검사를 통해 바이러스 침입을 차단해야 한다. 또한 인터넷 사이트에 회원가입을 할 때 주민등록번호를 대체할 수 있는 방법을 사용하고, 비밀번호는 타인이 알아채기 어려운 영문, 숫자, 특수기호 등을 조합하여 설정하고, 3개월~6개월에 한 번씩 주기적으로 변경하여야 한다. 회사 컴퓨터로 인터넷을 사용할 때 출처를 알 수 없는 자료는 함부로 다운받지 않고, 이메일을 확인할 때에도 송신자가 명확하지 않은 이메일은 될 수 있는 한 열어보지 않는 것이 해킹을 예방할 수 있다.

컴퓨터윤리협회(Computer Ethics Institute)의 윤리 십계명

① 컴퓨터를 타인을 해치는 데 사용하지 않는다.
② 타인의 컴퓨터 작업을 방해하지 않는다.
③ 타인의 컴퓨터 파일을 염탐하지 않는다.
④ 컴퓨터를 절도해서 사용하지 않는다.
⑤ 거짓 증거로 컴퓨터를 사용하지 않는다.
⑥ 소유권 없는 소프트웨어를 사용하거나 불법 복제하지 않는다.
⑦ 승인이나 적절한 보상 없이 타인의 컴퓨터를 사용하지 않는다.
⑧ 타인의 지적 재산권을 침해하지 않는다.
⑨ 자신이 만든 프로그램이나 시스템으로 인한 사회적 결과에 책임을 진다.
⑩ 동료를 고려하고 존중하는 방식으로 컴퓨터를 사용한다.

4.3.2 SNS 사용 시 주의점

스마트폰 보급률이 높아지면서 SNS(social network services/sites)를 사용하는 사람들은 꾸준히 증가하고 있다. SNS는 시공간의 제약 없이 전 세계 모든 사람들과 자신의 일상과 생각, 경험을 공유할 수 있는 현대사회의 가장 효과적인 의사소통의 창구이다. 사람들은 SNS를 통해 내가 어디에서, 누구와, 무엇을 하고 있는지 손쉽게 알릴 수 있다. 하지만 SNS는 짧은 시간 안에 광범위하게 확산되고, 또 웹상에서 오랜 시간 저장되어 언제든지 다시 볼 수 있어 직장인으로서 SNS를 사용할 때 부주의할 경우 자칫 범죄에 노출되거나, 중요한 정보를 유출시킬 우려가 있다.

직장인이 개인의 SNS를 사용할 때 가장 주의해야 할 것은 업무와 관련된 글 혹은 사진들을 올려서는 안 된다는 것이다. 특히 회사로고가 드러나는 사진, 세미나 참석 사진, 사내 프로젝트 제안, 중요한 파일이 담긴 사진 등 업무와 관련된 사진들을 무의식적으로 개인 SNS에 올리는 경우가 많다. 이런 행동들은 의도치 않게 기업의 중요한 전략, 정보들을 유출하여 경쟁사에게 도움이 될 수 있다. 또한 기업 차원에서 기밀정보에 해당할 경우 자칫 내부 스파이로 오해받을 수도 있으므로 업무와 관련된 글, 사진 등은 가능하다면 개인의 SNS 계정에는 올리지 않도록 주의해야 한다.

4.4 성윤리

직장 내에서 성추행, 성폭력이 일어나는 주 원인은 권력관계에 있다. 실제로 조직 내 우월적 지위를 이용하여 직장상사가 부하직원에게 성희롱, 성폭행, 폭행 등의 횡포를 부리는 사건들은 매스컴에서 빈번하게 다루어진다. 과거에는 피해자의 대부분이 여성이었으나 최근에 와서는 남성 피해자나 성적 소수자도 증가하고 있다. 직장에서 상사에게 성(性)역할을 강요당하거나 외모 비하 발언을 듣고, 성차별적인 괴롭힘을 당하는 여성들이 적지 않다. 젠더 괴롭힘을 비롯한 직장 내 성희롱, 성차별 등의 주된 원인은 권위적인 조직문화를 꼽을 수 있다.

4.4.1 성에 따른 차별

1) 다양한 성정체성과 그에 따른 차별

예전에는 숨기고 말 못하였던 다양한 성정체성을 가진 사람들이 최근에 와서는 연대를 통하여 자신들의 목소리를 높이고 있다. 그러나 사회는 여전히 이들에게 냉담하고 심하게는 이들을 대상으로 생명을 위협하는 증오범죄를 일으키며 직장에서도 이들을 차별하는 경우가 많다.

(1) 트랜스젠더

트랜스젠더(Transgender)는 사회적 성과 출생 시 타고난 생물학적 성이 일치하지 않는 사람, 즉 성정체성에 혼란을 가지고 있는 사람들을 가리킨다. 트랜스젠더는 사회적으로나 직업적으로 많은 차별을 당하고 있다. 미국에서 3,000명의 트랜스젠더 여성을 대상으로 차별에 관한 설문조사를 실시한 결과 응답자의 36%는 직업을 잃었고 55%는 채용 시 불이익을 받았으며 29%는 승진이 거부되었으며 25%는 진료를 거부당했다고 하였다. 그러나 미국의 많은 주들이 이러한 차별을 법으로 금지하고 있으며 사회적으로도 성공한 트랜스젠더들이 증가하고 있는 추세이다.

(2) 동성애자

대부분의 문화권에서 동성애자는 편견과 차별을 받는 경우가 많다. 동성애자를 향한 사회적 집단 괴롭힘은 실제로 여러 모양으로 나타난다. 동성애 혐오는 불쾌한 감정을 의식적으로 표현하고 혐오 혹은 차별하는 것을 말한다. 이런 혐오가 범죄로 드러났을 때는 증오범죄라고 불린다.

사회적 편견에도 불구하고 사회적으로나 직업적으로도 성공한 많은 인사들이 있다. 디자이너나 예술가들 사이에 많이 볼 수 있으며 애플의 CEO인 제임스 쿡도 자신이 동성애자임을 밝힌 바 있다.

북유럽이나 선진국에서는 동성애자들에게 사회적으로나 법적으로 매우 관대하다. 그러나 한국에서는 이들이 자신의 성정체성이 드러났을 때 받는 차별이 두려워 숨기는 경향이 많다.

2) 여성에 대한 차별

지난 반세기 동안 한국에서의 여성의 사회참여와 지위는 꾸준히 향상되어 왔다고는 하나 OECD 국가들 속에서는 최하위에 속한다. 통계를 살펴보면 2016년 한국 여성의 경제활동 참가율은 58.4%이다. 20대에는 65.6%이지만 30대가 되면 60.1%로 현저하게 떨어진다. 결혼과 출산 이후 육아를 위하여 많은 여성들은 직장을 그만둔다. 국가적으로나 직장에서 여성의 가정과 직업 양립을 위한 다양한 정책을 펼치고 있다고는 하나 출산율은 계속 떨어지고 있다.

또한 직장을 다니는 여성들도 유리천장에 막혀 승진이 제한되는 경우가 많으며 조직 내에서 다양한 형태의 차별을 당하는 것으로 나타났다. 한국여성정책연구원의 조사에 따르면 경직되고 권위적인 조직문화를 가진 기업에서 여성 차별 피해율은 43.4%로, 합리적이고 자유로운 조직문화를 가진 기업에서의 피해율이 19.4%인 것과 비교했을 때 두 배 이상 높은 것으로 나타났다.

유리천장(glass ceiling)
여성과 소수민족 출신자들의 고위직 승진을 막는 조직 내의 보이지 않는 장벽을 뜻한다.

4.4.2 성폭력

우리는 흔히 성희롱이라는 말을 자주 사용하고 있지만, 실제 법률상에서는 성폭력, 성희롱, 성추행의 의미가 각각 차이가 있다. 성윤리에 대해 깊이 이해하기 위해서는 이러한 용어의 개념을 살펴볼 필요가 있다.

1) 성폭력의 개념

성희롱, 성추행, 성폭행을 모두 포괄하는 개념으로 "성을 매개로 하여 상대방의 의사에 반해 이루어지는 모든 성적인 가해행위"라고 정의한다. 최근에는 대부분의 사람들이 인터넷을 사용하면서 인터넷을 통해 음란물을 보내는 등의 행위를 사이버 성폭력으로 포함시키기도 한다.

2) 성희롱의 개념

성희롱이란 개념은 '남녀고용평등법'과 '남녀차별금지법'에서 최초로 규정되었다. 표현의 차이는 있으나 성희롱은 일반적으로 법에서 "업무와 관련해 성적 언어나 행동 등으로 굴욕감을 느끼게 하거나 성적 언동 등을 조건으로 고용상 불이익을 주는 행위"라고 정의한다. 여기서 중요한 점은 피해자가 굴욕감을 느꼈다면 성희롱으로 간주할 수 있다는 것이다. 성희롱은 피해자가 사업주에게 가해자에 대한 부서 전환, 징계 등의 요구를 할 수 있지만 성희롱과 관련된 법률은 형법의 적용을 받는 것이 아니라 신체적 접촉 없는 언행만으로 형사처벌의 대상이 되지는 않는다.

직장 내 성희롱은 크게 두 가지 유형으로 분류할 수 있다. 첫 번째는 보복형으로 업무, 고용과 관련하여 성적인 언행이나 요구를 하고 수용하느냐 거부하느냐에 따라 고용상의 불이익에 영향을 주는 것을 말한다. 두 번째는 불이익은 없지만 성적인 언행으로 인하여 지속적인 괴롭힘을 당함으로써 피해자의 근무환경을 악화시키는 것이다.

3) 성추행, 성폭행의 개념

성희롱을 넘어 피해자를 강제 추행할 경우에는 성추행, 강간을 할 경우에는 성폭행으로 구분되며, 이는 범죄로 처벌된다. 성희롱과의 차이점은 '폭행이나 협박'을 수단으로 '추행'을 하는 데에 있다.

"나도 성폭력 당했어요" 미국의 #Me too 캠페인

2017년 미국 할리우드 유명 제작자인 하비 웨인스타의 성추문이 논란이 되면서 미국 SNS 사용자들 사이에서는 성폭력 경험을 털어놓는 캠페인이 벌어졌다. 이 캠페인은 할리우드 배우인 알리사 밀라노(Alyssa Milano)가 자신의 SNS에 "성폭력을 경험한 여성들이 '나도(Me too)'라고 적는다면, 이

문제가 얼마나 심각한지 사람들에게 알릴 수 있을 것"이라고 이야기하며 참여를 독려하면서 시작되었다. 이후 많은 여성들이 자신의 SNS에 #Me too 라는 해시태그를 사용하며 성희롱과 성폭행 사례를 밝히기 시작했다. 여성뿐만 아니라 적지 않은 남성들도 'Me too' 캠페인에 동참하였다. 한 참여자는 "남자도 성폭력을 당한다. 한 번에 그치는 것이 아니라 여러 번 일어난다."고 털어놓았다. 이 캠페인은 전 세계적으로 우리 주위에서 성희롱과 성폭력이 얼마나 빈번하게 일어나는지에 대해 알게 해주어 더 큰 의의가 있다.

미투 운동이 펜스룰이라는 역차별을 만들며 회식자리에 여자 직원을 배제하거나 업무상 미팅, 회의도 남성만 동행시키고 여성과의 대화나 업무 접촉을 원칙적으로 차단하는 사례가 생기고 있다. 펜스룰은 미 부통령인 마이크 펜스(Mike Pence)가 2011년 한 인터뷰에서 "부인이 없는 곳에서 다른 여성과 절대로 단 둘이 식사를 하지 않습니다."라고 말한 것에서 시작되었다. 이후 직장 내에서 여성과의 접촉을 일체 차단하여 오해받을만한 상황 자체를 만들지 않으려는 움직임을 '펜스(Pence) 룰(rule)'이라 칭하였고, 최근 우리나라에서는 미투운동의 확산으로 펜스룰 역시 확산되며 또 다른 성차별을 만들어내고 있다.

4.4.3 성희롱 현황과 대처

1) 직장 내 성희롱

직장 내 성희롱 피해자의 약 80%는 성희롱을 신고하거나 대처하지 않고 그냥 넘어간다. 그 이유는 남성과 여성에 따라 차이가 있는데, 대부분의 남성은 성희롱이 큰 문제라고 생각하지 않았기 때문이라고 한다. 성희롱 가해자들은 대부분 자신이 무엇을 잘못했는지, 무엇이 잘못인지 잘 모르는 경우가 많다. 하지만 여성 피해자들이 신고를 하지 않은 이유는 따로 있다. 여성의 경우 자신이 당한 성희롱을 회사에 문제제기를 해도 해결되지 않을 것 같아 참고 넘어가는 것이다. 또 다른 이유는 대부분 성희롱은 언어로 이루어지기 때문에 피해 증거를 확보하기가 매우 어렵다는 점이다.

직장 내 성희롱, 성폭행 피해 대상은 주로 여성이지만, 남성 피해자도 계속 늘어나고 있다. 직장 내 성희롱이 계속 증가하고, 문제가 심각해지는 이유는 일반 성범죄와 달리 성희롱에 대한 죄의식이 부족하기 때문이다. 따라서 직장 내 성희롱, 성폭력이 누구나 겪을 수 있는 문제임을 인식하고, 단순히 조직 내 개개인의 문제로만 바라볼 것이 아니라 우리 사회의 인권과 평등 침해라는 인식의 전환이 필요하다.

직장 내 성희롱 유형

① 육체적 행위

- 입맞춤이나 포옹, 뒤에서 껴안기 등의 신체적 접촉행위
- 가슴, 엉덩이 등 특정 신체부위를 만지는 행위
- 안마나 애무를 강요하는 행위

② 언어적 행위

- 음란한 농담이나 상스러운 이야기를 하는 행위(전화통화 포함)
- 외모에 대한 성적인 비유나 평가를 하는 행위
- 성적 사실관계를 묻거나 성적인 내용의 정보를 의도적으로 유포하는 행위
- 성적인 관계를 강요하거나 회유하는 행위
- 회식자리에서 술을 따르도록 강요하는 행위

③ 시각적 행위

- 음란한 동영상 · 사진 · 그림 · 낙서 · 출판물 등을 게시하거나 보여주는 행위(이메일, 채팅 등을 이용한 경우도 포함)
- 성과 관련된 자신의 특정 신체부위를 고의적으로 노출하는 행위

2) 성희롱 대처방안

직장 내 성희롱은 피해자와 가해자 모두 인권과 근로권을 침해하는 불법행위라는 것을 인지하는 것이 중요하다. 직장 내에서 성희롱의 피해를 입게 되는 경우 피해자는 가해자의 행위에 대한 강한 거부 의사를 전달해야 한다. 그럼에도 불구하고 성희롱, 성폭행이 지속될 경우에는 법적 · 제도적 절차를 밟을 것이라는 의사를 명확히 전달해야 한다. 그리고 가능한 한 육하원칙에 따라 객관적인 사실을 기록하여야 하며 목격자, 통화내역, 문자, 이메일 등의 관련 자료를 최대한 확보하는 것이 중요하다.

대부분의 기업에서는 직장 내 성희롱문제와 관련된 매뉴얼이 있다. 또한 '남녀고용평등법'에 따르면 직장 내 성희롱이 발생한 사실이 확인된 경우 사업주가 가해자를 조치할 것을 의무화하고 있다. 따라서 직장 내 성희롱 상담부서나 인사팀에 피해 사실을 바로 알려야 한다. 법적으로 기업에서 피해자에게 불이익을 주거나 부당한 처우를 하지 못하도록 강제하고 있으므로, 사내 절차를 통해 해결을 할 경우 가해자의 사과, 재발방지 약속 및 처분에 대해 명확하게 요구하고 해결방법을 찾아가야 한다.

조직 내에서 해결이 되지 않을 때에는 외부 기관의 도움을 받을 수 있다. 성희롱 피해자가 회사에 피해 사실을 신고했지만 회사에서 가해자에 대해 어떠한 조치도 취하지 않거나, 피해자에게 인사상 부당한 처분을 내렸을 경우에는 지방노동관서에 진정을 제기할 수 있다. 이런 경우에는 성희롱을 입증할 수 있는 증거 자료가 준비되어 있어야 한다. 또한 국가인권위원회(전화 1331)를 통해 성희롱 시정 신청을 할 수 있다. 이 외에도 회사와 가해자를 대상으로 민사소송도 제기할 수 있다.

학습문제

1. 언론에서 최근 자주 거론되는 윤리적 이슈들을 찾아보고 토론해보자.
2. 대중매체에 가장 빈번히 오르내리는 성차별적인 행동들을 열거하고 설명해보자.
3. 인간복제에 관련된 영화를 찾아서 시청하고(예: 스칼렛 요한슨 주연의 '아일랜드') 인간복제가 진전되면 어떠한 위협이 존재하는지 토론해보자.

참고문헌

김기태(2001). 현대사회와 직업윤리: 취업가이드와 직장예절을 중심으로. 대왕사.

김동훈(2002). "환경문제와 환경의식." 해양한국. 한국해사문제연구소.

김병진 외(1999). 생활과 직업윤리. 법문사.

김승권 외. 2000년 연구보고서. 한국보건사회연구원.

윤대혁(2001). 현대사회와 직업윤리. 무역경영사.

조수동, 김용섭(2001). 인간의 윤리인가, 윤리의 인간인가. 이문출판사.

두산백과 http://doopedia.co.kr

박상은의 생명윤리 http://sangeun.co.kr/

산하온환경연구소 http://sanhaon.or.kr/

생물학연구정보센터 http://www.ibric.org/

3 Part 직업윤리

Chapter 5

문화권에 따른 직업윤리

학습목표

- 종교 문화권에 따른 직업윤리를 설명할 수 있다.
- 유교가 직업윤리 형성에 미친 영향을 설명할 수 있다.
- 국가별 직업윤리를 설명할 수 있다.

5.1 종교 문화권에 따른 직업윤리

직업윤리는 문화권과 종교에 따라서 다양하게 형성되고 발전되어 왔다. 또한 한 문화권에 속하더라도 국가에 따라서 또는 개인의 종교적, 사회적 신념에 따라 차이를 보이기도 한다.

5.1.1 기독교

한 국가에 있어서 전통과 종교윤리가 경제원리와 잘 맞는 경우 경제발전을 이루어낼 수 있었다. 이런 시각에서 볼 때 서구의 직업윤리는 기독교윤리에 의해 주로 이루어졌다고 할 수 있다. 노동을 신에 대한 봉사로 여겼고, 게으름과 태만을 모든 악의 원천으로 간주하였다. 이런 정신을 루터와 베버는 '금욕주의적 직업윤리'라고 불렀으며 금욕주의적 직업윤리는 서구, 특히 미국의 경제발전의 기반이 되었다. 이는 근대적 시민사회윤리이며 합리적이고 자주적인 직업윤리라 할 수 있다.

1) 루터의 직업관

프로테스탄트 종교개혁은 독일의 루터(M. Luther)에 의하여 1517년에 시작되었다. 그 당시 교황청이 죄로 인한 벌을 받지 않으려면 면죄부를 사야 한다고 신자들의 돈을 착취하였다. 종교개혁은 루터가 면죄부를 비판하는 95개 조문을 작성하여 비텐베르크 대학교회의 정문에 부착하는 것으로부터 시작되었다. 그는 그리스도교의 본래 정신과 달리 성직자 및 귀족계급과 지역 상인들이 부유하게 사는 것은 옳지 않다고 여겼다. 또한 개인의 생활을 위해 필요한 만큼만 벌어야지 과도한 이익을 추구해서는 안 된다고 하였다.

루터는 직업관에 있어서 성직자와 같이 종교적 직업만을 성직으로 인정한 기존의 사고와는 달리 일반적인 직업과 종교적 직업을 동일하게 보았다. 따라서 모든 인간활동을 하나님과 연관되는 것으로 생각하여 자신이 하는 일을 통하여 하나님을 섬기는 것이기 때문에 특정 직업에 고액의 보수가 지급되는 것은 부적절하다고 생각하였다.

루터는 근대 민주주의 발전에 중요한 역할을 하였을 뿐만 아니라 자본주의 발전에 중요한 역할을 하였으며, 오늘날 기독교의 직업관인 소명의식의 기틀이 되는 사상을 정립하였다.

2) 칼뱅의 직업소명설

프랑스의 칼뱅(J. Calvin)은 마틴 루터와 함께 프로테스탄트윤리 정립에 중요한 역할을 한 사람이다. 그는 인간이 구원을 받느냐 못 받느냐는 인간의 노력에 달린 것이 아니라 하나님이 미리 정해 두었다는 **예정설**을 주장하였다. 그러므로 신자는 하나님으로부터 선택되었다는 생각으로 각자가 하는 일에 열심을 다할 것을 강조하였다. 직업에 귀천이 없고 이윤을 추구하는 상공업 또한 천한 직업이 아니며 동시에 자신의 직분과 직업에 충실하면 구원을 얻을 수 있다고 하였다.

예정설
인간의 구제 여부는 신의 의지로 미리 예정되어 있고 인간은 스스로 자신의 운명을 바꿀 수 없다는 칼뱅의 신학이론

칼뱅의 예정설과 함께 살펴볼 중요한 직업관은 신앙에 근거한 모든 일이 하나님의 일이라고 하는 **직업소명설**이다. 우리 모두가 신으로부터 소명(calling)을 받았으며 신에게 봉사하기 위해서는 자신의 직업에 충실함으로써 가능하다고 하였다. 그리고 신에 대한 복종심과 가족에 대한 봉사심으로 일을 한다면 어떤 일이든 신 앞에서는 동등한 가치가 있다고 보았다.

직업소명설
직업은 하나님의 부름(calling)이며 자신의 일을 통하여 하나님께 봉사한다는 직업윤리

칼뱅은 이윤을 추구하고자 하는 인간의 동기를 잘 살리면 일반 평민들의 생활 수준을 높일 수 있다고 생각하였다. 원래 기독교에서는 돈을 빌려주고 이자를 받는 대금업을 금기시해 왔는데, 칼뱅은 고리의 이자를 받는 것이 아니라 적정한 이자를 매겨 생산을 할 수 있도록 도와준다면 대금업도 나쁘지는 않다는 생각을 가졌으며 이러한 생각은 나중에 금융

업 발전의 토대가 되었다. 또한 획득한 부는 저장해 두는 것이 아니라 생산 활동에 재투자하여 부를 발전시켜야 하고 장려해야 한다고 하였으며, 이는 당시로선 파격적인 발상이었다. 이는 성경의 '달란트 비유'에도 잘 나타나 있다(마태복음 25:14–30). 하나님으로부터 받은 부나 재능을 땅에 묻어두는 것이 아니라 잘 활용하여 더 많은 이익을 남기는 것이 성경적이라는 칼뱅의 해석은 자본의 증식을 인정한 것으로 자본주의 사상에 많은 영향을 미쳤다.

칼뱅은 세상에서의 성공이 은총의 표시라고 여겼으며 자신에게 주어진 능력을 최대한 발휘함으로써 성공을 하는 것이 신앙적이라고 하였다. 세상에서의 부나 성공을 금기시하지 않고 오히려 게으르고 나태함을 경계하였으며 직업은 신성한 것이라 생각하였고, 근로 · 검소 · 절약을 존중하였다.

3) 베버의 프로테스탄트윤리

(1) 금욕적 직업윤리

막스 베버(M. Weber)는 독일이 근대 국민국가로 경제적 발전기에 있던 시대에 유복한 집안에서 태어났다. 어릴 때부터 지적 호기심이 높았으며 기독교 신자였던 어머니로부터 종교적인 영향을 많이 받았다.

그는 루터의 종교적 직업소명설과 칼뱅의 금욕적 직업론을 결합하여 직업천직론을 주장하였다. '일'을 인간과 인간, 이웃과 이웃 간의 공동체에 대한 봉사라는 개념으로 정의하였으며 봉사적 직업을 천직으로 정의하였다.

원래 천직이란 말은 독일어의 직업(beruf)이란 뜻으로 사용되어 온 것으로, 이 천직 속에는 영어의 calling이라는 종교적 개념이 함축되어 있다. 이는 일상생활 속에서 직업에 종교적 의미를 부여함으로써 신의 부름을 받은 직업이라는 뜻이라 볼 수 있다. 베버는 특히 금욕적 직업윤리관을 강조하였다. 이러한 금욕적 직업윤리에서 자본주의정신이 싹트고 시민적 직업윤리로 발전하게 된 것이다. 결국 금욕적 청교도주의의 이념, 즉 신의 은총을 위하여 끊임없이 노동하며 이러한 노동으로 신을 영광스럽게 하는 것을 삶의 주요한 목적으로 생각하였다. 그 보상으로 선택받았다는 확신을 가지면서 세속의 영역에서 엄격한 규율의 삶을 영위하는 태도를 베버는 금욕적 직업윤리라고 불렀다.

(2) 프로테스탄트윤리와 자본주의정신

베버는 근대적 기업의 자본가와 기업경영자, 혹은 상층 숙련노동자층, 기술적 및 상업적으로 훈련된 근대기업의 주요 인력들은 압도적으로 프로테스탄트들이 많다는 데 주목하였다. 이는 경제적 현상의 원인이 아니라 오히려 신앙성의 결과로 보아야 한다고 그는 주장했다. 베버는 프로테스탄트가 가톨릭 교도에 비해 세속적으로 더 성공하는 듯이 보이는 이유를 루터와 칼뱅의 신학적 뿌리에서 찾는다. 즉 노동은 신의 부르심이며 열심히 일함으로써 얻은 부는 나쁜 것이 아니라 하나님의 은총이라고 생각하는 관점이다. 근면, 검소, 자기훈련, 그리고 미래를 계획하고 저축함으로써 부를 쌓아나갈 수 있다고 보았다. 각자 자신에게 부여된 일을 열심히 수행하는 것을 하나님의 뜻이라는 성직과 세속의 직업에 동등한 가치를 부여하는 루터의 신학을 바탕으로 하고 있다.

또한 베버는 시간개념을 중시하였는데 주어진 시간에 주어진 일을 충실히 수행하는 것을 무엇보다 중요하게 여겼다. 따라서 '시간엄수'를 중시하는 반면, '일을 연기하거나 지연시키는 행위'에 대한 심한 거부감이 자연적으로 형성되었다.

베버가 주장하는 프로테스탄트윤리는 자본주의를 탄생시켰고 자본주의에서는 돈을 벌기 위해 사는 것이 아니라 잘 살기 위해 돈을 버는 가치관으로 변모되었다. 근대자본주의가 개인적 이익만 추구하는 것이 아니라 의무로서의 일에 대한 엄격한 가치를 두고 있다는 것을 알 수 있다.

5.1.2 불교

불교의 경전에서는 다양한 기술과 직업을 통해서 생계를 유지하는 생업으로서의 직업과 사회적 참여와 봉사로서의 직업을 중시한다. 그리고 직업을 '해탈을 위한 수도'의 한 방법으로 보고 있으며 이것은 결국 자아실현적 직업관과 일치한다고 할 수 있다. 직업을 가진 사람은 근면과 성실로 그 의무를 다해야 한다고 보며, 부처님이 출가한 사람에게 철저한 수행과 정진을 강조하는 것처럼 모든 직업인들은 철저한 직업의식을 가져야 한다는 것이다.

불교의 직업윤리를 고용주와 피고용인의 관계에서 살펴보면, 고용주와 피고용인 간의 평등한 인간관계에 근본을 두고 있으며 고용주는 피고용인에게 자비와 봉사를 실천해야 한다. 반대로 피고용인은 고용주에게 신뢰와 성실성으로 의무를 다해야 한다.

불교에서는 평등사상을 기초로 하여 직업에는 귀천이 없다고 본다. 그러나 해도 되는 일과 해서는 안 될 일을 구분하여야 하며 바른 일을 함으로써 얻게 되는 이익과 기쁨을 강조하였다. 올바른 직업을 통한 사회봉사와 '해탈을 위한 수도'라는 종교적 목표를 달성할 수 있다는 것이 직업에 관한 불교의 해석이다.

인도는 본래 계급사회였기 때문에 사회적 신분에 따라 할 수 있는 일이 제한되어 있었다. 그러나 부처는 신분제도를 인정하지 않았다. 태어나면서 인간의 신분이 구분된다는 것은 부당한 것이며, 어떠한 논리로도 정당화될 수 없다는 것으로 본 것이다. 따라서 자신의 운명이나 삶의 형식은 각자가 만든 것이라 강조했다. 즉 현재 하고 있는 일이 무엇이든 그것이 중요한 것이 아니라 그 사람이 어떠한 생각을 하고 어떻게 행동하는가 하는 가치의 문제에 비중을 두고 있었던 것이다.

5.1.3 유교

1) 유교의 경제윤리

동양의 여러 국가에 영향을 미쳐왔던 유교사상은 많은 서양 학자에 의해 자본주의의 발전을 저해하는 요인으로 작용했다는 비난을 받아왔다. 유교의 영향을 받아 사람들은 스스로를 독립적인 존재로 인식하기보다 집단의 구성원으로 생각하고 행동하는 집단주의적 양상을 보여왔다. 또한 국가적 차원에서도 다수의 대중이 민주주의적 의사결정을 하기보다는 강력한 리더십을 강조하였다. 경제에 있어서는 민간의 자율성이 강조되기보다는 정치나 정부의 간섭을 받음으로써 시장경제제도가 제대로 발달하지 못하는 원인이 되었다.

유교가 경제성장에 긍정적인 영향을 미쳤다는 주장과 부정적인 영향을 미쳤다는 주장이 공존한다. 한국의 경우를 살펴보면, 유교의 절대적 영향 아래에 있던 조선왕조 동안 사농공상의 신분제도로 인해 자본주의 경제에 있어서 중요한 상공업과 노동은 상대적으로 천시하였다. 그리고 이념적으로 유교적인 도덕국가의 실현을 위해 도덕적 가치를 경제적 가치보다 우위에 둠으로써 경제생활은 도덕적 이상주의에 의해 지배받았다. 생산을 담당하는 공업이나 상업을 천시하고 가난한 선비를 더 숭상하였다. 그러나 1960년대 이후부터 이루어진 경제개발 과정에서 집단주의적인 유교문화와 교육중시 이념은 다른 국가들에 비해 비교적 짧은 기간 동안 한국이 눈부신 경제성장을 하는 데 긍정적인 영향을 미쳤다고 할 수 있다.

결론적으로 유교사상은 자본주의 발전을 저해하는 요인으로 작용하기도 하였지만, 국가에 따라서는 유교사상이 높은 교육열에 영향을 주어 우수한 노동력을 생산할 수 있게 하였을 뿐만 아니라 집단주의적 자본주의 발전에 기여하였다고 평가할 수 있다.

2) 신유교윤리

신유교윤리(New Confucian Ethics)란 동양의 유교윤리를 재해석한 것으로 동아시아 국가들의 경제발전현상을 연구하던 학자들에 의해 발전되었다. 신유교사상의 최고권위자라 할 수 있는 하버드 대학교의 뚜 웨이밍 교수는 동아시아의 경제발전의 이유로 신유교윤리를 꼽았다.

신유교윤리는 개인주의적인 유럽의 윤리와는 달리 개인보다 가정, 회사, 국가 등을 앞세우는 집단주의를 중시한다. 청교도윤리가 개인의 권리를 강조하는 반면 신유교윤리는 구성원으로서의 의무, 책임, 헌신 등을 강조한다. 인간관계에서도 경쟁보다는 구성원 간의 인화, 협조, 조화를 강조한다. 또한 개개인의 향상과 상부상조, 실용주의 사상, 정부의 리더십과 정부관리들의 도덕성을 강조하고 있다.

청교도윤리가 독일, 미국 등 서양 주요 국가들을 선진국으로 이끈 견인차가 되었던 것처럼 한국, 일본, 홍콩 등 동아시아 국가들이 경제성장을 지속적으로 발전시켜 세계를 이끌어 나아가기 위해서는 동양의 전통 유교윤리를 현대에 맞게 재해석하고 실천하는 것이 중요하다고 주장하였다.

5.1.4 이슬람교

아랍어에서 '노동'이라는 단어는 일반적으로 '행동'이라는 단어와 구별되지 않고 동일하게 쓰이며 샤리아에서도 같은 의미로 쓰인다. 노동(labor)을 다시 아말(amal)과 수나(suna)의 두 가지 단어로 나누는데, 아말(amal)은 정적인 지식이 아니라 행동과 움직임을 의미하고 수나(suna)는 예술적인 창작활동이나 기능적으로 제작하는 행위를 뜻한다.

샤리아
이슬람교의 율법이자 규범체계로, 이슬람교의 성경이라 할 수 있는 코란을 바탕으로 함

이슬람교에서는 약속을 지키는 것을 매우 중시하는데 신과 한 약속뿐만 아니라 타인에게 한 약속도 매우 중요시한다. 이런 원칙은 신앙생활에서뿐만 아니라 일과 국제무역까지 폭넓게 적용된다.

이슬람법에 의하면 노동은 사용자뿐만 아니라 노동자가 동등한 입장에서 정의감과 책임감을 기반으로 작성한 계약에 따라야 한다. 이슬람에서 자주 인용하는 "합법적인 빵을 먹어라(Eating halal bread)"라는 문구는 일한 만큼 소득을 얻어야 한다는 것이다. 할랄(halal)과 하람(haram)의 개념은 무슬림이 할 수 있는 노동과 할 수 없는 노동의 종류와 관계가 있다. 일반 청중을 위한 음악연주 같은 활동은 장려되나 술과 돼지고기의 생산과 판매는 부도덕한 행위로 보기 때문에 엄히 금지된다. 허락된 일을 합법적으로 수행함으로써 고용주와 알라에 대한 책임을 다한 자는 본인의 권리를 당당히 요구할 수 있으며 고용주도 노동자에게 공정하게 대해야 한다.

이슬람 금융의 근본적인 목표는 수익의 극대화라기보다, 이슬람 교리의 가르침을 완성하는 데 있다. 코란의 기본원칙은 과다한 이자 착취나 투기를 금지하는 데 있으나, 공정한 이익과 경제적인 추가 가치를 창출하는 것은 금지사항이 아니다. 특히 많은 사람들이 오해하는 것이 이슬람 금융은 이슬람 종교를 믿는 사람에게만 한정되어 있다고 믿는 것이다. 이슬람 교리는 국가, 사업, 종교를 구분하지 않으며 금융 거래도 이슬람교를 믿지 않는 다양한 국가와 사업 영역으로 확산되고 있다.

이슬람 금융을 제공하는 은행은 단순 대출업이 아닌 사업의 투자자, 동업자로서의 입장에서 고객과 수익 및 손실을 함께 한다. 특정 사업에 금융을 제공할 때 사업성이나 추진사업의 도덕성보다는 차용하는 사람의 담보능력, 보증인 유무에 초점을 더 맞추는 서구 금융과는 사뭇 다른 기준이다.

5.2 지역 문화권에 따른 직업윤리

5.2.1 중국

1) 공자의 직업윤리 사상

공자(孔子)는 "얼마를 벌었는가"보다는 "어떻게 벌었는가"를 더 중요시하였다. 또한 공자는 인간으로서의 예와 교양을 갖추는 것이 전문적인 일을 통하여 기술을 연마하거나 지식을 쌓는 것보다 더 중요하다고 보았다. 이러한 사상은 전문지식이나 기술이 발달하는 것을 막았고 인간의 경제활동을 위축시켰다는 비판적인 평가도 있다. 그러나 개인의 경제행위에 도덕적 가치를 중요시했다는 점에서 공정한 경제행위를 장려하는 효과를 가져왔다.

또한 공자는 인생의 최고목표는 어떠한 처지에 있더라도 자신의 삶을 즐기는 데 있다고 하였다. 따라서 노동도 그 자체로서 즐거움과 보람을 느낄 수 있다고 보았다. 노동을 즐겁게 하기 위해서는 먼저 노동이 자발적으로 이루어져야 하고 분배가 정의로워야 하며 적절한 휴식이 뒷받침되어야 한다고 하였다.

2) 맹자의 직업윤리 사상

맹자(孟子)는 임금은 기본적으로 백성들이 배고픔과 추위로부터 벗어날 수 있도록 도와야 한다고 하였다. 직업을 생계를 유지하기 위한 수단인 생업으로 보았고, 그것을 일할 권리와 의무 측면에서 강조하였다.

또한 그는 자신의 생계를 유지하기 위하여 사회에서 일정한 역할을 맡아 일을 하여야 한다고 보았다. 맹자의 사회적 역할 분담으로서의 직업관은 개인이 자신의 직업을 성실히 수행해 가는 것을 통해 이웃과 사회 전체에 기여하고, 그 기여하는 정도에 따라 보상이 주어져야 한다는 것이다.

맹자는 직업이 갖는 사회적 의미를 주목하면서도 개인의 자아실현도 강조하였다. 개인을 무한한 가능성과 자유를 지닌 존재로 간주하면서도 타인이나 사회와의 관계를 떠나 혼자만의 즐거움과 배타적인 자유까지 허용한 것은 아니다. 다른 사람들과 함께 노력하고 함께 즐김으로써 사회적으로 기여할 수 있다고 보았다.

3) 순자의 직업윤리 사상

순자(荀子)는 인간을 본성적으로 욕망을 지니고 있고 그 욕망을 채우지 못하면 계속 추구할 수밖에 없는 존재로 보았다. 즉 의 · 식 · 주와 같은 기본적인 욕구를 충족하려고 노력하는 것이 인간의 본성이라 여겼다. 인간이 본능적으로 원하는 물질적 욕구를 없애려 하거나 줄이려 하는 것은 바람직하지 않다고 보았다.

순자는 개인의 적성과 능력에 따라 맡은 일과 직위를 달리하고 그 노력의 결과에 따라 차등을 두는 것이 사회질서를 유지하고 사회 전체의 부를 증진시킨다고 봄으로써 다소 자본주의적인 사고를 가졌다고 할 수 있다. 이러한 순자의 직업관은 직업인들로 하여금 자신의 적성에 따라 일을 함으로써 자신의 능력을 충분히 발휘하게 하고 그 성과에 따라 보상을 달리하는 현대적 경영관과 다소 유사점이 있음을 알 수 있다.

| 표 5-1 | 중국의 직업윤리 사상

사상가	사상의 주요내용
공자	경제행위보다 도덕이 우선 전문적 지식이나 기술보다 교양이 우선 인생의 최고목표는 일을 즐겁게 하는 것
맹자	생업으로서의 직업 사회적 역할 분담으로서의 직업 자아실현으로서의 직업
순자	욕망의 합리적 추구 능력에 따른 직업의 구분

5.2.2 일본

전통적인 일본의 봉건시대에는 신분에 따라 직업이 규정되어 있었다. 즉 '직업신분제도' 또는 '직업세습제도'에 의해 직업은 계속 세습되는 것으로 무사의 아들은 무사가, 농민의 아들은 농민이, 상인의 아들은 상인이 되었다. 한편, 제2차 세계대전 이후 일본은 패전국의 치욕을 교훈으로 삼아 온 국민이 근면, 검약, 정직에 총력을 기울이게 된다.

일본인은 동료 간의 협력을 중요하게 여기고, 할 일이 없을 때 오히려 불편함을 느끼며 개인이 나라에 이익이 되어야 하는 것을 일의 가치(work values)라고 생각한다. 미국인은 개인주의, 능력주의, 자아실현 등에 가치를 둔다면 일본인은 집단주의, 고용주와 나라에 대한 충성, 작은 조직보다 큰 조직에 가치를 두는 경향이 크다. 일본의 직업윤리 특징을 구체적으로 살펴보면 다음과 같다.

1) 회사 중심

일본에서 사원을 뽑을 때는 마치 배우자를 선택하는 것과 마찬가지로 중대하기 때문에 그 사람이 회사와 잘 맞을 수 있나를 매우 신중하게 고려한다. 개인의 능력보다 인성, 충성심이나 애사심 등을 오히려 더 중요하게 여기기도 한다. 개인도 회사에 취직하면 회사(직장)와 자신을 동일시하는 것은 일본의 직업윤리를 보여주는 독특한 현상이다. 기업이 직원을 한 번 고용하면 끝까지 책임지지만, 전직 행위는 회사를 배반하고 충성하지 않는 행동으로 여기기 때문에 일본에서 특별한 경우 이외에는 전직하려는 사람을 채용하는 일은 드물다.

2) 집단주의

일본인은 자신을 집단과 동일시하며 집단의 이익을 위하여 개인의 이익을 기꺼이 희생하기도 한다. 또한 소속집단으로부터 이탈되는 것을 꺼리고 집단에 충실하도록 노력하기 때문에 집단 내 기타 구성원과 대립하는 것을 피한다. 자신의 생각과 다르더라도 'No'를 하지 않는다. 따라서 일본에서 '화(和)' 정신은 법 이상의 강제적인 의미를 갖게 되어 '남에게 폐를 끼치지 않는 것'을 매우 중시한다. 가정과 학교의 교육은 일본인들로 하여금 집단에서는 자신의 이익보다도 집단이나 전체의 명분을 더 중요시하는 문화를 정착시켰다.

3) 장인정신

일본은 메이지유신 이후 천황은 절대적 존재이나 일반 사람들은 천황의 자식으로 평등하다는 인식을 확립하여 오늘날까지 내려오고 있다. 이런 일본의 뿌리 깊은 평등주의와 능력의 평등 사고는 개개인에게 자신감을 주어 노력을 아끼지 않고 계속 결과를 개선하여 최고의 품질을 추구할 수 있도록 하였다. 이는 자신의 일이나 직업을 중요하게 여기는 장인정신으로 발전하게 되었다. 일본이 과학 분야의 노벨 수상자가 많은 이유도 자신의 일을 중시하며 혼신의 노력을 기울이기 때문이다.

장인정신
자기가 하고 있는 일에 전념하거나 한 가지 기술을 전공하여 그 일에 정통하려고 하는 철저한 직업정신

일본에서는 몇 대를 이어 우동집을 하거나 목공일을 하는 경우를 흔히 볼 수 있는데 이는 직업에 귀천이 있는 것이 아니라 조상으로부터 물려받은 가업을 최고의 가치로 여기며 최선을 다하는 것에 큰 의미를 부여

건축 공사장에서 바닥이나 벽에 흙이나 시멘트 등을 바르는 기술자를 미장공이라고 한다. 일본의 건축 현장을 돌아보던 한국의 시찰단들이 보이지 않는 내부나 구석까지 꼼꼼하게 미장일을 하는 일본의 인부들을 보았다. 보이지 않는 곳까지 완벽하게 작업을 하는 장인의 손길에 감탄하였다. 한국에서는 보이는 외부는 번지르르하게 공사를 하지만 내부는 속이 군데 군데 비어있거나 이물질로 채워져 있는 경우도 있는 것을 보아오던 터라 크게 감동을 받았다고 한다. 일본에서는 성수대교 붕괴나 삼풍백화점 붕괴와 같은 부실사고가 드문 이유가 바로 이런 장인정신 때문이라고 할 수 있다.

하기 때문이다.

4) 오모테나시

오모테나시(おもてなし)는 마음을 다해 상대방을 극진히 모신다는 일본 특유의 서비스정신이다. 오랜 세월 동안 일본인들이 손님에게 실천해 오는 환대(hospitality)문화라고 할 수 있다. 일본의 료칸이나 식당 등 서비스업장에서 무릎을 꿇고 말끝마다 '하이 하이'를 복창하며 고객에게 서비스하는 모습을 종종 볼 수 있는데 이것은 훈련으로 이루어진 것이 아니라 삶 속에서 체화된 서비스정신이다. 외교 현장에서도 상대국 정상의 마음을 사기 위하여 오모테나시를 실천하는 것을 볼 수 있다. 아베 총리가 인도의 모디 총리를 극진히 대접하여 인도의 고속철 계약을 따낼 수 있었다고 한다. 미국 대통령 오바마가 일본을 방문했을 때 스시를 좋아하는 오바마를 위해 스시 명인이 운영하는 작은 스시집에서 대접하고, 고기를 좋아하는 트럼프 대통령을 위해서는 와규 철판구이를 메뉴로 선택하였다고 한다. 상대방이 무엇을 좋아하는지를 미리 파악하고 세심한 배려와 극진한 정성으로 대접함으로써 국가의 이익을 챙기는 것을 볼 수 있다.

5.2.3 미국

미국의 초기 직업윤리는 청교도와 프로테스탄트적 윤리관의 결합이라 할 수 있다. 일상생활이나 거래에서 개인의 탐욕을 버리고 자신의 분수를 지키면서 주어진 일에 만족하며 검소한 생활을 하고 욕망을 억제하는 등 근면, 검소, 청렴의 세 가지 윤리가 강조되었다. 이러한 직업윤리는 점차 미국사회가 개인주의 성향으로 변화하고 다양한 문화를 가진 이민자들이 유입되면서 중노동 대신 노동 없는 편안함으로, 청렴 대신 재생산을 위한 소비로, 금욕 대신 인간의 기본적 즐거움을 강조하는 사회로 점차 바뀌어 가고 있다.

미국 직업윤리의 특징으로는 열심히 일한 만큼 그 대가를 받고 일을 통하여 성장할 수 있으며 삶의 만족을 얻을 수 있다는 아메리칸 드림의 실현이라는 긍정적인 태도를 들 수 있다. 또한 대가가 없더라도 자원봉사와 같이 일 자체에 의미와 가치를 부여한다. 일에 대한 이러한 긍정적인 태도는 프로테스탄티즘에 그 뿌리를 두고 있다.

또한 미국인들은 협동정신을 중시하는데 개인주의적인 문화이지만 일에서는 서로 협력함으로써 성과를 내는 팀워크를 중요하게 여긴다. 이러한 협력의 자세는 미국 특유의 기업윤리로도 이어질 수 있다. 일에서의 프로정신을 강조하기도 하는데 어떤 일을 하든지 프로페셔널리즘을 강조하며 해마다 열리는 직종별 컨벤션이 널리 유행하는 것은 같은 직업에 종사하는 사람들이 모여 보다 진보된 새로운 지식을 배우고 공유하는 노력을 기울이기 때문이다. 또한 공정한 경쟁을 통하여 규칙에 따라 경쟁을 하고 패배를 하더라도 새로운 배움의 과정으로 받아들이는 성숙한 태도를 보인다.

5.2.4 독일

독일인의 직업윤리에 대해 언급할 때는 마틴 루터와 막스 베버의 직업윤리에 관한 사상적 배경과 함께 장인정신과 관련한 **마이스터제도**를 손꼽는다. 이것은 봉건제도 속의 순종과 기독교 신앙적인 천직의식에서 비롯된 것이라 할 수 있으며 생활에 있어 부지런함으로 나타난다. 전통적 직업윤리에서 발전된 오늘날의 독일 직업윤리의 특징을 구체적으로 살펴보면 다음과 같다.

마이스터제도
세계적인 기술 명장을 양성하는 독일 특유의 기능인력제도

1) 엄격한 원리원칙

독일인들이 법률과 질서를 존중하는 문화는 과거 봉건사회에서부터

절대 복종을 통해 훈련이 되어 왔기 때문이며 가정교육과 종교교육을 통해 어렸을 때부터 철저한 규범의식이 자리 잡은 것이다. 대륙법이 독일에서 발전되어 온 것에서도 알 수 있듯이 원칙에 대한 엄격성은 독일인의 철저한 준법정신에서도 나타나며, 타인이 보기엔 때론 지나치다 싶을 정도로 융통성이 없어 보이기도 한다. 독일인의 준법정신은 매우 뛰어나서 조금이라도 수상한 행동을 목격하거나 제대로 정원관리를 하지 않으면 이웃이 바로 신고하기도 한다.

2) 철저한 질서의식

질서는 독일인의 일상생활에서 매우 중요한 것으로 여겨지는데, 도시나 농촌의 풍경이 다른 유럽국가들보다 훨씬 질서정연한 것을 볼 수 있다. 이러한 질서의식은 생산과정에서도 스며들어 있어 효율성, 청결성, 정확성, 완벽성 등의 요소를 중시한다. 독일의 직업윤리 차원에서 보면, 직장을 여러 번 옮기는 것은 자신이 있어야 할 자리를 계속 변화시킴으로써 조직의 질서를 파괴했기 때문에 매우 부정적인 시각으로 본다.

3) 완벽주의

독일인들은 자기에게 주어진 일과 임무를 완벽하게 처리해야 한다는 신념이 생활화되어 있기 때문에 주어진 환경에서 최선을 다해 정밀하게 만드는 것이 가능하다. 철저한 완벽주의가 오늘날 고품질의 자동차와 첨단기계 제조를 가능하게 하였으며 믿을 수 있는 품질과 성능으로 높이 평가받고 있다.

5.2.5 한국

최근 한국인의 직업윤리에 대한 인식과 실태를 분석한 연구에 따르면,

우리나라 국민들은 다양한 직업윤리 덕목 가운데 성실성, 책임감, 정직성, 신뢰성 등을 중요한 덕목으로 꼽는다고 한다. 이것은 한국이 전통적인 유교사상을 바탕으로 급변하는 산업화과정을 거치면서 합리적인 직업윤리문화를 정착시키기 위한 노력을 기울인 결과로 볼 수 있다.

과거에 비해 우리나라 사람들의 직업윤리 수준은 조금 나아지긴 하였으나 아직까지도 많은 한국인들은 여전히 부족하다고 생각한다. 회사에서 직업윤리의 딜레마에 빠지는 상황에 처하게 되면 바람직한 직업윤리를 바탕으로 할 수 있는 해결책을 알고는 있으나 실제로는 그렇게 행동하지 않는 편이다.

실제로 한국인의 직업윤리에 관한 한 조사에서 회사를 그만두고 떠나는 사람이 회사의 기밀정보 등을 몰래 가지고 나가는 행위에 대해 절대 용인할 수 없다는 의견과 경우에 따라서는 용인할 수 있다는 의견이 6:4의 비율로 나타났다고 한다. 또한 조직 차원에서 부정한 일을 목격하더라도 외부에 고발하는 등의 적극적인 태도로 대응하기보다 내부 시정을 요구하거나 아예 모른 척하는 등의 소극적인 태도를 보이려고 하는 사람이 대다수였다.

산업화시대에 급속한 경제성장을 이루는 과정에서 근면, 성실은 매우 중요한 덕목이었다. 그러나 현대에 와서는 힘든 일과 노동을 기피하고 손쉽게 돈을 벌 수 있는 일을 선호한다. 일에 대한 긍정적인 태도와 직업적 사명감을 고취시킬 수 있는 방안을 마련하는 동시에 자신의 직업을 소중히 여기고 최선을 다할 수 있는 건전한 직업윤리관의 정립이 필요하다.

또한 인터넷 등의 발달로 사회가 점차 투명해지면서 관례와 관행에 따라 행해져 왔던 일들도 엄격한 법률적 잣대 앞에서는 범죄로 규정되었다. 바람직한 직업윤리관을 정립함으로써 우리 사회 전반에 퍼져있는 부정부패가 점차 없어지고 선진국 수준의 윤리적 분위기와 기준을 갖춤으로써 국제적인 신뢰를 얻어 나갈 수 있을 것이다.

그러기 위해서는 학교와 기업에서 체계적이면서도 다양한 직업윤리

교육이 이루어져야 한다. 각자가 일터에서 윤리적인 행동과 의사결정을 할 때 조직윤리나 기업윤리도 바로 설 수 있기 때문에 단순히 철학이나 윤리학적인 입장에서의 직업윤리 교육이 아닌 실제 한국 조직문화와 직업생활에 적용하여 실천할 수 있는 직업윤리 교육이 필요하다.

학습문제

1. 미국 초기 이민자들의 직업윤리관에 대하여 설명해보자.
2. 일본의 직업윤리관에 대하여 설명하고 우리나라와 차이나는 점을 알아보자.
3. 장인정신에 대하여 설명해보자.

참고문헌

김기홍, 이지연, 정윤경(1999). 한국인의 직업윤리에 관한 연구. 한국직업능력개발원.

이관춘(2016). NCS 직업기초능력-직업윤리: 경쟁의 새로운 패러다임. 학지사.

이상철(2013). 인성과 직업윤리. 중문출판사.

이준우(2002). "Max Weber의 경제윤리 사상과 경제윤리교육 강화방안." 한국교원대학교 교육대학원.

장삼현(2009). 직업생활과 윤리. 학문사.

정연근(2010). "박제가의 직업사상: 이익을 보는 관점을 중심으로." 한국사상과 문화, 55(55), 371-400.

조남두(2015). 현대인의 직업윤리. 동문사.

조휘각, 오기성, 시옥진, 박상도(2012). 현대사회와 직업윤리. 양서원.

하지윤(2004). 동양의 직업윤리사상, 동아대학교 교육대학원.

Tasker, P.(1994). 일본은 되살아날까(日本は甦るか). 일본: 講談社.

Chapter 6

직업윤리 일반

학습목표

- 소명의식과 직업의식을 설명할 수 있다.
- 직장인의 직업윤리를 설명할 수 있다.
- 비윤리적 행동에 대해 설명하고 판단할 수 있다.
- 건설적인 여가활동을 예시할 수 있다.

기업윤리와 직업윤리는 다른 차원의 무관한 윤리가 아니라 기업에 속한 구성원 한 사람 한 사람이 올바른 직업윤리의식을 가지고 자신의 일을 수행해 나갈 때 기업윤리가 바로 설 수 있다. 구성원들은 위임받은 바 책무를 윤리적으로 수행해 나가는 것이 매우 중요한다.

6.1 소명의식과 직업의식

6.1.1 소명의식

소명(calling)은 자신의 일과 역할을 특정 목적이나 의미를 지향하는 것으로 이해하는 태도이다. 과거에는 소명을 성향 또는 지향점(orientation)이라고 생각하며, 자신의 운명에 대해 가지는 감정이나 사회적 의무라고 여겼다. 하지만 최근에는 개인의 내부적인 동기 또는 행복에 초점을 맞추어 자신의 직업, 커리어를 소명으로 인식할수록 삶에 대해 더욱 만족하고, 일과 삶에 대한 열정을 가진다고 본다.

동일한 직업을 가졌다 하더라도 어떤 사람은 그 직업을 자신의 소명이라고 여기고, 삶의 목적이라고 생각하지만 다른 사람은 그렇지 않다고 생각할 수 있다. 또한 스스로 오랜 시간 동안 자신의 마음속을 살펴보고, 자신이 진정으로 원하는 일이 무엇인지 끊임없이 고민하고 성찰할 때 스스로 소명의식을 가지게 된다. 소명의식이 강한 사람들의 특징은 다음과 같다.

① 자신의 직업이 명예롭거나 경제적으로 큰 소득을 가져오지 못하고, 혹 다른 사람들에게 인정을 받지 못한다고 해서 그 일을 그만두지 않는다. 자신의 직업에 대한 명확한 소명의식을 가지고 있다면 그 일 자체에 성취감을 느껴 자발적, 열정적으로 일에 임하게 될 것이다.

② 자신이 하고 있는 일의 범위에 상관 없이 사회에 긍정적인 영향력을 끼친다고 여기고 큰 책임의식을 가진다.
③ 자신의 직업이 스스로의 인생의 목적을 달성하는 데 매우 중요하다는 인식을 가지고 있기 때문에 자신의 직업에 대한 정체성이 높다. 일의 의미와 일에 대한 중요성을 강하게 인식한다.
④ 일을 할 때에 자신이 속한 조직과 자신을 동일시하는 경향이 크고, 이직의도도 다른 사람들에 비해 매우 낮은 편이다.

6.1.2 직업의식과 천직의식

직업의식(job consciousness)이란 '개인이 자신의 직업에 대해 가지고 있는 기본적인 태도 및 가치관'을 의미하는 것으로, 직업관, 직업적 가치관이라고도 이야기한다. 우리가 갖는 일의 의미는 크게 외재적 가치와 내재적 가치로 나누어볼 수 있다. 외재적 가치는 경제력, 명예, 권위 등을 추구하는 것이고, 내재적 가치는 자신의 직업 안에서 실제로 수행하는 업무활동 자체에서 의미를 찾는 것이다. 직업의식은 직무수행에 필요한 전문적인 지식과 기술의 향상을 추구하며, 자신의 직업에 대한 애착과 소명의식을 가지고, 직업의 발전을 꾀하고자 노력하는 마음으로 내재적 가치를 추구한다.

천직의식이란 자신의 직업에 긍지를 느끼고, 그 일에 열정을 가지고 성실하게 임하는 직업의식을 말한다. 자신의 직업이 타인의 직업에 비해 명예적으로나 경제적으로 낮은 위치에 있다고 하더라도 현재의 일에 충실하고 보람을 느낀다면 그 일이 바로 천직이다.

조직 내에서도 직업의식과 천직의식은 긍정적인 업무 태도와 성과를 가져올 수 있는 개인의 중요한 마음가짐이라고 볼 수 있다. 개인이 자신의 일에 대해 어떻게 생각하고, 어떤 의미를 부여하느냐에 따라 그 일을 할 때의 감정, 일의 능률과 성과가 달라질 수 있다. 자신에게 주어진 일

> 이화여대 구내에 가면 열다섯 살부터 시작하여 45년 이상 구두를 고쳐온 구두장인 허완회 씨가 있다. 그는 "내 인생철학이 소꼬리보다 닭대가리가 되는 것이어서 구두 수선으로 한국 1등이 되려고 했다."고 하였다. 약 2평이나 될까 말까 하는 공간에서 그는 평생 구두를 만드는 것은 일이고 고치는 것은 예술이라는 자부심으로 구두를 완벽히 복원하는 것을 목표로 수많은 사람들을 만나며 그들의 구두를 고쳐왔다. 단골도 대를 이어서 학생으로 구두를 고쳐갔던 손님이 교수가 되어 구두를 고치러 오고 대학생이 된 딸이 구두를 고치러 온다. 그의 작업실에는 졸업생들이 수선을 의뢰해 온 구두 택배박스가 쌓여있다.

에 위 사례의 구두장인처럼 책임을 갖고 최선을 다하는 것이 건강한 직업의식을 갖춘 태도이다.

6.1.3 전문가의식

직업인은 자신의 직업에 대한 사회적 역할과 직무를 책임을 갖고 충실하게 수행해야 한다. 그 책임을 효과적으로 완수하기 위해서는 자신의 일이 얼마나 중요한지 인식하고, 완벽하게 수행할 수 있는 전문가의식(professionalism)과 전문적 지식을 가지고 있어야 한다. 흔히 의사와 변호사처럼 전문직 종사자들만 전문적 지식이 필요하다고 생각하기 쉽지만, 비서직, 사회복지사, 영업직, 총무직, 서비스직 등 모든 직종에서 나름대로의 전문지식을 필요로 하고 있다. 뿐만 아니라 자칫 허드렛일이라고 생각되기 쉬운 청소나 정리하는 일도 전문화시키고 체계화시켜 직업의 긍지를 높일 수 있다.

2018년 4월 17일 태미 조 슐츠 기장이 조종하던 사우스웨스트 항공사 소속 여객기는 뉴욕 라구아디아 공항을 출발한 지 20분 만에 9,100미터 상공에서 부품 결함 때문에 엔진이 폭발하는 사고를 당하였다. 산소마스크가 떨어지고 기체에 구멍이 나서 여성 승객이 빨려 나갈 것 같은 위기 상황에서도 기장은 침착하게 근처 필라델피아 공항에 불시착하여 여자 승객 한 명을 제외한 148명의 생명을 구할 수 있었다고 한다. 해군 소령 출신의 슐츠 여기장은 착륙 후에도 마지막까지 승객들의 안전을 일일이 챙겼다고 한다.

그전에도 유사한 사건인 '허드슨 강의 기적'을 만든 설렌버거 기장의 이야기는 영화로도 만들어졌다. 2009년 1월 15일 라구아디아 공항에서 155명의 승객들과 승무원을 태우고 노스캐롤라이나 샬롯으로 가기 위해 이륙한 US Airways 항공사 소속 여객기는 이륙하자마자 새떼가 엔진 안으로 빨려 들어가 엔진이 고장나는 사고를 당하였다. 관제탑에서는 활주로로 돌아오라고 명하였지만 설렌버거 기장은 더 안전하다고 판단한 방법인 허드슨 강에 무사히 동체 착륙을 시키고 한 사람의 승객도 남아있지 않은 것을 확인하고 마지막으로 여객기를 빠져 나왔다고 한다.

이와 반대로 우리나라에서 2014년 4월 16일에 발생하였던 세월호 사건은 최준석 선장의 전문가답지 못한 안이한 대처와 자신들의 생명을 앞세운 승무원들의 무책임함과 과실로 인하여 제주도 수학여행에 들떠 있던 단원고 학생들을 포함하여 304명의 희생자를 내었다.

6.2 직장인의 직업윤리

6.2.1 근로윤리

1) 근면성

근면은 성공에 있어 가장 기본적인 태도라고 할 수 있다. 근면성은 크게 두 종류로 나누어볼 수 있는데 외부로부터 강요당하는 근면과 자발적인 근면이다. 과거 농업사회에서는 열악한 노동환경 속에서 기계적으로 일을 해야만 생계를 유지할 수 있었기 때문에 근면성은 외부나 위로부터 강요되었다. 그러나 현대사회는 외부에서 근면성을 강조하는 시대에서 벗어났다. 이제는 자발적이고 주도적으로 자신의 일을 처리하는 것이 중요하다. 직장생활에서 능동적이고 적극적인 태도로 일을 하고자 하는 것이 근면성이라고 볼 수 있다.

2) 정직성

조직에서는 혼자서 일하는 것이 아니라 다른 사람들과 함께 협력해야 한다. 타인과 함께 협조를 통해 일을 할 때 서로 간의 신뢰가 없다면 일이 유연하게 진행될 수가 없다. 조직의 구성원 서로가 신뢰하는 문화가 바탕이 되어야 조직시스템이 유지되고, 원활한 운영이 가능하다. 정직성을 지닌 사람은 어떤 환경에서도 흔들리지 않는 삶에 대한 신념이 있다. 이러한 정직성은 돈으로 계산할 수 없는 신뢰라는 큰 재산으로 연결된다. 평소의 정직한 행동으로 상대방의 신뢰를 얻을 수 있으며, 신뢰는 그 어떤 것보다도 중요한 자산임을 잊지 말아야 한다.

3) 성실성

어떤 종류의 직업에 종사하든 정직하고 성실한 태도로 일할수록 꾸준히 성장하고, 직업적으로 자신이 추구하는 결과를 얻을 수 있다. 자신이 할 수 있는 모든 노력을 정성스러운 마음으로 꾸준히 하는 것이 바로 성실의 모습이다. 단기적으로 생각했을 때 묵묵하고 성실하게 자신의 일을 하는 사람들이 손해를 보는 것 같지만 장기적으로 본다면, 성실하게 자신의 일에 임한 사람만큼 가치 있는 성과를 거두는 사람도 없을 것이다.

시키는 일만 하는 사람

직장에는 세 종류의 사람이 있다. 시키는 일만 하는 사람, 시키는 일도 제대로 하지 않는 사람, 시키는 일보다 훨씬 많이 하는 사람이 있다. 상사의 입장에서 보면 한 가지 일을 시키면 상사의 마음과 생각을 읽고 셋, 넷을 하는 부하직원이 훨씬 더 유능하게 생각될 것이다. 예를 들면 상사가 출장을 가기 위하여 특정 날짜에 특정 호텔을 예약해 달라고 지시하였는데 인터넷에서 검색했을 때 특정 호텔의 예약이 차서 빈방이 없는 상황에서 시키는 일만 하는 사람은 "그 날은 호텔에 빈 방이 없답니다."라고 보고를 할 것이다. 그러나 시키는 일보다 앞서 나가는 사람은 그 호텔에 전화를 해서 다시 한 번 확인하고 혹시 예약취소가 생기면 꼭 연락해 달라고 부탁할 것이다. 뿐만 아니라 비록 그 호텔에는 방이 없지만 유사한 위치에 유사한 등급의 호텔을 다 체크하여 적어도 대안 2~3개를 가지고 상사에게 보고할 것이다.

마찬가지로 시키는 일만 하는 사람은 고객에게 물건을 판매할 때도 고객의 질문에 수동적으로 답하겠지만 주인의식을 가진 사람은 고객의 마음을 읽고 뭐가 필요한지를 파악하여 적극적으로 대처할 것이다.

6.2.2 직무윤리

직무윤리란 조직에서 자신의 직무를 수행함에 있어서 기본적으로 지켜야 할 윤리원칙을 의미한다. 부패방지위원회에서 발간한 '일과 윤리'에서 제시한 직무윤리의 원칙은 다음과 같다.

① 조직의 일원으로서 조직이 추구하는 목적과 목표를 이해하고 협력하여야 한다.

② 업무에 필요한 전문지식을 갖추기 위해 최대한 노력해야 한다.

③ 업무와 관련된 법령과 회사윤리규범, 지침, 업무절차, 통제시스템 등을 잘 알고 반드시 준수해야 한다.

④ 그릇된 판단과 행동으로부터 본인을 방어할 수 있어야 한다.

⑤ 자신의 업무 오류 등이 발견되면 상사 또는 관련 부서와 상의하여 자신과 회사가 위험에 빠지지 않도록 조치를 취해야 한다.

⑥ 상사의 부당한 지시나 동료직원의 위법행위, 업무 오류 등이 발견되면 즉시 관련 부서에 신고해야 한다.

⑦ 이해상충 상황에서는 엄격한 자기통제의지를 발휘해야 한다.

⑧ 지금 당장의 책임을 면하기 위한 방안보다는 회사의 장기적인 이익을 생각하고 위험을 최소화할 수 있는 의사결정 방안을 찾아야 한다.

6.3 직장인의 윤리적 의사결정

직장인들은 직무를 수행하면서 다양한 의사결정 상황에 처하게 된다.

단계	행동
문제의 인식	내가 하고자 하는 일을 세밀히 검토하여 윤리적으로 어떤 문제는 없는지 살펴본다.
이해관계자 파악	이 일과 관련하여 이해관계자(고객, 주주, 회사 동료 및 상사, 협력회사, 사회 등)는 누가 있는지 파악한다.
이해관계자별 영향 파악	이해관계자에게 미치는 영향이 무엇인지, 그들이 가진 권리나 이익을 침해하지는 않는지를 검토한다.
가능한 대안 만들기	회사의 전례나 선진국의 사례 등을 검토하면서 가능한 대안들을 만들어본다.
대안별 결과 예측 및 문제 파악	대안별로 윤리규범, 회사규정, 이해관계자에게 미치는 영향, 법규, 혹은 자신의 도덕적 양심에 위배되는 문제는 없는지 파악한다.
최선안 선택	대안 중 가장 윤리적인 방안을 선택한다. 가장 이익이 크더라도 미래에 문제가 될 수 있는 방안에 대해서는 특히 주의한다.

출처: 부패방지위원회. '일과 윤리' 중 내용을 재구성

이때 윤리적으로 의사결정을 할 수 있도록 다음과 같은 단계를 거쳐 생각해보는 훈련이 필요하다.

조직 차원에서도 구성원들이 윤리적인 의사결정을 할 수 있도록 평소에 교육을 통하여 훈련하는 것이 필요하다. 또한 구체적인 윤리실천 가이드라인과 상황별 Q&A, 사례집을 만들어 조직원들이 의사결정과정에 참고할 수 있도록 한다.

6.4 직장인의 비윤리적인 행동

직장인들이 일을 하면서 무의식적으로 하는 행동들 중에는 스스로 옳고 그름이 무엇인지 모르는 상태에서 비윤리적인 행동을 하게 되는 경우가 있다. 예를 들어 어떤 사람이 인생의 목표를 '행복'이라고 설정을 하고, 돈이 많으면 무조건 행복하다고 생각하여 많은 돈을 모으는 데만 집중하다 보니 윤리적이지 않은 행동들을 하게 되는 것이다. 또는 자신의 행위가 비윤리적이라는 것을 알고 있음에도 불구하고 윤리적인 기준에 따라 행동해야 한다는 것을 중요하지 않게 여기는 경우도 있다.

다음의 비윤리적인 행동유형을 참고하여 내가 지금 하려는 행동이 윤리적인 행동인지 스스로 질문해보는 습관을 가지도록 해야 할 것이다.

6.4.1 비윤리적인 행동유형

1) 개인이익추구행동

개인이익추구행동은 회사의 규범에는 어긋나지만 개인 구성원들에게 이익이 되거나 도움을 주는 비윤리적인 행동을 의미한다. 조직 입장에서는 재산상의 손실이나 정보손실 등의 피해를 입을 수 있다. 업무시간에

SNS 채팅, 인터넷 쇼핑, 업무 외 정보검색, 주식투자 등을 하는 행위, 업무시간에 사적인 통화를 하거나 개인적인 외부 일을 보는 행위, 회사의 사무용품을 집으로 가져가는 행위, 업무상의 실수를 숨기기 위해 거짓말을 하는 행위, 불필요한 지방 혹은 해외 출장을 만들어 다녀오는 행위, 인사청탁에 대한 대가로 선물이나 금품을 제공하거나 받는 행위, 업무추진비나 회식비 등을 사적인 용도로 쓰기 등은 조직에서 실제로 일어나고 있는 비윤리적인 행위들이다.

2) 조직이익추구행동

조직이익추구행동은 사회적 규범이나 도덕적 기준에는 위배되지만 조직에 이익이 되는 비윤리적인 행동으로 회사와 조직을 위해 필요하거나 회사의 이익을 위해 도움이 되는 행위들을 의미한다. 조직의 관리자뿐만 아니라 영업사원도 흔히 하는 행동이다. 예를 들면 고객들에게 회사의 제품에 대해 과장하거나 부풀리는 행위, 실적을 올리기 위해 고객들에게 회사 제품의 단점에 대해 설명하지 않는 행위, 불량자재로 상품을 생산하는 행위 등 소비자에게는 해를 끼치지만 조직에 이익을 주는 비윤리적인 행동들이 있다.

3) 타인 관련 행동

타인 관련 행동은 개인에게 피해를 주는 비윤리적인 행동으로 상사-부하 간이나 동료들 간과 같이 조직 구성원들끼리 관계 속에서 발생하는 행동들이다. 사례로 업무 외 사적인 심부름을 시키는 행위, 아프다는 핑계로 회사를 쉼으로써 동료에게 피해를 주는 행위, 부하나 동료의 실적을 가로채는 행위, 부하 직원에게 회식을 강요하는 행위, 비윤리적인 것을 알면서도 상사의 지시이기 때문에 따르는 행위 등을 들 수 있다.

4) 은폐 및 조작행동

은폐 및 조작행동은 조직에게 피해를 주는 비윤리적인 행동으로 다양한 형태가 있다. 회사정보의 조작 및 은폐, 구성원들의 회사관련 정보, 재산 등을 속이거나 유포하는 행위들이다. 사례로 출장비를 보고할 때 인원수를 부풀리는 행위, 다른 직원을 대신해서 출퇴근카드를 체크하는 행위, 세금을 포탈하거나 이익을 부풀리기 위해 회사장부를 조작하는 행위, 자신의 이력서에 경력에 관하여 허위정보를 제공하는 행위 등을 들 수 있다.

5) 절도 및 뇌물

물질과 관련된 비윤리적인 행위로는 회사용품을 절도하는 행위, 과도한 선물이나 금전적인 사례를 주고 받는 행위 모두를 포함한다. 조직의 이익을 위해서 하는 행위도 있고, 개인의 이익을 위해서 행하는 행위도 있다. 납품업체를 선정하는 과정에서 뇌물을 받는 행위, 입찰을 따기 위해 접대를 하는 행위, 고객관리 차원에서 고객에게 과다한 선물을 주는 행위, 거래회사의 금전적인 사례를 거절하지 않고 받는 행위, 회사 물품 구입 시 개인 물품을 끼워 넣고 구매하는 행위 등은 공공연하게 일어나는 비윤리적인 행위들이다.

6) 도덕적 태만

비윤리적인 결과를 초래하지 않기 위해서 충분한 주의나 관심을 기울이지 않는 것을 도덕적 태만이라고 한다. 어떤 일의 결과가 나쁘게 될 수도 있다는 것을 알지만 자신의 행동이 부정적인 결과를 가져올 것이라고 생각하지 않는 경우이다. 예를 들면 제품을 설계할 때 충분히 안전상의 고려를 하지 않아 소비자가 물품을 사용할 때 사고가 일어나는 경우를 말한다.

영국의 Institute of Leadership and Management에서 1,600명의 관리자들을 대상으로 실시한 '직원들이 자주 범하는 10대 비윤리적인 행동'의 설문조사를 실시한 결과 가장 일반적인 비윤리적인 행동은 거짓말인 것으로 나타났다. 구체적인 비윤리적 행동의 유형과 발생 빈도를 살펴보면 아래와 같다.

① 최선을 다하지 않고 일을 대충한다. : 72%
② 자신의 잘못을 숨기기 위해 거짓말을 하는 경우가 있다. : 72%
③ 동료에 대하여 험담을 한다. : 68%
④ 내가 하거나 책임져야 할 일에 대하여 다른 사람의 탓으로 돌린다. : 67%
⑤ 상사나 다른 사람이 보지 않을 때 일을 적게 한다. : 64%
⑥ 동료나 상사의 실수나 잘못을 숨기기 위해 거짓말을 한다. : 63%
⑦ 다른 동료가 한 일에 대한 공을 내 것으로 돌린다. : 57%
⑧ 아프지 않은데 병가를 낸다. : 56%
⑨ 능력이나 경력에 대하여 거짓말을 한다. : 54%
⑩ 비싸지 않은 사무용품을 집에 가지고 가거나 사적으로 쓸 때가 있다. : 52%

6.4.2 비윤리적 행동을 가능하게 하는 이유

1) 남들도 다 한다는 사고방식

비윤리적이고 탈법적인 행위를 변명할 때 가장 빈번히 사용하는 자기 합리화이다. 개인에게나 기업경영에 있어 이런 생각은 매우 위험하고 심각한 결과를 가져올 수 있다. 조직 구성원들에게 비윤리적 행위를 부추기는 사회적 압력으로 작용하여 규칙과 법을 지키는 사람들을 오히려 따돌리는 비윤리적 분위기를 조직에 퍼뜨릴 수 있다.

2) 내가 안 해도 누군가는 할 것이라는 생각

누군가는 그렇게 한다면 나라고 못할 것 없지 않은가라는 생각으로 합리화한다. 내가 아무리 윤리적으로 행동하더라도 어차피 누군가는 이익을 취할 것인데 내가 했다고 해서 잘못될 것은 없다는 생각에 비윤리적인 행동을 하게 된다.

3) 일반적인 관행

과거부터 늘 행해 왔던 방식이라고 항상 올바른 것은 아니다. 기업이나 사회에서 늘 그래 왔다는 것은 자칫 비윤리적인 업무행위가 만성적으로 행해져 왔다는 의미일 수도 있다. 정치권에서도 과거에는 관행적으로 받아왔던 기업의 정치권 자금 등이 최근에 와서는 매우 큰 죄가 되고 있다.

4) 잘못된 시스템 탓하기

출장비용이나 회의비용 혹은 연구비용을 실제보다 부풀려 보고하거나 허위로 신청하는 경우가 있다. 규정대로 하면 출장비용이나 회의비용이 너무 적거나 혹은 연구를 제대로 할 수 없기 때문에 어쩔 수 없다고 합리화시킨다. 많은 경우 규정이 문제라는 말은 편의에 따라 자신의 떳떳치 못한 행위를 합리화시키는 변명일 때가 많다.

6.4.3 윤리적 딜레마

직장인들은 매일 수많은 의사결정을 하면서 윤리적 딜레마를 접하게 된다. 윤리적 딜레마(ethical dilemma)는 어떤 문제에 대해서 윤리적으로 지켜야 하는 의무 혹은 책임들이 서로 충돌하여 어떤 선택을 하는 것이 윤리적으로 올바른 것인지 판단하기 힘든 상태를 이야기한다. 직속상사가 부당한 일을 지시하였을 때 스스로 비윤리적인 행동이라는 것을 알면서도 어쩔 수 없이 해야만 하는 상황과 같이 직장인들은 수시로 윤리적 딜레마를 겪게 되는 것이 현실이다. 이런 경우 직원들은 합리적으로 해결하는 습관과 윤리적 의사결정사고를 지닐 필요가 있다. 딜레마 상황에서 조직원들이 윤리적 의사결정을 할 수 있도록 조직은 뚜렷한 가이드라인을 제시해주는 것이 매우 중요하다. 윤리헌장, 윤리강령, 행동강령, 교육훈련, 매뉴얼 등 다양한 방법을 이용하여 조직원들이 스스로 직업윤리를 지켜나갈 수 있도록 해야 한다.

직장인들이 경험하는 윤리적 딜레마 상황을 Q&A로 예시하면 다음과 같다.

Q: 거래처로부터 상품권을 받았으나 다음날 거래처에 전화하여 상품권을 돌려주었다. 이런 경우에도 직업윤리에 위반되는 것일까?

A: 일단 상품권을 받았기 때문에 이를 나중에 돌려주더라도 윤리위반이다. 그러나 본인도 모르는 사이에 집으로 택배가 왔거나 책 사이에 상품권이 동봉되어 있어 알지 못했을 때는 알게 된 즉시 돌려주고 반환택배 접수증이나 사진 등을 챙겨주면 나중에 징계는 받지 않는다.

Q: 거래처로부터 받은 명절 떡값을 고아원에 기부하였다. 이런 경우에도 직업윤리에 위반되는가?

A: 정당하지 않은 이익은 아무리 개인적으로 사용하지 않고 기부하였다 하더라도 위반사항이 된다. 예를 들면 탈세한 돈을 사회복지기관에 기부를 하였다 하더라도 위법이 되기 때문이다.

Q: 우리 회사가 이번에 개발 중이던 신약이 곧 시판에 들어가면 주가가 많이 오른다는 사실을 알게 되었다. 이 사실을 아빠에게 이야기해서 주식을 사두시라고 하였다. 이것도 직업윤리 위반인지 궁금하다.

A: 주식투자를 하는 것은 개인의 자유이지만 업무상 알게 된 내부정보를 가지고 본인 혹은 가족이 주식투자를 하는 것은 내부자 거래에 해당되어 윤리규범에도 어긋날 뿐만 아니라 불법이다.

생각해보기

딜레마 상황에서 마음속에서 다음과 같은 목소리가 들릴 때는 한 번 더 생각해보고 행동하자.

'이건 나만 하는 것이 아니야.'
'이번 한 번만 하는 거야.'
'이건 아무도 모를 거야.'
'이 정도는 괜찮을 거야.'
'이 정도면 큰 액수도 아닌데 뭘.'
'이 규정은 비현실적이야.'
'그 서류는 없애면 돼.'
'어차피 누군가는 할 텐데 뭘.'
'나하고 무슨 상관이 있어.'
'이건 회사를 위한 일이야.'
'지난 번에도 그렇게 처리했어.'
'아무도 눈치채지 못할 거야.'
'아무도 다치지 않을 거야.'

6.5 일과 여가

사람들이 시간을 보내는 형태를 살펴보면 대체로 노동시간, 취침 · 식사시간 등의 기본적 욕구충족을 위해 필요한 시간, 그리고 자유의사에 따라 소비하는 여가시간, 이상 세 가지 중 한 가지 활동을 하며 보낸다. 그간 경제적 · 사회적 조건의 변화로 개인이 자유롭게 사용할 수 있는 시간, 즉 여가는 꾸준히 증가하여 왔다. 주5일제의 확산과 근무시간 축소, 장기간의 연속된 휴가제도, 가전제품의 보급 등으로 인하여 여가에 대한 관심이 높아져 가고 있다. 2018년 7월부터는 종업원 300인 이상의 사업장과 공공기관을 대상으로 주당 법정근로시간을 52시간으로 단축한 '주 52시간 근무제'가 시행되었다. 이와 같이 노동시간의 단축과 여가시간의 상대적인 증가로 인하여 이제 여가를 어떻게 보낼 것인가가 매우 중요한 시대가 되었다. 과거 일과 여가를 이분법적으로 생각했던 것과는 달리 여가활동으로 인하여 일의 능률을 향상시키며 자신의 또 다른 능력개발을 위한 수단으로 여기는 인식이 확대되고 있다. 여가가 우리 생활에 어떠한 가치를 가지는지, 일과 여가는 어떠한 관계를 가지고 있는지 살펴보자.

6.5.1 일중독과 여가

과거에 일은 무조건 열심히 하는 것이 당연하다고 여겨졌다. 현대사회는 일과 생활의 균형이 강조되면서 지나치게 과도한 업무를 피하기 위해 여가가 필요하다는 목소리가 높아지고 있다. 이는 과거의 "일은 신의 부르심" 또는 "일하지 않는 자 먹지도 마라"라고 노동의 절대적인 가치를 중요시했던 시대와는 달리 개인의 여가생활과 일과의 균형의 중요성이 높아지고 있다. 물론 이는 직업윤리에 대한 반대의 의미가 아니라 일과 의미 있는 삶 추구의 균형을 강조하는 것이다.

1) 일중독

지나치게 일에 몰입함으로써 육체적 · 정신적 장애를 초래하는 경우를 이른바 '일중독증'이라고 한다. 일이란 삶의 전부가 아니라 삶의 넓은 의미 중 하나일 뿐이다. 그런데 일이 삶의 궁극적인 목적이 되어 '일중독자(workaholic)'가 되었을 때는 삶이 파괴될 수도 있다. 과거에는 열심히 일하는 것이 미덕이라 여겨 다람쥐 쳇바퀴 돌듯이 일만 하는 것이 일에 대한 열정과 성실함을 의미한다고 여겨졌다. 그러나 이러한 현상은 많은 문제를 야기시켰고 오히려 일에 대한 효율성을 저하시키고, 자신이 업무를 대부분 독단적으로 처리하려고 하며 창의성이 필요한 업무에서는 오히려 방해가 되었다. 따라서 요즘에는 'work hard'보다 'work smart', 즉 무조건 열심히 일하는 것보다 해야 할 일을 효과적으로 그리고 현명하게 하는 것을 더 선호한다.

일만 열심히 하는 사람을 일중독자(workaholic)라고 하고 이들은 일만 너무 오래 열심히 하며 일하느라 시간을 많이 빼앗겨서 결과적으로는 건강을 해치며 자신과 사회에 해를 끼치게 된다.

일 중독자들은 다음과 같은 공통적인 생활방식을 가지고 있다.

① 일 생각으로 많은 시간을 보낸다
② 가족이나 친구보다 동료들을 더 많이 본다.
③ 사무실을 떠날 때 일을 집으로 가지고 간다.
④ 원하는 일을 다 하기에는 시간이 너무 빨리 지나간다.
⑤ 다른 사람이 내게 말할 때, 나는 일 생각을 한다.
⑥ 야근을 자주 한다.
⑦ 나만큼 내 일을 잘할 사람이 없다고 생각한다.
⑧ 팀으로 일하는 것보다 혼자 일하는 게 좋다.

이와는 다르게 열심히 일하나 정신적으로 건강한 사람들은 자신의 뚜렷한 목표와 의미가 확실하다. 일을 할 때는 집중해서 하나, 자신을 재충전하기 위하여 일을 멈추고 자신만의 방법으로 다른 여가활동이나 휴식을 취하며 자신을 돌아볼 수 있다.

2) 여가

여가는 개인이 직장이나 가정 혹은 사회에서 부과된 역할이나 제약에서 벗어나 자유롭게 휴식, 기분전환 또는 봉사활동을 하는 등의 자발적인 사회참여활동을 포함한다. 여가시간 동안 여행 등의 재충전시간을 가질 수도 있고 자신의 능력개발을 위한 학습을 할 수도 있다.

(1) 여가의 긍정적 효과

가) 개인과 가족의 행복 증대

직장인의 토요휴무제와 근무시간 단축 추세에 맞춰 학교도 자율휴업일이나 단기 방학 등을 늘리고 있다. 또한 일정기간 휴가를 몰아서 쓰게 하거나 일정기간 근무 후에 안식기간을 주는 기업들도 늘어나고 있다. 이런 여가시간 동안 여행을 하거나 자신의 취미생활을 할 수 있다면 행복감이 증대할 수 있다.

나) 다양한 공동체 형성

일터 밖에서 만나는 다양한 사람들과 삶의 의미를 공유하고 정서적으로 공감대를 형성해 갈수록 다양한 공동체가 만들어질 수 있다. 취미생활이나 여가를 위한 모임들은 다양한 사회적 연계망을 확대하는 기회가 된다. 이러한 활동은 직장에서도 사람들을 유연하고 친근하게 대할 수 있는 사회성을 증대시켜 팀워크도 향상시켜준다.

다) 자질 및 소질 개발

여가를 만족스럽게 즐기기 위해 노력하는 과정에서 개인 안에 잠재되어 있던 자질 및 소질 개발을 할 수 있다. 다양한 취미생활을 통하여 자신을 표현하며 창의력을 높여 나갈 수 있을 것이다. 또한 평생교육과정 등록 등을 통하여 자신의 현재 혹은 미래의 직업에서 필요한 역량을 습득할 수 있을 것이다.

6.5.2 건강한 여가생활

주말도 없이 일만 해야 했던 산업사회에서는 여가시간에 집에서 잠만 자거나 게임, 오락 등 건강하지 못한 방법으로 여가를 보내기도 하였다. 그러나 최근에 와서는 여가를 통하여 가족과 함께 보내는 시간을 늘리고 자신의 취미를 개발하거나 제2의 커리어 개발을 위한 준비를 하기도 한다. 여가만족도는 결국 업무만족도와도 연결되기 때문에 건강하고도 생산적인 여가생활을 하는 것이 매우 중요하다. 건강한 유형의 여가활동을 살펴보자.

1) 운동

대부분의 직장인들은 정신노동을 장시간 하는 경우가 많다. 업무에서 쌓인 피로와 스트레스를 정기적인 운동을 통하여 해소하지 않으면 신체적 · 정신적 건강을 해칠 수 있다. 일주일에 3번 정도 30분에서 한 시간 정도의 운동을 하고 기회가 있을 때마다 의자에서 일어나서 스트레칭을 하거나 걷기나 뛰기를 해주면 건강을 유지할 수 있다. 따라서 여가시간이 있을 때 운동 동호회에 참여하거나 헬스, 요가, 필라테스 등의 운동을 하는 것이 좋다.

2) 여행

인생을 길게 살기 원한다면 여행을 자주 하라는 충고가 있다. 짧은 시간 내에 다양한 그러나 색다른 경험을 함으로써 스트레스도 해소할 수 있을 뿐 아니라 삶에 대한 새로운 시각이나 성찰을 할 수 있도록 해준다. 가볍게는 등산을 하거나 바다를 찾아 산책하는 것도 정서적인 안정을 취하는 데에는 도움을 줄 것이나. 그러나 어떤 형태의 여행을 하느냐에 따라 여행으로 인하여 얻을 수 있는 효과는 상당히 달라진다. 단순히 관광지 순회를 하며 인증샷을 찍는 수준의 여행을 했을 때는 얻는 바가 크지 않을 것이다. 현지인들을 만나고 현지 생활을 깊숙이 체험하여 다양한 문화에 대한 이해를 높이거나 테마를 정하여 깊이 있는 탐구를 할 때 견문을 넓히고 새로운 체험을 함으로써 창의력도 높일 수 있을 것이다.

3) 학습활동

사람이 동물과 다른 것은 평생 동안 배우고 성장해 나가는 데에 있다. 대학을 졸업하면 학습이 끝이 나는 것이 아니라 급변하는 사회에서 평생 학습은 선택이 아닌 필수가 되어 버렸다. 자신의 부족한 지식을 채우기 위하여 책을 읽고 토론하며 인터넷 강의나 동영상 등 다양한 형태의 교육을 통하여 개인적으로 성장해 나갈 수 있다. 특히 요즘에는 TED, Youtube, MOOC 온라인 공개강좌 등 수준 높은 내용들을 주제별로 인터넷에서 무료로 학습할 수 있기 때문에 꼭 유료 교육기관에 가지 않더라도 지식을 쌓을 수 있다. 또 직무상 필요하다면 자격증이나 학위 취득을 위한 학습활동도 할 수 있을 것이다.

4) 문화예술활동

창의력은 위대한 예술가들의 전유물이 아니라 평범한 직장인들도 창의력을 발휘할 수 있고 또 발휘할 것을 요구받고 있다. 여가시간에 미술관 · 박물관 관람, 음악감상, 악기 배우기 등을 여가시간에 꾸준히 해준다면 삶의 질을 높여줄 뿐만 아니라 창의력도 증진시킬 수 있다. 한 유명한 디자이너는 아이디어가 고갈될 때마다 박물관과 미술관을 찾아 관람하면서 새로운 제품 아이디어를 얻는다고 한다.

5) 봉사활동

사람들은 자신의 미래나 노후에 대한 불안감으로 많은 시간 일하거나 자신의 부와 명예를 위해서 일한다. 더 많이, 더 높이를 추구하는 인간의 욕심으로 인하여 끊임없이 스트레스를 받으며 일하나 결코 행복과 만족에 도달하지는 못한다. "왜 일하는가"라는 질문을 던진 많은 저자들은 결국 나를 위하여 일을 하기보다 남을 위하여 일을 할 때 보람을 느끼고 돈을 위해서가 아니라 사랑으로 일할 때 행복을 느낀다고 한다. 선진국에서는 자원봉사가 사회에 널리 퍼져있는 실천가치이나 우리나라에서는 봉사조차도 대학진학이나 성과고과 점수를 위하여 봉사시간을 따져가면서 수행한다. 여가시간에 자원봉사를 통하여 진정한 의미의 행복을 경험하는 것이 바람직하다.

6.5.3 일과 삶의 균형

2000년대 이후 "직장생활에서 무엇이 가장 중요한가"에 대해 직장인들에게 설문을 실시한 결과 일부 기업에서는 '일과 삶의 균형(Work and Life Balance)'이 급여 수준, 고용안정성, 승진 등을 제치고 1위를 차지하였다. 최근 들어 많은 직장인들이 지금보다 연봉이 조금은 낮더라도 근무시간이 길지 않고 복지제도가 잘 갖추어진 직장으로 이직하기를 희망하는 사람들이 많아지고 있다.

신입사원으로 대기업에 들어간 직원들이 급여 등의 조건이 좋음에도 상당수가 격무를 견디지 못하고 퇴사하거나 이직하는 사례가 늘어나고 있다. 더불어 YOLO(You Only Live Once, 한 번 뿐인 삶)를 중요시하는 '욜로족'이 점차 증가하면서 요즘의 젊은 세대 직장인들은 과거 일이 인생의 전부라고 생각했던 사고방식에서 벗어나 일과 사생활, 여가를 균형 있게 즐기는 삶을 추구하고 있다.

'일과 삶의 균형'이란 일과 일 이외의 영역, 예를 들어 가족, 여가, 개인의 성장 및 자기계발 등에 시간과 심리적 · 신체적 에너지를 적절하게 분배하여 삶을 스스로 통제하고 조절하며, 이를 통해 삶의 만족도가 높아지는 것을 의미한다. 일과 삶의 균형이 이슈가 된 계기 중 하나는 조직 내에 세대교체현상이 일어났기 때문이다.

과거 1960~70년대에는 산업화시대로 일을 위해 개인의 삶은 물론 가족까지도 포기하면서 회사에 충성하는 회사형 사람들이 주를 이뤘다. 지금은 그들의 자식 세대인 1980년대 이후에 태어난 사람들이 우리 사회의 주축을 이루고 있는데, 이 세대들은 부모 세대와는 구별된 의식을 가지고 있다. 개인의 삶에 관심이 매우 높고 가족과의 행복한 삶을 중시한다. 또한 한 회사에서 충성을 다하기보다는 개인이 성장하고, 더 높은 연봉을 받을 수 있다면 언제든지 이직할 수 있는 세대이다.

이들은 자신의 능력을 개발하는 데 관심이 많아 자기계발에 시간과 돈을 투자하는 데 서슴지 않는다. 이렇게 행동하는 이유는 임금이나 승진과 같은 외재적인 보상이 아니라 일 속에서의 성장, 개인의 삶과 질을 중시하는 내재적인 가치에 더욱 집중하기 때문이라고 볼 수 있다. 직업인으로서 일에 대한 책임감, 정직, 근면 성실한 모습으로 업무수행에 충실해야 하며 일과 함께 스스로 행복한 삶을 꾸려나갈 수 있는 자세 또한 중요하다고 볼 수 있다.

학습문제

1. 최근 이슈화된 사건 중에서 뇌물에 관한 사건을 조사하고 정리해서 발표해보자.

2. 직장인들이 가장 흔히 하는 비윤리적인 행동은 무엇인지 팀에서 토론 후 발표해보자.

3. 여가활동과 관련된 희망사항을 5개 적어 친구들과 비교해보자.

참고문헌

김소연(2017). "성인 직장인의 소명의식이 삶의 만족에 미치는 영향." 한국산학기술학회 논문지, 18(3), 364-373.

김유리, 서문교, 권인수(2016). "소명의식의 선행요인 연구." 로고스경영연구, 14(4), 75-98.

박동열, 김대영(2006). "대학생의 직업의식에 관한 실태." 직업교육연구, 25(2), 1-32.

박정열, 손영미(2016). "일과 삶의 균형 조직문화 척도 개발 및 타당화 연구." 한국콘텐츠학회논문지, 16(8), 693-705.

박필배(2013). 윤리학과 인간의 직업적 삶. 도서출판 중원문화.

부패방지위원회(2003). 일과 윤리: 대학생 · 신입사원용 부패방지 교육교재.

이기문(1996). 나를 알면 직장이 보인다. 서민사.

조제프 R. 데자르댕(2016). 비즈니스 윤리, 제5판. 아카데미프레스.

최애경(2011). 성공적인 커리어를 위한 인간관계의 이해와 실천. 도서출판 청람.

David J. Cherrington(1980). *The Work Ethic*, Amacom

Institute of Leadership & Management http://www.i-l-m.com

Chapter 7

전문직 직업윤리

학|습|목|표

- 전문직의 특성을 설명할 수 있다.
- 다양한 전문직의 직업윤리에 대해 설명할 수 있다.
- 전문직 직업윤리의 중요한 덕목들을 예시할 수 있다.

직업윤리는 사람이 사회에서 직업활동을 하며 지켜야 할 상호관계의 도리, 사회적으로 기대되는 내 · 외적 행동규범을 의미한다. 일반적인 직업윤리는 직업인과 직업사회 전반에 걸쳐 보편적으로 적용될 수 있다. 또한 직업의 다양성과 특성에 따라 각각의 직업에 요구되는 전문직의 직업윤리가 있다. 현대사회에는 매우 다양한 전문직이 존재하며 전문직업인은 사람들과 사회에 영향을 크게 미치는 업무를 수행하기 때문에 고도의 직업윤리가 요구된다. 전문직업인이 철저하게 직업윤리를 지키지 못하고, 오히려 위법행위를 저지르게 된다면 이해관계자에게 끼치는 피해도 크지만 우리 사회의 모든 기능이 효율성과 경제성을 잃게 된다는 점에서 매우 중요하다. 한 명의 전문직업인이 저지르는 비윤리적 행동이나 불법행위는 주변 동료들에게 악영향을 주고, 업계 전체에 대한 신뢰를 상실하게 하는 결과를 가져오며, 이를 회복하기 위해서는 많은 비용과 노력이 투입되어야 한다.

7.1 전문직 직업윤리

전문직은 특정 분야의 고유한 지식을 장기간의 교육과정을 통해 습득하고, 전문 분야에 대한 책임감과 자율성을 가지며, 사적인 이익보다 공공의 이익과 봉사에 더 의미를 두는 직업인이다. 우리 사회에는 다양한 전문가 직업이 있는데, 대표적으로는 의사, 간호사, 사회복지사, 금융전문가, 언론인, 변호사, 회계사, 교사 등이 있다. 이러한 전문직은 직업 특성상 배타성, 전문성, 신뢰성, 그리고 공공성을 지닌다. 특정 분야의 전문가이므로 그들이 하는 일은 전문적인 지식과 능력을 필요로 하고, 그에 적합한 자격증을 소지하고 있다. 따라서 일반 사람들이 그 일에 참여하지 못하는 배타적인 권리를 가지게 되며, 전문적인 일을 수행하면서 의뢰인에게 신뢰를 주어야 하고, 다른 사람들과 사회에 영향을 끼치게 되는 공공성이 강한 일을 하게 된다.

금융시장의 신뢰도를 하락시킨 금융전문인의 불법행위나 대우조선해양을 몰락시킨 공인회계사의 부실감사, 법조계 비리와 의사파업사태 등 다양한 전문직 종사자들의 비윤리적 행위는 사회적으로 큰 피해를 주고 있다. 그렇기 때문에 전문직 종사자들의 올바른 직업윤리 실천은 매우 중요하다. 전문직 직업윤리는 전문직 종사자들이 업무수행 중 직면하게 되는 딜레마에서 윤리적으로 사고하고 행동하는 것을 말한다. 각종 전문직 단체에서는 윤리헌장 혹은 윤리강령을 제정하여 전문직 종사자들이 윤리적으로 행동하고 올바르게 판단할 수 있도록 권장하고 있다. 전문직 직업윤리규범에는 기본적으로 다음과 같은 사항을 담고 있다.

| 표 7-1 | 전문직 직업윤리 공통 규범

규범	설명
전문 (Preface)	전문직업인으로서 추구하는 가치와 목표를 제시하고 윤리규범의 제정목적을 나타낸다.
윤리원칙 (Principles of Ethics)	전문가로서 활동함에 있어 지키도록 노력해야 하는 윤리적인 기본정신과 철학을 원칙으로 설정한다.
행동규칙 (Rules of Conduct)	전문직업인이 이해관계자별로 져야 할 책임과 의무를 정하거나 윤리원칙에 대한 해석 또는 업무지침을 나타낸다.

전문직 종사자라면 반드시 지켜야 할 직업윤리의 필수사항은 다섯 가지가 있다. 첫째, 관련 법규의 숙지 및 준수, 둘째, 비윤리적 불법행위 관여 금지와 신고의무, 셋째, 전문능력 보유를 위한 지속적인 노력, 넷째, 동료와 업계의 윤리적 명성 강화 유지, 다섯째, 이해상충 상황의 고지 및 신고의무가 전문직 윤리헌장에 포함된다.

이러한 전문직 윤리헌장은 해당 종사자들이 추구하는 이상을 나타내며 그 직종의 규범적 요소를 공식적으로 문서화한 것이다. 이 윤리헌장을 직업인 스스로 준수할 뿐만 아니라 그 직업을 가지려는 사람들에게 교육을 시켜 전문인으로서의 긍지를 높여주고, 동시에 직업을 통하여 사회에 봉사하도록 한다. 만약 규범을 준수하지 않는 경우에는 협회 등과 같은 전문직단체의 명의로 제재를 가하기도 한다. 다양한 전문직 중에서도 본 장에서는 비서, 영업직, 공인회계사, 공무원, 교육자, 언론인의 직업윤리에 대해서 알아본다.

7.2 비서 직업윤리

비서는 경영자인 상사가 본연의 임무에 전념할 수 있도록 다양한 업무를 보좌하는 사람이다. 비서(secretary)의 어원이 비밀(secret)에서 나온 만큼 비서의 여러 직업윤리 중 기밀유지, 보안은 매우 중요하다. 비서는 조직 내 경영자, 고위 관리자를 가까이에서 보좌하면서 많은 기밀사항을 다루게 된다. 이런 특수성으로 인해 비서는 기밀유지, 신의와 성실, 업무의 한계, 정직과 신뢰 등의 직업윤리가 필요하고, 회사를 위해서 일하기도 하지만 고위 경영진과 함께 일하는 직무 특성상 다른 사무직에 비해 보다 엄격한 직업윤리를 지켜야 할 의무가 있다.

1) 정직

정직은 직업인으로서 기본적으로 지켜야 하는 윤리적인 요소이면서 비서가 꼭 갖추어야 할 태도이다. 비서는 자신이 근무하는 회사의 규칙과 정책을 준수하여야 하고, 뇌물수수, 횡령, 거짓진술 등 불의한 행동을 해서는 안 된다. 또한 회사의 비품을 개인적으로 사용하거나, 상사가 없을 때 자리를 비우는 등의 불성실한 행동은 하지 않도록 유의해야 한다.

2) 신뢰

상사가 비서에게 중요한 업무를 맡기기 위해서는 먼저 상사와 비서 사이의 신뢰가 형성되어야 한다. 신뢰관계는 하루 아침에 이뤄지는 것이 아닌 만큼 오랜 기간 업무수행을 통해 신뢰를 쌓아나가야 한다. 상사가 비서에게 일정을 공유하지 않거나, 중요한 문서를 맡기지 못한다면 그것은 아직 비서를 신뢰하지 않는다는 신호라고도 볼 수 있다. 따라서 비서는 상사의 신임을 얻을 수 있도록 성실하고 정확한 업무 처리능력을 보여주어야 한다.

3) 비밀엄수

업무와 관련된 정보를 발설하지 않는 것은 핵심적인 기밀사항을 다루는 비서에게 꼭 필요한 요소이다. 회사와 상사의 업무와 관련된 중요한 사항들을 주위 사람들에게 실수로라도 이야기해서는 안 된다. 또한 상사의 개인 신상정보 및 회사의 공식 · 비공식 서류 등이 비서실 밖으로 유출되지 않도록 보안을 철저히 해야 한다. 이외에 비서가 지켜야 할 기밀유지 내용은 다음과 같다.

① 사내 문서관리를 철저히 해야 한다. 업무 중 잠시 자리를 비울 때에는 책상에 놓인 서류들을 서류함에 보관하고, 퇴근할 때에는 책상 서랍, 서류함을 반드시 잠그도록 한다. 또한 비서가 사용하는 컴퓨터는 늘 암호를 사용하여 다른 직원이 함부로 사용하지 못하도록 한다.

② 비서의 업무 특성상 아직 공식적으로 공표되지 않은 사항을 미리 알게 될 수 있다. 이런 경우 회사 내 아무리 친한 사람이라고 하더라도 미리 발설하지 않도록 조심해야 한다.

③ 업무상 전화통화를 할 때에는 늘 주의해야 한다. 상사의 업무상 일정, 내용들을 외부인에게 구체적으로 이야기하지 않도록 한다.

4) 충성심

충성심은 상사에 대한 무조건적인 복종이 아니라 자신의 임무에 열심히 그리고 최선을 다하는 것이다. 상사의 지위와 입장을 먼저 고려하고, 자신을 앞세우기보다는 상사의 입장에서 생각해보고 행동해야 한다. 또한 비서는 회사의 직원임을 인지하고 상사뿐만 아니라 조직에 대한 충성심 또한 갖춰야 한다. 항상 회사의 경영에 관심을 가지며 능률적으로 업무를 처리할 수 있어야 한다.

사장비서로 근무하는 A씨는 얼마 전 경조사 화환을 구매하는 꽃집 사장으로부터 10만 원 상당의 백화점 상품권과 와인을 선물받았다. 평소 자신의 화원에서 화환을 구매해주어 감사의 뜻이라며 전달하였고, A씨는 아무런 생각 없이 받았다. 그러나 곰곰이 생각을 해본 A씨는 자신이 해당 꽃집을 거래하는 이유는 이런 선물이 아니라 합리적인 가격과 좋은 품질 때문이므로 사장으로부터 사례를 받는 것은 옳지 않다고 판단하였다. 결국 A씨는 꽃집 사장에게 마음만 감사히 받겠고 앞으로도 좋은 품질의 꽃을 제공해주면 감사하겠다고 하며 선물을 돌려주었다.

전문비서 윤리강령

서문

전문비서 윤리강령은 비서가 전문직업인으로서 신뢰와 책임감을 갖추고 성실히 업무를 수행하며, 나아가 사회에 공헌하도록 함을 목적으로 제정되었다. 비서는 윤리강령을 준수할 의무를 지니며 직무를 수행함에 있어 본 강령을 행동준칙으로 채택한다.

I. 직무에 관한 윤리

【상사 및 조직과 고객의 기밀유지】 비서는 업무와 관련하여 얻게 되는 상사나 조직, 또는 고객에 대한 정보의 기밀을 보장하고 업무 외의 목적으로 기밀 정보를 사용하지 않는다.

【조직과 상사와의 관계】 비서는 전문적인 지식과 사무능력을 보유하고 업무를 효율적으로 수행함으로써 상사와 조직의 이익을 증진시킨다.

【예의와 정직】 비서는 항상 상사와 고객에게 예의를 갖추어 친절하게 대하며 직무수행에 있어 직위의 범위를 벗어나는 언행을 삼가고 정직하게 임하여 신뢰를 받도록 노력한다.

【동료와의 관계 및 팀워크】 비서는 존중과 신뢰를 바탕으로 동료들과의 관계를 협조적, 우호적으로 유지하여 효과적인 팀워크를 이루어 나갈 수 있도록 노력한다.

【보상】 비서는 최선의 업무결과에 대한 정당한 대우를 받을 권리가 있으나 부당한 목적을 위해 제공되는 보상에 대해서는 응하지 않는다.

【자원 및 환경 보존】 비서는 업무수행 시 경비절감과 자원절약, 환경보존을 위해 노력한다.

【직무수행 봉사정신】 비서는 자신의 직무와 관련된 사항에 대해 직무수행 효과를 제고한다.

Ⅱ. 전문성에 관한 윤리

【전문성 유지 및 향상】 비서는 지속적인 자기계발을 위해 교육훈련프로그램에 적극적으로 참여함으로써 비서로서의 전문성을 유지 및 향상시킨다.

【전문직단체 참여】 비서는 자신의 전문성을 향상시킬 수 있는 전문직단체에 참여하여 정보교환과 상호교류를 통해 비서직 성장발전과 권익옹호를 도모한다.

【품위 유지】 비서는 직업의 명예와 품위 향상을 위하여 노력한다.

【사회봉사】 비서는 지역사회의 발전 빛 공공의 이익을 도모할 수 있는 각종 봉사활동에 적극적으로 참여한다.

출처: 한국비서협회

7.3 영업직 직업윤리

영업직은 기업의 상품과 서비스, 기술을 고객에게 직접 판매함으로써 기업의 매출에 영향을 미치는 중요한 직군이다. 이 직군은 치열한 경쟁 속에서 매출증가뿐만 아니라 신규 고객 발굴, 신규 시장 진입 등 다양한 업무를 수행한다. 그러나 기업이 성장과 목표달성을 위해 영업직원에게 실적에 대한 압박과 스트레스를 가하는 만큼 많은 영업직원들이 정직하지 못한 수단과 방법을 동원하며 영업을 하기도 한다.

영업직에서 일반적으로 일어날 수 있는 비윤리적인 행동은 다음과 같다.

① 직무수행과 관련하여 취득한 영업 및 고객 관련 정보를 회사의 허가 없이 누설한다.

② 공정거래 관련 법규를 어기고 부당하게 영업행위를 한다. 예를 들면 상품의 가격, 서비스의 대가를 부당하게 결정하거나 변경하기 등이다.

③ 다른 사업자의 사업활동을 방해하거나 사업활동을 어렵게 한다.

④ 상품 또는 서비스에 관하여 소비자를 속이거나 오해할 우려가 있는 내용을 홍보한다.

⑤ 인기상품에 비인기상품을 끼워팔기 등이다.

비윤리적인 영업활동이 지속될수록 고객과 시장의 신뢰를 잃을 위험이 크고, 나아가 영업직원 개인의 평판이 무너지는 것은 물론 기업의 존폐에도 악영향을 끼칠 우려가 있다. 최근에는 기업에 대한 고객과 시장의 평가가 엄격해지고 평가가 기업의 생존에 큰 영향을 미치면서 많은 기업들은 영업직에 대한 윤리규범을 명시하고 있다. 영업직원들을 대상으로 공정거래 자율준수프로그램(compliance program), 윤리경영교육 등을 실시하고 있다.

미국 시가 총액 1위 은행인 웰스파고(Wells Fargo)에서 고객의 명의를 무단으로 도용한 사건이 일어났다. 사건의 배경은 웰스파고 직원이 실적 압박에 시달려 결국 고객들의 동의 없이 고객의 명의를 사용하여 200만 개에 달하는 계좌와 신용카드를 만든 것이다. 이에 따라 미국의 소비자금융보호국(CFPB)은 한화 약 2,000억 원에 달하는 벌금 및 배상을 명령하였다. 웰스파고의 CEO인 존 스텀프(John Stumph)는 "회사가 이 같은 영업 관행(practice)을 독려한 것은 아니다."라며 "고객과 공공에 대한 책임을 다하지 못한 데 대해 깊은 유감(sorry)을 표하며 이를 시정하고 고객신뢰를 되찾기 위해 어떤 일이든 할 것"이라고 밝혔다.

7.4 공인회계사 직업윤리

한국공인회계사회에서는 공인회계사를 기업회계의 감시자로서 기업의 건전한 경영을 유도하고 이해관계자를 보호하며, 세무대리인으로서 정부의 조세정책에 협력하고 납세자의 권익을 신장시키고, 경영자문가로서 기업의 가치를 증진시켜 지속가능한 발전을 돕는 전문가라고 정의한다.

기업회계의 감시자, 세무대리인, 경영자문가 등 공인회계사의 역할은 다양하지만 본업은 감사업무라고 할 수 있다. 공인회계사에게는 성실, 공정, 전문가적 적격성, 비밀유지, 전문가적 품위 등이 요구된다. 그러나 업무 특성상 기업의 기밀정보를 쉽게 접하는 만큼 회계사들은 많은 비윤리적인 유혹에 빠지기 쉽다. 국내에서 이슈가 되었던 대우조선해양의 분식회계 사건은 공인회계사의 비윤리적인 감사업무의 피해를 잘 보여준다.

대우조선해양이 5조 원대에 이르는 금액을 분식회계한 것으로 드러났다. 이에 증권선물위원회는 2017년 대우조선해양의 회계감사를 맡았던 안진회계법인에 대하여 12개월간 부분 영업정지를 결정하였다. 즉 1년간 상장사와 비상장 금융사 및 일부 법인과 신규 감사계약을 맺을 수 없고 기존 계약회사의 감사업무만 맡을 수 있도록 하는 것이다. 뿐만 아니라 증권신고서를 거짓으로 작성함에 따른 과징금 16억 원과 과태료 2,000만 원을 부과하였다고 한다. 기업의 회계 투명성을 감시해야 할 회계감사법인이 조직적인 분식회계 사실을 알면서도 이를 묵인하고 방조하였을 뿐만 아니라 내부 품질관리도 형식적으로 실시하였던 것이다. 이로 인하여 안진은 기업과 주주, 금융 당국, 그리고 글로벌 파트너회사인 딜로이트사로부터 신뢰를 잃었을 뿐만 아니라 막대한 경제적인 손실까지 입게 되었다.

대우조선해양의 분식회계 규모는 약 5조 7천억 원대이며, 대우조선해양을 담당했던 안진회계법인의 회계사들은 6년 동안 감사업무를 하면서 거액의 분식회계에 대한 시정요구를 단 한 번도 하지 않았다. 이는 성실하고 공정하게 감사업무에 임하고, 전문가로서 누구보다도 정직해야 했던 담당 회계사들이 부정을 눈감았다는 점에서 공인회계사의 비윤리적인 업무 태도의 문제점을 보여주고 있다.

이외에도 한 공인회계사가 전 직장의 회계감사 업무를 맡으며 전 직장 동료들과 사적인 자리에서 식사를 하거나 감사에 대한 의견을 나누며 회계장부를 수정했다. 비밀 유출이라는 점에서 직업윤리에 어긋난 사례라고 할 수 있다. 또한 공인회계사가 자신이 담당하는 기업의 자문이나 컨설팅 업무를 하면서 얻은 미공개정보를 활용하여 주식투자를 하고 사적인 이득을 취하는 것도 윤리의식이 결여된 범죄행위라고 볼 수 있다. 회계감사를 통해 기업의 재무제표에 신뢰성을 부여할 수 있는 '전문가'가 되어야 하는 만큼, 공인회계사의 윤리의식은 매우 중요하다. 다음은 공인회계사가 직업인으로서 준수해야 할 윤리원칙이다.

공인회계사가 전문직업인으로서 준수하여야 할 윤리원칙

① 공정성

공인회계사는 직무를 수행함에 있어 공정 · 불편의 자세를 유지하여야 하며, 외부의 영향을 받거나 불의와 타협하여서는 아니 된다.

② 정직성

공인회계사는 고의로 진실을 감추거나 허위의 보고를 하여서는 아니 되며, 항상 진실된 자세로 직무를 수행하여야 한다.

③ 성실성

공인회계사는 정당한 주의의무를 가지고 정성을 다하여 직무를 수행하여야 한다.

④ 적격성

공인회계사는 직무수행과 관련한 전문지식을 유지하여야 하고, 이를 지속적으로 습득 및 개발하여야 한다.

⑤ 직무기준 등의 준수

공인회계사는 직무를 수행함에 있어 직무 관련 법규 및 기준을 준수하여야 한다.

⑥ 비밀유지

공인회계사는 직무수행과정에서 알게 된 정보를 정당한 이유 없이 누설하거나 의뢰받은 직무목적 이외에 사용하여서는 아니 된다.

⑦ 품위유지

공인회계사는 사회적 책임을 인식하여 공인회계사로서의 인격과 품위를 유지하여야 한다.

출처: 한국공인회계사회

최근에는 많은 기업들이 회계상의 이유로 파산하게 되면서 주식투자자와 채권자가 피해를 입는 경우가 많다. 특히 은행권이 피해를 입게 되면 그 피해는 고스란히 일반 국민들이 떠안게 된다. 기업의 파산이 이어지고 이에 따른 피해가 수많은 사람들에게 전가되는 것이 문제가 되면서 기업의 외부감시자인 공인회계사에게 책임을 물을 수 있는 대표소송제도, 집단소송제도 등과 같은 법제도가 강화되었다.

대표소송제도
소주주가 회사를 대리하여 경영진 등에게 법정소송으로 책임을 묻는 제도

집단소송제도
소주주가 경영진 등에게 법정소송을 제기하고 그 결과가 전체 주주에게 효력을 미치는 제도

7.5 공무원 직업윤리

공무원은 일반적으로 국가 혹은 지방 공공단체의 사무를 맡는 사람을 총칭하며 사무범위에 따라 국가 공무원과 지방 공무원으로 분류한다. 매스컴을 통해 관피아, 뇌물수수 등 공직자의 부패와 관련된 뉴스를 빈번하게 접하고 있다. 국민들의 세금을 받으며 국민 전체에 대한 공익 추구의 봉사자인 공무원은 일반 국민이나 기업에 종사하는 직장인보다 더 높은 윤리의식이 요구된다. 우리나라의 경우 공직자의 부정한 재산 증식, 직무를 이용한 개인적인 이익 추구를 방지하기 위해 공직자를 감시하는 '정부공직자윤리위원회(gpec.go.kr)'가 존재한다.

관피아
관료와 이탈리아 범죄조직인 마피아의 합성어로, 공직을 퇴직한 사람이 기업에 재취업, 학연 및 지연을 이용해 자신의 이익을 위해 마피아처럼 거대한 세력을 구축하는 행태를 비판한 말

최근에는 고위 공무원들의 성추문 사건이 빈번하게 일어나면서 외교부에서는 외교관의 직무윤리를 꾸준히 강조하고 있다. 2016년 9월에는 칠레 주재 한국대사관에서 근무하는 외교관이 현지 여학생을 성추행한 혐의로 파문을 일으켰고, 중동 지역의 대사가 대사관 직원을 성희롱한 혐의로 징계를 받기도 하였다. 또한 주에티오피아 외교관이 여직원을 성폭행한 사건으로 다시 한 번 큰 충격을 주었다. 이런 공직자들의 비윤리적인 사건들은 해당 공무원들뿐만 아니라 국가의 이미지에도 큰 타격을 주는 만큼, 공무원이 올바른 윤리관을 가지기 위해서는 공무원 스스로 자율적인 윤리관을 확립하는 것이 중요하다.

공무원헌장

우리는 자랑스러운 대한민국의 공무원이다.
우리는 헌법이 지향하는 가치를 실현하며 국가에 헌신하고 국민에게 봉사한다.
우리는 국민의 안녕과 행복을 추구하고 조국의 평화통일과 지속가능한 발전에 기여한다.
이에 굳은 각오와 다짐으로 다음을 실천한다.

하나, 공익을 우선시하며 투명하고 공정하게 맡은 바 책임을 다한다.
하나, 창의성과 전문성을 바탕으로 업무를 적극적으로 수행한다.
하나, 우리 사회의 다양성을 존중하고 국민과 함께 하는 민주 행정을 구현한다.
하나, 청렴을 생활화하고 규범과 건전한 상식에 따라 행동한다.

출처: 인사혁신처

조선시대의 공직자 처벌

조선시대에도 공직자라고 불리는 관리들의 뇌물수수를 무겁게 징계하였다. 한 번 뇌물을 받으면 죽을 때까지 벼슬에서 배제될 뿐만 아니라 뇌물을 받은 관리들의 명부를 만들어 따로 관리하였다. 뇌물받은 관리들의 자손들은 벼슬에 오르지도 못하였다. 뇌물금액에 따라 벌의 정도도 달랐는데, 예를 들면 1관(엽전 1,000개) 이하이면 곤장을 70대, 40관이면 곤장 100대에 3년 노역형을 받았고 심한 경우에는 교수형에 처해지기도 하였다.

뇌물을 받았을 때뿐만 아니라 백성들로부터 세금을 받아 나라에 바치지 않고 가로챘을 때는 형을 더욱 무겁게 책정하였다. 성종 25년(1494) 김지라는 하양 현감은 세금에 해당하는 물건을 백성으로부터 받아서 조정에 다 보내지 않고 면 66필과 종이 1,150권을 개인적 용도로 쓴 것이 발각되어 사형을 받기도 하였다.

출처: 한국일보, [이덕일의 천고사설], 2015년 2월 27일

7.6 교사 직업윤리

교사는 학교에서 아이들과 청소년들에게 지식을 전달하고, 올바른 성인으로 성장할 수 있도록 예의범절을 가르치는 사회에서 존중받는 직업이다. 교사는 전문가로서 자신의 지식과 기술을 학생들에게 올바른 방식으로 전달할 의무가 있고, 학생들과의 상호작용하는 과정에서 자신의 행동과 태도가 학생들에게 영향을 줄 수 있음을 인식해야 한다. 학생들의 가능성을 함께 발견하고 바르게 성장할 수 있도록 이끌어주는 역할 모델이다. 따라서 학생들에게 좋은 본보기가 될 수 있도록 다른 직업보다도 정직하고 바른 윤리의식을 지녀야 한다.

교사의 윤리의식은 학생들의 인성교육에 직접적으로 영향을 주며, 비

Snyder vs Millersville University 판례

스테이시 스나이더는 펜실베이니아 주에 있는 밀러스빌 대학교의 4학년 재학 중이던 때 교생실습을 나간 학교로부터 실습을 중지하라는 명령을 받았다. 지금으로 치면 페이스북과 같은 SNS인 MYSPACE 페이지에 가면 파티에서 술취한 해적으로 변장하고 술을 마시며 취한 모습을 '술취한 해적'(A Drunken Pirate)이란 제목으로 포스팅하였다. 또한 교생실습 감독교사에 대하여 부정적인 코멘트도 올렸다. 이를 발견한 고등학교 측에서는 안 그래도 불성실한 수업태도와 교과목 지식의 부족으로 인하여 문제가 제기된 상태였던지라 이 포스팅을 발견한 즉시 교생실습을 중단하도록 하였다. 이 사건으로 인하여 교생실습시간을 채우지 못하게 되자 대학은 사범대 졸업장을 주지 않고 영문학 졸업장을 주었고 따라서 교사자격증을 신청할 자격도 박탈당하였다. 이에 스테이시는 졸업 때 교사자격증을 받지 못하였다. 스테이시는 헌법에서 보장하는 표현의 자유를 침해받았다는 이유로 대학을 상대로 소송을 하였고 연방법원은 실습학점을 채우지 못한 스테이시에게 교사자격을 주지 못하겠다는 대학의 손을 들어주었다.

윤리적인 교사의 행동은 청소년들뿐만 아니라 사회 구성원 전체에게 부정적인 영향을 줄 수 있다. 스나이더 사례는 교사라는 전문직을 준비하는 대학생이 소셜미디어에 교사로서의 자질을 의심받게 하는 글과 사진을 포스팅하여 교사자격증을 받지 못한 미국 법정의 판례이다. 교사에게 요구되는 전문직으로서의 직업윤리와 태도를 갖추지 못할 때 '표현의 자유'라는 개인의 자유를 보호받을 수 없다는 것을 잘 보여준다.

7.7 언론인 직업윤리

언론인은 저널리스트(journalist)라고도 하며 일반적으로 뉴스를 취급하는 사람을 뜻한다. 뉴스 방송이나 신문에서 사회적으로 중요한 사건들을 보도하는 사람들을 기자라고 하며, 뉴스를 논평하는 사람을 논설위원 또는 논평위원, 뉴스를 편집하는 사람을 편집자 또는 데스크라고 한다. 언론인은 국민들의 '알 권리'를 충족시키고 사회의 공동선을 위해 한쪽 의견에 편향되지 않고, 객관적으로 정보를 보도하고 알려야 할 의무가 있다. 과거 인터넷이 발달하지 않았던 시대에는 사람들이 사회에서 일어나는 각종 사건, 사고들을 방송 뉴스와 신문을 통해서만 접할 수 있었기 때문에 국민들이 받아들이는 정보는 한정적이었고, 국민들은 언론인들이 제공하는 뉴스를 곧 사실이라고 믿어왔다.

그러나 정보통신이 발달하면서 기존의 종이신문보다 스마트 기기를 통해 인터넷 뉴스를 더 많이 보기 시작했다. 이러한 변화로 과거보다 뉴스를 보도하는 언론인이 증가했고, 취재보도 경쟁도 치열해지면서 언론인들이 윤리의식을 저버리는 경우도 빈번해졌다. 대표적인 문제는 선정주의적인 보도, 편파적인 보도, 왜곡된 보도이다. 경쟁이 심화되면서 언론인들은 간혹 사실에 근거한 뉴스가 아니라 개인적인 견해를 포함시키기도 하고, 이목을 끌 수 있는 뉴스를 제공하기 위해 과도한 취재로 부적절한 개입행위도 잦아졌다. 최근 방송에서는 시청자에게 극적인 효과를 주기 위해 전혀 관련 없는 장면들을 붙여서 이슈를 만들어내는 상황을 연출하는 경우도 쉽게 볼 수 있다. 시청자에게 효과적으로 메시지를 전달하기 위해 일부분 연출은 필요하지만 과도하게 연출을 하거나, 사실을 왜곡하고 조작하게 되면 윤리적으로 문제가 된다.

사회적으로 큰 영향력을 줄 수 있는 언론인은 공직자만큼 객관성, 공정성, 정확성과 윤리의식을 가지고 사실을 객관적으로 전달할 수 있어야 한다.

학습문제

1. 전문직 종사자의 윤리의식이 일반직보다 왜 더 중요한지 설명해보자.
2. 다양한 전문직의 윤리강령을 조사하여 설명해보자.
3. 전문직의 비윤리적인 행동 사례를 조사하여 설명해보자.

참고문헌

박필배(2013). 윤리학과 인간의 직업적 삶. 도서출판 중원문화.

부패방지위원회(2003). 일과 윤리: 대학생 · 신입사원용 부패방지 교육교재

조계숙, 최애경(2015). 현대비서학. 대영문화사.

최상훈, 김정아, 권경자(2011). "사회복지사가 지각하는 윤리풍토가 경력몰입에 미치는 영향." 사회복지연구, 42(1), 55~82.

최지영(2010). "전문가윤리의 관점에서 본 교사의 도덕성에 대한 탐색적 논의." 교육발전연구, 26(1), 73~90.

한국직업능력개발원 커리어넷 직업정보

구로종합사회복지관 https://9ro.or.kr

국민권익위원회 블로그 http://blog.daum.net/loveacrc/9230

대한간호협회 http://www.koreanurse.or.kr

인사혁신처 http://www.mpm.go.kr

한국공인회계사회 https://www.kicpa.or.kr/

한국교원단체총연합회 http://www.kfta.or.kr

한국기자협회 http://www.journalist.or.kr/

한국사회복지사협회 http://www.welfare.net

한국비서협회 http://www.kaap.org

한국일보 http://www.hankookilbo.com

현대중공업 윤리경영 홈페이지 http://ethics.hhi.co.kr/

Chapter 8

서비스정신

학 습 목 표

- 서비스산업과 서비스마인드에 대해 설명할 수 있다.
- 고객만족, 고객감동, 감정노동에 대해 설명할 수 있다.
- 다양한 서비스업종의 특징에 대해 설명할 수 있다.

8.1 서비스산업

서비스(service)는 산업구조, 업종, 학자들의 시각에 따라 다양하게 정의될 수 있지만 사전적인 의미로 물질적인 재화 이외의 생산이나 소비에 관련한 모든 경제활동을 말한다. 서비스는 사람이 손으로 만지거나 냄새를 맡고, 촉감을 느낄 수 있는 유형적인 제품, 재화가 아니라 무형적인 행위, 경험의 성과이다.

사회구조가 서비스업을 중심으로 변화하면서 직업구조 역시 제조업 종사자보다 서비스업 종사자가 증가하는 변화를 보이고 있다. 이와 더불어 고객의 소득 수준이 향상되면서 고객은 보다 다양하고 수준 높은 서비스를 요구하고, 평가하는 능력을 가지게 되었다. 제품을 구매할 때에도 동일한 품질과 성능을 가진 제품이라면 더 좋은 서비스를 제공하는 기업을 선택하는 것이 당연시된 것이다. 이러한 고객의 요구에 맞춰 기업 역시 서비스를 '덤'으로 인식하는 것이 아니라 경쟁력을 갖출 수 있는 핵심 경영전략으로 삼고 있다. 고객서비스, 고객만족, 고객감동 등은 기업의 핵심 비전, 가치가 되었다.

서비스를 봉사서비스, 접대서비스, 용역서비스로 구분하기도 하며, 기업 측면에서는 고객이 자사의 제품을 구매하도록 하기 위한 촉진활동의 일부로 정중하고 친절하게 행동하는 것을 말한다. 과거에는 서비스가 완전히 무형적인 가치로 제공되기 위해서 반드시 유형의 재화가 수반되어야 했지만 최근 서비스업의 흐름은 고객에게 '경험과 가치'를 판매하는 것으로 변화되고 있다.

서비스를 통해 고객에게 경험을 제공하는 산업은 호텔업, 여행업, 컨설팅업 등 다양하다. 제품을 생산하는 것은 아니지만 노동력과 유형의 설비를 활용하여 가시적이고 암묵적인 형태로 고객의 필요와 욕구를 충족시키는 경제활동이다. 서비스를 제공하는 주체, 기능, 형태에 따라 다양한 업종으로 분류할 수 있다. 한국표준산업분류표에 나타나 있는 서비스산업은 다음과 같다.

| 표 8-1 | 한국표준산업분류표(Korea Standard Industrial Classification Table)

분류	코드	분류	코드
하수 폐기물 처리, 원료재생 및 환경복원업	E	전문, 과학 및 기술서비스업	M
도매 및 소매업	G	사업 시설관리 및 사업지원서비스업	N
운수업	H	교육서비스업	P
숙박 및 음식점업	I	보건업 및 사회복지서비스업	Q
출판, 영상, 방송통신 및 정보서비스업	J	예술, 스포츠 및 여가 관련 서비스업	R
금융 및 보험업	K	협회 및 단체, 수리 및 기타 개인서비스업	S
부동산업 및 임대업	L		

8.2 서비스마인드

서비스마인드는 서비스 종사자가 갖추어야 할 기본적인 인성, 마음가짐, 태도, 친절 등을 총칭하는 것이다. 단순히 친절하고, 환한 미소를 지으며 인사만 하는 것이 아니라 고객의 입장에서 스스로 생각하고 판단하여 적극적이고 올바른 행동으로 옮기며, 고객이 서비스에 만족할 수 있도록 마음을 열고 정성껏 서비스에 임하는 자세이다.

서비스직 종사자의 가장 중요한 마인드는 무엇보다 고객의 입장에서 생각해보는 것이다. 단순히 자신에게 주어진 매뉴얼대로 서비스를 제공하는 것을 뛰어넘어 만약 자신이 고객이라면 어떤 서비스를 원할지 고민하고, 자발적이고 유연하게 고객에게 필요한 서비스를 제공한다면 서비스 종사자로서 더욱 뛰어난 역량을 갖출 수 있다.

다음 카페 아르바이트생의 행동을 읽고 뛰어난 서비스마인드란 어떤 것인지에 대해 생각해보자.

생각해보기

70대 할아버지 한 분이 카페에 방문하여 카페 아르바이트생에게 다가와 따뜻한 커피 한 잔을 주문하고 자리를 잡았다. 대부분의 프랜차이즈 카페에서는 고객이 직접 주문을 하고 계산을 한 후에 pick-up대에서 음료를 찾아가는 시스템으로 되어 있기 때문에 70대 할아버지 고객이 직접 주문대에서 주문을 해야 한다. 그러나 이 아르바이트생은 할아버지 고객이 카페의 시스템에 대해 잘 모른다고 판단하고 직접 할아버지에게 다가갔다. 이 아르바이트생은 할아버지가 앉아 계신 자리에서 직접 계산을 도와드렸다. 커피를 제조한 후에도 할아버지에게 설탕과 크림이 필요한지 묻고, 할아버지께 직접 커피를 갖다 드렸다. 할아버지는 고맙다며 커피를 받아 창 밖을 바라보며 커피를 마시기 시작했다. 만약 이 아르바이트생이 카페의 업무 매뉴얼에 따라 할아버지 고객에게 주문대로 오시게 하고, 다양한 메뉴 속에서 커피를 결정하도록 했다면 할아버지는 편안하게 주문을 할 수 있었을까?

8.3 서비스의 질

8.3.1 고객만족과 고객감동

1) 고객

서비스의 중요성이 대두되면서 호텔, 여행사, 은행 등의 기업부터 공기업, 관공서에 이르기까지 서비스는 경쟁의 핵심으로 인식되고 있다. 고객이 없다면 기업에서 아무리 좋은 서비스를 제공한다 하더라도 그 가치를 인정받을 수가 없다. 따라서 고객은 기업이 생존하고 성장하는 데 가장 중요한 역할을 수행하는 존재라고 볼 수 있다.

고객은 기업의 서비스를 구매하고, 사용하는 역할 뿐만 아니라 기업이 앞으로 어떤 서비스를 고객에게 제공해야 할지 알려주는 역할을 하기도 한다. 직접 기업에게 자신들의 의견을 제공하고, 그 영향력을 발휘하는 고객을 '프로슈머(prosumer)'라고 한다. 고객은 자신의 욕구와 부합하는 상품과 서비스를 구매하고, 그 상품과 서비스가 자신의 욕구를 충족시켰을 때 만족하며, 동일한 상품과 서비스를 재구매, 재이용하고자 한다. 따라서 급격하게 변화하는 환경 속에서 기업이 지속적으로 생존하고, 경쟁에서 우위를 점하기 위해서는 고객의 욕구 변화를 파악하고, 고객이 필요로 하는 새로운 서비스를 창출하여 새로운 고객을 유치함과 동시에 기존 고객을 유지하기 위한 노력을 해야 할 것이다.

2) 고객만족

고객은 제품을 구입하거나 서비스를 경험했을 때, 그에 대해 평가하고 판단을 내린다. 특히 반복하여 제품과 서비스를 사용하면서 형성되는 고객의 긍정적인 감정반응을 고객만족이라고 한다. 기업의 제품과 서비스가 고객의 욕구에 부응하고, 고객이 재구매, 재이용하며 지속적으로 기업을 신뢰할 때 고객만족이 일어난다. 고객만족은 기업의 서비스 종사자가 어떻게 서비스를 제공하느냐에 따라서 결정되지만, 그 외에도 다양한 요소들에 영향을 받는다. 즉 제품이나 서비스의 질뿐만 아니라 고객의 감정, 과거 경험, 주위 사람들의 평가 등 기업과 서비스종업원이 통제할 수 없는 다양한 요소가 고객만족에 영향을 미친다는 것이다.

고객만족은 크게 세 가지로 구성된다. 첫 번째는 기업에서 제공하는 상품의 품질이 우수한지, 성능이 좋은지, 가격은 합리적인지, 디자인이 좋은지 등 제품에 대한 내 · 외적인 요소들이다. 두 번째는 상품을 제공받을 때 고객이 경험하는 서비스가 고객만족에 중요한 영향을 준다. 서비스 종사자가 친절한지, 분위기는 좋은지, 환경은 쾌적한지, 불만사항을 적절히 대응하는지 등의 요소들이 포함된다. 마지막은 기업이 윤리적인 경영을 하고 있는지, 사회공헌활동을 하고 있는지, 투명한 재무관리를 하고 있는지 등 기업의 이미지가 고객만족에 큰 영향을 준다.

서비스기업의 경우 전반적인 경영활동에서 가장 중요하게 여겨야 하는 것이 고객만족창출이다. 서비스기업의 매출은 신규 고객을 끌어들이는 것도 중요하지만 기존 고객의 지속적인 서비스 구매활동에서 이루어진다. 조사에 따르면 매우 만족한 고객의 재구매율이 어느 정도 만족한 고객보다 6배 이상 높게 나타났다.

3) 고객감동

고객만족이 일반적인 서비스를 제공하여 고객을 만족시키고 유지하는 단계라면 고객감동은 고객만족보다 한 단계 높은 서비스를 제공하는 것으로 고객관리의 최종적인 단계라고 본다. 고객이 전혀 예측하지 않았던 놀라운 서비스를 제공함으로써 소비자를 감동시키는 것이다. 즉 고객이 인식하지 못했던 욕구 혹은 니즈를 파악하고, 그 욕구를 만족시킬 수 있는 제품과 서비스를 제공하여 고객을 놀라게 하고 마음속에서 감동이 우러러 나올 수 있도록 서비스를 제공하는 것이 고객감동이라 할 수 있다. 기업에서 고객의 감동을 끌어낼 수 있는 서비스를 제공할 때 해당 기업의 제품과 서비스에 대한 고객충성도가 높아지고, 이는 충성고객, 평생고객으로 이어진다.

고객불만, 고객만족, 고객감동의 관계

고객의 기대 > 제품과 서비스의 질(고객불만)
고객의 기대 = 제품과 서비스의 질(고객만족)
고객의 기대 < 제품과 서비스의 질(고객감동)

실제로 고객이 기대했던 것보다 더 나은 서비스를 제공하고자 노력하는 디즈니랜드의 경영방침은 고객감동서비스를 잘 보여주고 있다.

디즈니랜드의 고객감동

세계적 테마파크인 디즈니랜드는 모든 직원을 캐스트 멤버(cast member)라고 부른다. 입구 매표원부터 놀이기구 안내원까지 모든 직원이 디즈니랜드를 무대로 고객에게 즐거움을 선사하겠다는 의미다. 청소부도 예외가 아니다. 디즈니랜드 청소부는 자신의 역할을 '각종 공연이나 놀이기구의 즐거움을 높이는 무대 만들기'라고 정의한다. 어떤 청소부는 놀이기구를 타려고 기다리는 고객을 위해 바닥에 빗자루와 물로 미키 마우스를 그리고 어떤 청소부는 쓰레기통을 두드리며 즉석 연주에 나선다. 환경정리만 하는 게 아니라 방문객을 위한 다양한 이벤트를 선보인다.

미용실 원장의 고객감동

서대문구 영천시장 골목 안에는 '눈부신 하루를'이라는 40년 동안 그 자리를 지켜온 미용실이 있다. 이 미용실의 장선숙 원장은 미용을 자신의 천직으로 여기면서 자신의 미용실을 찾아오는 고객들을 위하여 최선을 다한다. 뿐만 아니라 그녀를 필요로 하는 곳이라면 전국 각지로 다니면서 미용 강의를 하고, 매주 일요일에는 미용을 배우고 싶어하는 학생과 일반인을 위해 '무료 미용 클래스'를 열고 있다. 이런 장 원장에게 몇십 년 동안이나 자신의 헤어스타일을 맡기는 단골고객은 매우 많다. 장 원장은 매년 김장 500포기를 해서 자신의 미용실을 찾는 고객들에게 점심을 대접하고, 가족 같이 지내는 단골에게는 김치 한 통씩 선물을 하기도 한다.

장 원장은 매일 아침 눈을 뜨면 "오늘은 또 어떻게 고객들을 기쁘게 할까? 오늘은 또 어떤 좋은 일들이 나를 기다리고 있을까?" 생각하면 가슴이 벅차 오르고 준비하는 손길이 빨라진다고 한다. 식구 같은 미용실 직원뿐만 아니라 미용실을 찾아주는 고객들을 위해 건강한 먹거리를 준비하다 보면 누구보다 자신이 행복해진다고 한다. 장 원장의 고객을 섬기고 고객과 함께 하고자 하는 진정한 서비스마인드가 오늘도 골목 안을 환하게 밝히고 있다.

8.3.2 서비스 질의 측정

서비스(service)는 고객의 만족과 편익을 위해서 서비스 제공자가 자원을 제공하거나 수행하는 것이다. 서비스는 일종의 품질(quality)을 가지고 있다. 품질이란 하나의 제품이 사용목적을 수행하기 위해 필수적으로 갖추고 있어야 하는 성질을 말한다. 서비스 품질(service quality)은 고객에게 지각된 서비스의 우수성과 전반적인 판단이나 태도, 평가 결과이다.

1984년 그렌루스(Grönroos)는 처음으로 서비스 품질을 서비스 전달과 관련된 기능적 품질과, 어떤 서비스를 받았는지에 대한 기술적 품질로 구분하였다. 이후 파라슈라만(Parasuraman), 자이사믈(Zeithaml)과 베리(Berry)는 서비스의 품질을 어떻게 개념화하고 측정할 것인지에 대해 연구하여 SERVQUAL이라는 측정도구를 개발하였다. SERVQUAL은 서비스 품질을 특정 기업의 서비스에 대해 고객이 어떻게 인식하고 있는지, 기업에 대한 기대와 차이로 정의하였다. SERVQUAL의 기본내용은 서비스 품질은 소비자가 제품을 소비하면서 경험하게 되는 일련의 과정을 포함한다는 것이다.

서비스의 질을 측정하기 위해서 유형성, 신뢰성, 응답성, 능력, 예절, 신용도, 안정성, 접근가능성, 커뮤니케이션, 고객에 대한 이해 등 10가지 요소를 사용한다. 1985년에 제시되었던 10가지의 구성요소들은 1988년 다시 유형성, 신뢰성, 반응성, 확신성, 공감성 등 다섯 가지 차원으로 범주화되었다.

| 표 8-2 | SERVQUAL의 구성요소

10개 구성요소		5개 구성요소
차원(dimension)	정의(definition)	5개 차원으로 압축된 결과
유형성 (tangibles)	물적 시설, 장비, 사람, 의사소통 도구의 외형	유형성(물리적인 시설, 장비, 직원들의 외양)
신뢰성 (reliability)	약속된 서비스를 정확하게 수행하는 능력	신뢰성(믿을 수 있고 정확하게 약속된 서비스를 수행할 수 있는 능력)
응답성 (responsiveness)	고객을 돕고 즉각적인 서비스를 제공하려는 의지	반응성(고객을 돕고자 하며, 신속한 서비스를 제공하고자 하는 자발성)
역량 (competence)	서비스를 수행하는 데 필요한 기술과 지식의 소유	확신성(직원들의 지식과 정중성, 그리고 신뢰와 확신을 고무시킬 수 있는 능력)
예절 (courtesy)	고객과 접촉하는 종업원의 친절과 배려, 공손함	
신용도 (credibility)	서비스 제공자의 진실성, 정직성	
안정성 (security)	위협, 의심으로부터 자유	
접근가능성 (access)	접근가능성과 쉬운 접촉	공감성(서비스 조직이 고객에게 제공하는 배려와 개인적 관심)
커뮤니케이션 (communication)	고객의 말에 귀를 기울이고, 고객에게 쉬운 말로 알림	
고객의 이해 (understanding the customer)	고객과 그들의 요구를 이해하려는 노력	

출처: 이강(2004)

SERVQUAL은 관광산업, 항공산업, 의료산업, 외식산업, 금융기관, 그리고 공공기관 등 다양한 분야의 서비스 질을 측정하는 기준이 되었다. 그러나 간단한 설문조사를 통하여 손쉽게 고객의 만족도를 측정할 수도 있다. 다음은 모 은행의 지점에 비치되어 있는 친절도 평가서 항목이다.

| 표 8-3 | 은행의 친절도 평가서

구분	설문 내용
맞이인사	응대했던 직원이 일어서서 활기찬 인사로 고객님을 맞이했습니까?
대기 양해말	(대기여부 확인 후) 대기시간에 대한 양해인사를 받으셨습니까? (대기하지 않은 경우는 해당 사항 없음)
감사인사말	평소 직원으로부터 거래에 관한 감사인사를 받으셨습니까?
응대태도	직원이 친절한 말투와 밝은 표정으로 응대했습니까?
추가 용건 확인	업무처리 후 직원이 고객님께 더 필요한 사항이 있는지 확인하였습니까?
만족도 점수	고객님께서 거래하시는 근처 다른 은행과 비교했을 때 저희 은행과 거래하시는 것에 만족하십니까?

8.4 업종별 서비스 사례

8.4.1 호텔 및 복합리조트서비스

과거에는 관광서비스산업이 호텔, 리조트, 컨벤션 등 각각의 영역이 분리되어 있다면 최근에는 복합리조트(Integrated Resort: IR)라는 명칭 아래 광범위한 관광서비스단지가 성장하고 있다. 복합리조트는 서비스 산업의 일종으로 호텔, 식당·레스토랑, 게이밍, 카지노 등의 관광사업과 MICE(회의, 인센티브 투어, 컨벤션, 전시시설), 공연장, 극장 등 엔터테인먼트사업으로 구성되어 있다. 복합리조트를 이용하는 고객은 프론트에서부터 객실, 식·음료, 부대시설 등 다양한 공간에서 서비스를 제공받는다.

호텔의 경우 과거에는 숙박시설 이용이라는 일차적인 목적이 전부였지만 지금은 레스토랑, 헬스센터 등 기타 부대시설을 이용하고 호텔 내 많은 구성원들과 커뮤니케이션을 하게 된다. 또한 시설의 품질과 함께 호텔이나 리조트가 고객에게 제공하는 경험, 서비스가 고객의 선택에 큰 영향을 미친다. 예를 들면 호텔을 예약하는 과정에서부터 도착 후 안내, 접객서비스, 객실 상태와 객실용품(샴푸, 비누 등의 용품), 침구 및 컨시어지 서비스, 비즈니스 라운지 등 소비자의 경험을 극대화시킬 수 있는 서비스가 필요하다. 리조트에서도 고객이 리조트에서 평생 기억할 만한 추억을 남길 수 있는 다양한 체험서비스를 제공하는 등 복합리조트산업은 고객감동을 위한 경험서비스를 강조하고 있다.

리츠칼튼 호텔의 청소부 버지니아 아주엘라(Virginia Azuela)

필리핀 출신인 아주엘라는 여러 호텔의 청소부를 거쳐 1991년 샌프란시스코 리츠칼튼 호텔이 오픈할 때 입사하였다. 그녀는 호텔에 대한 투숙객의 이미지와 만족도는 대부분 객실서비스에 의해 좌우된다고 믿었고 자신이 하는 허드렛일이 고객의 만족도에 큰 영향을 미친다고 생각하였다.

청소도구와 비품이 담겨있는 청소카트에는 항상 작은 수첩이 하나 달려있었고 수첩에는 투숙객들의 특징과 습관 등이 빼곡히 적혀있었다. 이를 바탕으로 아주엘라는 그 호텔을 다시 찾는 고객에게는 맞춤형 서비스를 제공하였다. 예를 들면 수건을 추가로 많이 요구하는 고객, 혹은 특정 신문을 신청하는 고객 등 고객마다 다른 요구가 있는 것을 파악하고 고객이 요구하기 전에 그 서비스를 제공하였다. 고객 이름을 외워 복도에서 만나면 이름을 부르면서 인사를 하여 고객들을 감동시켰다.

뿐만 아니라 매일 별 생각 없이 반복적으로 하는 베드메이킹(침대보 정리)을 할 때도 어떻게 하면 가장 빠른 시간에 효율적으로 할 수 있을 것인가를 연구하였다. 침대보를 2인1조로 깔되 미리 침대보를 침대 사이즈에 맞춰 까는 역순으로 접어둠으로써 작업 속도를 더 높일 수 있는 방법도 고안하였다. 또한 다양한 고객서비스 노하우들을 미팅을 통하여 다른 직원들과 공유하여 리츠칼튼 호텔 전체의 서비스 질을 향상시킴으로써 호텔이 미국의 품질대상인 '말콤 볼드리지' 상을 받는 데도 기여하였다.

이러한 노하우를 서울의 어느 호텔에서도 받아들여 단골고객들의 얼굴과 이름을 외워 두었다가 반갑게 맞이하거나, 특정 드링크 병이 많이 나오는 VIP 객실에 다음 번에는 아예 드링크 한 박스를 비치해 두어 고객을 감동시켰다고 한다.

8.4.2 항공서비스

항공산업의 서비스는 공항서비스와 기내서비스, 크게 두 가지로 나누어볼 수 있다. 공항서비스란 지상에서 이루어지는 서비스로 항공사의 항공편을 이용하기 위하여 여행사, 인터넷 예약 사이트 등을 통해 항공권을 예약 및 발권하고, 공항에서의 출국 절차, 항공기 탑승 절차, 목적지에서의 항공기 하차 및 입국 절차까지를 포괄하는 모든 과정을 이야기한다. 기내서비스는 항공기에 탑승한 순간부터 내리는 순간까지 고객이 제공받는 모든 서비스를 말하며, 실제로 고객과 직원의 접촉시간이 가장 많은 서비스라고 할 수 있다.

항공사의 갑질 논란

미국 항공사 유나이티드의 갑질 횡포가 SNS를 통해 전 세계적으로 논란이 되고 있다. 오버부킹을 하여 좌석이 모자라자 이미 탑승한 고객을 무력으로 비행기에서 끌어내리려다 부상을 입혀 논란을 일으켰다. 특히 끌려내린 고객이 중국계 미국인으로 인종차별이 있었다는 의혹과 고객을 내리게 하는 과정에서 승무원의 폭행이 있었다는 점에서 큰 이슈가 되었다. 기내에서 누구보다도 고객의 안전을 책임지고 서비스를 제공해야 하는 승무원이 오히려 고객에게 폭력을 행사하면서 이로 인해 유나이티드 항공은 브랜드 이미지에 큰 타격을 입었다.

8.4.3 외식서비스

국민 소득 수준 향상과 식생활의 다양한 변화에 따라 외식서비스산업은 급성장하는 추세를 보이고 있다 외식서비스산업은 음식의 품질에만 의존하던 과거에서 벗어나 차별화되고 경쟁력 있는 서비스를 제공하는 움직임이 증가하고 있다. 음식의 질, 청결도, 기본 접객서비스뿐만 아니라 고객 한 명 한 명에게 세심한 배려를 제공하는 고객 지향적인 서비스가 외식산업 성장의 중요 요인이다.

예기치 않았던 서비스를 받았을 때의 감동

지연은 친구의 생일을 축하하기 위해 친구들과 함께 한 레스토랑에서 식사를 하기로 하였다. 기분 좋은 생일파티를 위해 미리 예약을 해둔 덕분에 파티 당일, 지연과 친구들은 즐겁게 식사를 하고 있었다. 그런데 식사가 끝날 무렵 레스토랑 직원이 디저트를 가져다주었다. 지연 일행은 레스토랑 직원에게 디저트를 주문한 적이 없다고 이야기했다. 그러자 레스토랑 직원은 "제가 음식을 서빙하던 중 우연히 손님 중 한 분이 생일인 것을 알게 되었습니다. 개인적인 이야기를 듣게 되어 기분이 상하셨다면 죄송합니다. 하지만 저희 주방장님께 생일인 손님이 있다고 말씀드렸더니 주방장님께서 직접 새로운 디저트를 서비스로 만들어주셨습니다. 이 디저트 드시고 기분 좋은 생일을 즐기시기 바랍니다."라고 답하였다. 직원의 세심하고도 예기치 않은 서비스에 일행은 크게 감동하였다.

8.4.4 금융서비스

금융기관의 서비스는 매우 다양하다. 무인점포가 늘어가는 상황에서 은행들은 차별화된 서비스를 제공하기 위하여 다양한 금융상품과 서비스를 개발하고 있다. 특히 은행과 고객의 관계는 일회성으로 끝나는 것이 아니라 지속적으로 이루어지므로, 은행에서는 고객과 장기적인 관계를 유지하기 위하여 금융 외의 서비스를 제공하며 단골고객관리에도 집중하여야 한다.

그 중에서도 프라이빗 뱅킹(private banking: PB) 서비스는 고액의 예금을 기탁하거나 은행에게 큰 수익을 가져다주는 VIP 고객에게 개별적이고도 차별화된 서비스를 제공하고 있다. PB 담당자는 금융에 관한 해박한 지식뿐만 아니라 세무, 부동산, 법률 등에 관한 지식을 가지고 고객의 비즈니스 파트너가 될 수 있어야 한다. 최고의 고객서비스를 제공하기 위하여 예술, 와인, 럭셔리 마케팅 등의 강의를 수강하는 프라이빗 뱅커도 있다고 한다. 고액을 맡기는 고객뿐만 아니라 작은 서비스를 꾸준히 이용하는 일반 고객들에게도 보다 나은 서비스의 제공을 통하여 고정고객으로 확보하는 것이 중요하다.

"안녕하십니까. 께몬아첸. 하무 위머 사뚜딱. 니하오 환잉꽝린. 아빠 까바르. 씬 짜오. 나이스 투 미츄. 오친 쁘리야뜨 너. 쏙섭하이. 싸와디캅. 나마스떼."

매일 아침을 9개국 언어로 인사하며 하루를 시작하는 사람들이 있다. 바로 우리은행 원곡동 외환송금센터의 직원들이다. 이 지점은 입점 4년 만에 고객 3만여 명을 넘겼고, 외환 점유비율이 근처 지역 내 1위를 선점하고 있다. 원곡동 외환송금센터가 타 지점과의 경쟁에서 우위를 차지할 수 있었던 이유는 외국인 근로자들 입장에서 서비스를 하기 때문이다. 이 센터는 일요일에도 문을 열어 외국인 근로자들의 편의를 도와주고 있다. 보험사와 협업하여 외국인 근로자들이 퇴직금을 받을 수 있는 절차를 마련하고, 귀국할 때 국민연금을 받을 수 있는 다리 역할을 하고 있다. 또한 활발한 SNS활동으로 외국인 고객들의 금융 업무뿐만 아니라 일상생활에서의 문제점, 애로사항을 돕고 있다. 이 밖에도 금융권 최초로 무슬라 기도실을 운영하며 외국인 고객에게 특화된 점포를 운영하는 등 다양한 서비스를 제공하고 있다. 은행서비스에 한 번, 친절함에 또 다시 감동받은 고객이 다른 고객을 데려와 2배 이상 성장하고 있다.

8.4.5 유통서비스

유통서비스 중 우리 생활과 가장 밀접해 있는 서비스는 택배서비스 일 것이다. 택배서비스는 주로 트럭을 이용하여 소형 화물을 제공하는 운송 서비스로 상품을 보내는 사람으로부터 받는 사람에게까지 안전하게 배송해주는 편리한 서비스이다. 국내 전자상거래가 활발하게 이루어지면서 배송을 하는 택배서비스에 대한 고객의 욕구가 점차 복잡하게 세분화되고 있다. 택배서비스가 고객에게 편리함을 제공하는 반면 분실, 파손, 도난 등의 문제가 발생하기가 쉽고, 택배기사의 불친절한 태도는 고객들의 서비스 불만요소로 대두되고 있다.

경쟁이 심화되면서 택배서비스 및 전자상거래기업들은 다른 회사와 차별화되면서도 빠르고 정확한 서비스를 제공하기 위해 다양한 노력을 기울이고 있다(예: 쿠팡의 '로켓배송', 티몬의 '슈퍼마트', 위메프의 '지금가요' 등). 그러나 택배서비스업계의 경쟁이 심화되면서 택배기사의 임금에 비하여 과로한 업무가 부과되면서 근로의 질이 매우 떨어지고 있는 것이 현실이다.

가족 같은 택배기사

CJ대한통운은 고객의 택배기사 칭찬 사례들을 모아 매월 택배기사들에게 공유하고 소정의 상품을 시상하는 '센스쟁이 택배기사'제도를 운영하고 있다. 이 제도는 택배기사의 친절서비스 실천 사례를 직원들과 공유하면서 고객만족서비스를 활성화하기 위하여 2013년부터 시행했다.

대표적인 사례로는 한 CJ 대한통운 택배기사가 혼자 거주하는 할머니에게 TV를 배송하면서 설치가 어려운 할머니를 대신해 직접 TV를 설치하고, 손자에게 당부의 쪽지를 남기는 고객감동서비스를 제공하였다. 이 밖에도 부재중인 고객의 요청으로 집안의 가스불을 대신 꺼줘 화재를 막은 사례, 거동이 불편한 노인이나 임산부에게 배송된 무거운 제품을 집 안까지 들어

다주는 사례 등 매우 다양한 사례들을 직원들이 함께 공유하고 있다. 이러한 사례들은 직원들의 동기부여에 큰 역할을 하고 있다는 평가를 받고 있다.

8.4.6 판매서비스

판매하는 직원, 즉 세일즈직원은 단순히 상품을 팔고 계산을 도와주는 역할만 하는 것이 아니라 고객에게 행복한 구매 경험을 통한 만족을 줄 수 있어야 한다. 그러기 위해서는 우선 자신이 판매하는 상품에 대한 완벽한 상품 지식이 필요하다. 럭셔리 가방을 판매하는 직원이라면 자사의 브랜드 라인, 가죽의 종류와 특성, 타 럭셔리 브랜드의 최신상품, 최근 패션스타일의 동향 등 다양한 지식을 가지고 고객의 특성에 맞는 제품을 추천할 수 있어야 한다. 그러나 구매자가 원하는 기능이나 예산을 고려하지 않고 자신의 구매실적을 올릴 수 있는 고가의 상품을 의도적으로 고객에게 추천하는 것은 바람직하지 않다.

미국의 노드스트롬 백화점의 사례

'*The Nordstrom Way to Customer Service*'라는 책이 있을 정도로 노드스트롬 백화점은 고객서비스로 유명한 회사이다. 이 백화점의 고객만족도는 매우 높다. 그 비결은 프로페셔널하고 친절한 직원들이 고객들이 편안하게 쇼핑할 수 있도록 세심한 주의를 기울이는 데에 있다. 예를 들면 이 백화점에서 특정 상품이나 가게의 위치를 물으면 직원이 그곳까지 동행해서 데려다주고, 고객을 계산대에서 오래 기다리게 하지 않는다. 그리고 백화점은 고객에게 주도적으로 최상의 서비스를 제공할 수 있도록 직원들에게 충분한 재량권을 준다. 직원들은 단골고객에게 세일이나 신상품정보를 이메일로 보내기도 하고 매출을 많이 올려준 고객에게는 손으로 쓴 감사카드를 보내기도 한다.

고객들은 노드스트롬이 없는 지역으로 이사를 해도 백화점과의 관계를 끊지 않을 정도로 충성도가 높다. 이 백화점의 고객인 델타항공의 전 회장 제리 그린스타인은 "내가 살던 도시에 노드스트롬이 없어서 노드스트롬 매장이 있는 도시에 머무를 때만 쇼핑을 했다."고 말할 정도이다. 이와 같은 고객만족을 위해서 기업은 수익보다 고객의 이익과 만족을 중요하게 여길 수 있어야 한다.

8.4.7 의료서비스

의료서비스의 수요자가 점점 증가하면서 병원에서는 공급자 중심으로 제공했던 의료서비스를 수요자, 즉 환자 중심의 서비스로 변화하며 환자의 안전, 권리, 의료서비스 질의 중요성이 강조되고 있다. 환자는 상대적으로 의학 지식이 부족하기 때문에 병원에서 받은 진료가 적절한지를 객관적으로 판단하기가 어렵고, 병원이라는 낯선 환경에서 불안감을 느끼게 된다. 최근 종합병원을 비롯하여 많은 병원들은 이런 고객의 불안감을 낮추고 병원의 의료서비스에 대한 고객만족을 높이기 위해 환자를 배려하고, 환자의 진료 경험을 더욱 가치 있게 만드는 서비스를 제공하기 위해 노력하고 있다.

다음은 세브란스 병원의 서비스 품질을 높이려는 노력의 예시이다. 특히 사고 발생 시를 대비한 재난 모의훈련을 정기적으로 실시하여 2018년 실제 큰 화제가 발생하였으나 한 명의 사망자도 발생하지 않았다.

세브란스 병원의 5가지 차별화된 서비스

① 세심한 배려

택시기사 무료 음료서비스, 아침조회 직원 격려 프로젝트, 계약직 간호자 격려프로그램, 우수직원 칭찬 등 내부 고객인 직원을 위한 배려활동과 휠체어 환자 전용 자리 마련, 엘리베이터 내 환자용 의자 설치, 수화전문 통역사, 설명 간호사 운영 등 환자들의 불편함을 해소하기 위한 서비스를 제공한다.

② 환자를 위한 문화

보다 체계적인 환자 안전시스템과 문화 조성을 위하여 각종 TFT를 운영하고, 안전사고 예방과 사고 발생 시 적극적인 대처를 위한 재난 모의 훈련을 정기적으로 실시하고 있다. 또한 다학제 진료 활성화를 통해 환자 중심의 진료시스템을 개편하여 진료시스템을 업그레이드하였다.

③ 환자 경험은 가치

"환자의 진료 경험을 더욱 가치 있게"라는 캐치프레이즈를 마련하며 직원들에게 CS 교육을 실시하고, 수술실 현황 모니터 설치 등 환자의 진료 경험을 개선시키기 위한 서비스를 제공하고 있다.

④ 환경개선

병원 구석구석 환자들이 좀 더 편리하게 지낼 수 있도록 라운지를 만들거나, 환자 침대를 전동식 침대로 교체, 주차장 환경 조성 등 환자 중심으로 공간을 재디자인하였다.

⑤ 체감 대기시간관리

환자와 보호자의 체감 대기시간을 감축시키기 위하여 진료 지연 시 '사과 캠페인'을 진행하고, 대기 중인 고객에게 직접 찾아가 음료서비스를 제공한다.

8.5 감정노동

친절한 서비스의 이면에는 서비스직에 종사하는 많은 근로자들의 감정노동의 희생이 존재한다. 이러한 감정노동(emotional labor) 개념을 처음으로 제시한 미국 캘리포니아 주립대 사회학 교수 앨리 러셀 혹실드(Alie Russell Hochschild)는 감정노동자를 "업무의 40% 이상을 고객을 응대할 때 자신의 감정을 감추는 근로자"라고 정의하였다. 그는 서비스 종사자들의 육체적 노동뿐만 아니라 감정노동이 우울증, 고혈압, 심혈관 질환, 약물중독 등의 원인이 된다고 증명하였다. 감정노동은 실제 자신이 느끼는 감정과는 무관하게 직무를 수행해야 하는 감정적 노동으로 말투나 몸짓, 표정 등 개인의 감정적 표현을 직무의 한 부분으로 연기하기 위하여 개인의 감정을 통제하고 억누르는 일을 수반하는 노동이라고 할 수 있다. 빅토르 위고는 일찍이 부자들의 낙원은 가난한 자들의 지옥으로 채워진 것이다라고 간파하였다.

2017년 국내 대기업 콜센터에서 상담사로 근무하던 여고생이 자살한 사건이 일어났다. 어린 학생이 스스로 목숨을 끊도록 만든 원인은 평소 직장에서의 감정노동과 실적압박의 스트레스였다. 더 문제가 되는 것은 이 콜센터에서 직원이 스스로 죽음을 택한 사건이 처음이 아니었다는 것이다. 그 전에도 같은 회사에서 일하던 30대 근로자 역시 감정노동 스트레스로 자살했다.

이륙 준비 중이던 비행기 안에서 제공받은 땅콩을 문제 삼아 승무원을 비행기에서 내리게 한 '땅콩회항'사건, 대형 마트에서 근무하는 주차요원에게 무릎을 꿇리고 사과를 받아낸 모녀사건 등 감정노동에 시달리는 감정노동자들의 안타까운 일들을 자주 매스컴을 통해서 접하게 된다. 콜센터 직원, 백화점 직원, 승무원, 은행원, 음식점 종업원 고객을 직접 응대하는 서비스 종사자뿐만 아니라, 다른 직무 종사자들도 직장 안에서의 인간관계, 상하관계, 권력관계, 폭언 등으로 감정노동에 시달리고 있다.

웨이터 법칙(Waiter Rule)

미국 '*USA TODAY*'에서 소개한 '웨이터 법칙(waiter rule)'은 "식당 종업원을 함부로 대하는 사람과는 사업을 논하지 말라."는 의미이다. 미국의 한 CEO는 경력직 임원을 채용하기 위해 인터뷰를 진행하였다. 자신에게는 매우 상냥했던 지원자가 회사에서 테이블을 정리하는 직원에게 쌀쌀맞게 돌변한 태도를 보고 서둘러 인터뷰를 끝냈다. 물론 그 지원자는 면접에서 탈락하였다.

정반대의 사례도 있다. 미국 어느 대기업 CEO는 다른 중소기업 CEO와 사업계약을 위해 한 레스토랑의 테이블에서 미팅을 하고 있었다. 미팅 도중 웨이트리스가 실수로 상대방의 옷에 와인을 쏟아버렸다. 웨이트리스가 어쩔 줄 몰라 하자 그는 "마침 오늘 아침에 시간이 없어 샤워를 못했는데 잘 됐다."며 농담을 하고 안심시켰다. 그 날 미팅에서 많은 난관이 예상되었지만 대기업 회장은 중소기업이지만 상대 CEO가 함께 사업할 만한 인품을 가졌다고 평가하고 계약을 성사시켰다.

이러한 감정노동의 폐해를 제거하기 위해서는 기업의 제도와 사람들의 인식의 변화가 필수적이다. 기업에서는 감정노동 피해를 줄일 수 있는 제도를 도입하거나 교육을 실시하고, 정신적 · 육체적 스트레스를 받고 있는 서비스 종사자들의 인권보호에 앞장서야 한다. 몇몇 기업에서는 감정노동에 시달리는 직원들을 위한 상담프로그램 및 상담치료를 진행하고, 근무시간 내에 적절한 휴식시간을 보장하는 제도를 시행하고 있다.

서비스를 구매하는 고객은 '고객은 왕이다'처럼 무조건적인 대접을 받으려는 생각을 버리고 고객 역시 서비스 종사자에게 친절하고, 매너 있게 행동할 수 있어야 한다. 서비스 종사자 스스로도 스트레스를 극복하기 위한 노력이 필요하다. 감정노동 수행 시 자신이 느끼는 감정을 객관적으로 바라보고, 자신만의 스트레스를 해소할 수 있는 취미생활을 찾아보는 것부터 시작해볼 수 있다. 또한 다른 사람들과의 대화를 통해 어떻게 감정노동으로부터 받는 스트레스, 우울감을 해소하는지 서로의 경험을 공유하는 것도 좋은 방법이다.

학습문제

1. 대표적인 서비스산업들을 열거해보자.
2. 고객감동서비스 사례를 찾아보고 공통점이 무엇인지 토론해보자.
3. 감정노동으로 고통받는 근로자의 사례를 인터넷을 통하여 검색해보자.

참고문헌

김기홍(2013. 5. 13). "업무 만족 못하는 金대리를 어찌하오리까." 조선일보.

김현정, 김수욱(2012). "의료서비스 품질 평가가 고객 충성도에 미치는 영향에 관한 연구." 한국생산관리학회지, 23, 419-440.

론 젬키, 크리스턴 앤더슨(2011). 서비스달인의 비밀노트 1, 실전편. 세종서적.

박용석, 박영렬(2014). "복합리조트사업의 창조적 경제효과에 대한 분석." 동서연구, 26(1), 117-148.

송장근, 김태룡(2012). "택배산업의 서비스품질 성과형성 모델." 유통과학연구, 10, 37-45.

이강(2004). "SERVQUAL 모형의 활용실태 및 개선방안." 한국사회와 행정연구, 15(1), 449-470.

이관춘(2016). NCS 직업기초능력 직업윤리. 학지사.

이병훈(2006). "서비스산업의 노동체제와 노동자태도." 한국사회학, 40(4), 98-131.

이주형(2009). "항공사 산업에 있어서 서비스 회복과 만족과의 관계 연구." 서비스산업연구, 6(2), 101-123.

이준재, 허윤정(2009). 서비스 프로듀서의 고객감동 서비스 & 매너 연출. 대왕사.

임용택, 동오(2007). "금융기관 서비스품질과 고객만족에 관한 연구." 산업경제연구, 20(6), 2485-2508.

주기중, 안봉근(2012). "서비스품질 요인들 간의 구조적 관계분석." 경영교육연구, 27(5), 285-303.

최정아(2010). 최정아의 서비스 동화. 마들.

Grönroos, C.(1984). "A service quality model and its marketing implications." *European Journal of Marketing*, 18(4), 36-44.

Parasuraman, A., Zeithaml, V. & Berry, L.(1984). "A conceptual model of service quality and its implications for future research." *The Journal of Marketing*, 49(4), 41-50.

Part 4

기업윤리

Chapter 9

기업윤리와 경영성과

학습목표

- 기업윤리에 대해 설명할 수 있다.
- 기업윤리의 경영성과에 대해 설명할 수 있다.
- 환경경영, 평등고용, 제품품질책임에 대해 설명할 수 있다.

기업이 경영활동을 할 때 지켜야 할 기업윤리에 대해 알아보자. 기업윤리의 일반적인 의미와 배경 그리고 기업이 윤리적이어야 하는 이유에 대해 살펴보자. 또한 기업의 이기적인 수익 증가가 아닌 사회의 일원으로서 책임져야 하는 부분과 기업경영을 하면서 겪게 되는 윤리적 문제들, 그리고 글로벌 시대의 기업윤리에 대하여 살펴보자.

9.1 기업윤리의 정의

9.1.1 기업윤리의 정의와 배경

기업윤리(business ethics)란 기업이 다양한 경영활동을 공정하고 정의롭게 수행할 수 있도록 안내해주는 지침이며, 기업이 지속적으로 발전하기 위해 마땅히 지켜야 하는 도리 또는 규범이다. 바움하트(R. C. Baumhart)는 기업윤리를 "주주, 근로자, 경쟁회사, 고객 등 다양한 이해관계자집단과 밀접하게 연관되어 있는 기업의 의사결정의 옳고 그름 혹은 선하고 악함에 관련된 문제이며, 의사결정과정과 그 결과에 관련된 것"이라고 정의하였다. 또한 도날드슨(T. Donaldson)은 "기업이 부담해야 하는 도덕적 책임이자 기업의 도덕적 행위를 위한 최소한의 기준"이라고 하였다. 즉 기업윤리는 기업이 사회 안에서 기본적으로 취해야 하는 행동이자 사회가 받아들일 수 있는 최소한의 행동지침이다.

윤리적 기업행위를 구체적으로 살펴보면, 사회의 도덕적 가치를 어기지 않고, 비도덕적인 직원이나 경쟁자로부터 자신의 기업을 보호하는 것이다. 또한 경영자의 부당한 행위로부터 구성원들을 보호하고, 구성원들로 하여금 스스로 윤리적 믿음에 따라 행동하는 것이라고 할 수 있다.

기업의 비윤리적 행동에 대중이 관심을 가지게 된 계기는 대기업의 비윤리적 행동과 관련된 이슈들이 매체를 통해 일반 대중에게 널리 알려진

이후부터이다. 경영진이 저지른 비행이 사회는 물론 기업 자체에게도 막대한 피해를 줄 수 있다는 것을 인식했으며, 경영자는 물론 일반 대중들도 경영자의 윤리적 의사결정이 매우 중요하다는 것을 알게 되었다.

이러한 흐름과 함께 국제사회에서는 WTO, OECD 등을 중심으로 윤리라운드(Ethics Round)를 만들면서 비윤리적인 기업의 제품이나 서비스의 국제시장 진입을 규제하는 움직임도 활발해지고 있다. OECD에서는 1992년 2월에 외국 공무원 뇌물방지협약을 발효하였고, 2000년에는 국제 공통의 기업윤리강령을 발표하며 윤리경영을 중요한 국제거래기준으로 삼고 있다. 또한 2010년 국제표준화기구(International Organization for Standardization: ISO)에서 '사회적 책임 국제표준(ISO26000)'을 제정, 발표하여 참가국가의 기업을 비롯한 단체들이 사회적 책임을 갖고 윤리적으로 경영할 것을 권고하고 있다.

윤리라운드
윤리적 행위를 기업경영활동에 적용하려는 국제적 시도로서 경제활동의 윤리적 환경과 조건을 세계 각국 공통으로 표준화하는 움직임

우리나라에서는 1999년 2월에 전경련(전국경제인연합회)이 기업윤리강령을 발표함으로써 본격적인 윤리경영 시대가 시작되었다. 재정경제부의 '준법감시인제도', 공정거래위원회의 '공정거래 자율준수규범' 등의 제도를 통하여 국내 기업의 윤리경영을 유도하고 있다.

9.1.2 기업윤리의 발달 단계

라이덴바흐(R. E. Reidenbach)와 로빈(D. P. Robin)은 기업의 윤리적 발달 단계를 [그림 9-1]과 같이 5단계로 나누어 설명하였다.

제1단계는 무도덕 단계(amoral stage)로 기업이 소유주와 경영자들만 중요한 이해관계자라고 생각하며, 대가를 치르더라도 오로지 기업의 이익만 극대화시키면 상관없다고 생각하는 단계이다.

제2단계는 준법 단계(legalistic stage)로 기업이 최소한의 법규를 지키려고 노력하는 단계이다. 기업은 위법만 아니라면 비윤리적이지 않다고 인식하고 법규만 지킬 뿐 그 이상으로 적극적인 윤리적 행동을 고려

■ **그림 9-1** 기업의 윤리적 발달 단계

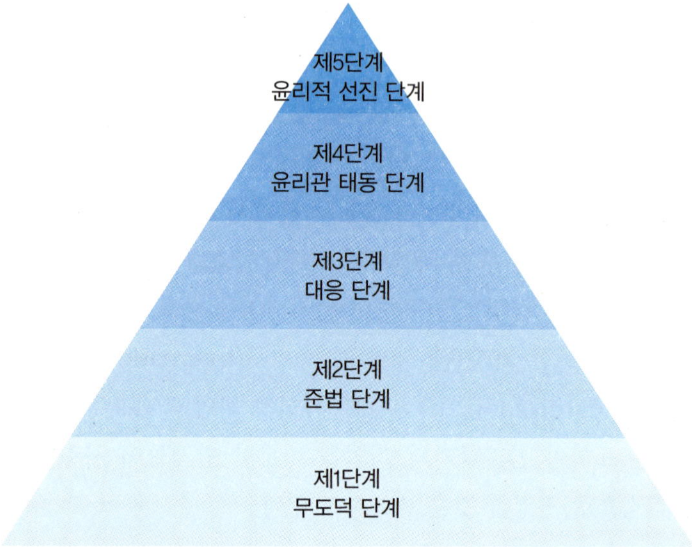

하지 않는다.

제3단계는 대응 단계(responsive stage)로 기업이 윤리문제를 진지하게 생각하기 시작하는 단계이다. 기업의 사회적 책임을 다하는 것이 기업에 이익이 된다는 것을 인식하고 지역사회에 봉사하며 대외적으로 홍보활동을 통해 대중에게 기업의 긍정적인 이미지를 심어주기 위해 윤리경영을 실천한다.

제4단계는 윤리관 태동 단계(emerging ethical stage)로 윤리와 이익의 균형을 유지하는 단계이다. 기업은 신조와 목적, 비전을 규정할 때 윤리를 반영하고, 윤리강령을 발표하며 윤리위원회 등을 조직화한다.

제5단계 윤리적 선진 단계(development ethical stage)는 가장 높은 단계로, 기업이 명확한 윤리의식과 윤리관을 가지고 있는 단계이다. 기업은 윤리원칙에 의해 행동하고 이익보다는 윤리를 판단기준으로 문제해결을 하고자 노력한다.

9.1.3 기업의 부정부패

1) 기업의 부패 원인

기업의 부패 원인은 크게 두 가지로 나눌 수 있다. 첫째, 정경유착의 고리이다. 정부가 바뀔 때마다 대기업들은 숨을 죽이게 된다. 기업은 정부기관으로부터 특혜를 받거나 특정 상황에서 부과되는 비용을 줄이려는 목적으로 뇌물을 제공한다. 뇌물을 받은 공직자는 기업에게 정부조달 입찰자격의 특혜를 주거나, 정부의 규제 대상에서 제외시켜주는 등의 혜택을 제공한다. 이 고리가 빨리 끊겨야 할 것이다.

둘째, 기업이 사적인 이익을 추구하기 때문이다. 기업의 사적인 이익, 그리고 기업에 근무하고 있는 구성원의 사적인 이익을 위해 거래처로부터 리베이트를 받거나 내부자 거래, 내부정보 이용 및 유출, 직무유기, 직권남용, 그리고 배임과 횡령 등과 같은 불법행위를 하게 된다. 보통 기업의 내부통제체제가 허술해지거나 직원이 자신의 미래에 대한 불안감이 강해질 때 주로 이런 문제가 발생한다.

기업이 비윤리적인 경영활동을 하거나 구성원이 부패행위를 하게 되면 그에 대한 피해는 일반 국민이나 소비자들이 받게 된다. 공직자와 관련된 뇌물비용의 경우 국가 재정을 낭비하게 되고, 조세부담이 증가하는 등 국민이 피해를 입고, 정부의 능률적이지 못한 행정능력과 기업의 경쟁력이 약화되거나 부실공사 등에 따른 피해 또한 고스란히 일반 시민에게 돌아가게 된다. 또한 기업과 기업, 개인과 개인 사이에서 일어나는 부정부패의 경우 소비자가 추가적인 비용을 부담하게 된다.

2) 기업 부패의 특징

기업 부패의 특징은 어떤 이익을 목적으로 했는지에 따라 개인적 이익을 목적으로 한 부패행위와 기업의 이익을 목적으로 한 부패행위로 나눌 수 있다. 업무상 배임 및 횡령과 같은 직간접적인 절도행위는 개인적 이익을 목적으로 한 부패행위이다. 보통 “다른 사람들도 하고 있고, 걸리지 않으면 그만”이라는 생각으로 저지르기 때문에 범죄의식이 희박한 편이다. 이에 미국과 같은 선진국에서는 화이트칼라의 범죄를 무겁게 다루고 있다. 한편 임직원들이 주도적으로 공직자에 대한 부정행위에 가담하여, 조직범죄(organizational crime)의 성격을 띨 때 기업의 이익을 목적으로 한 부패행위라고 볼 수 있다. 기업의 이익을 위해 불가피하다는 입장을 내세우며 대부분 드러나지 않는 경우가 많다.

9.2 기업윤리와 경영성과

윤리적 기업이 비윤리적인 기업보다 경영성과가 더 좋을까라는 의문을 갖게 된다. 뇌물수수와 분식회계 등의 사건으로 전 세계적 파문을 일으켰던 미국의 엔론(Enron)사는 결국 파산하였고, 자동차 부품 및 엔진 결함의 은폐 의혹을 일으킨 일본의 도요타 자동차(Toyota Motors)는 제품에 대한 신뢰도가 하락함은 물론 기업 이미지에도 큰 타격을 입게 되었다. 2008년 미국 월가의 대표적인 투자은행인 리먼 브라더스(Lehman Brothers Inc.)가 채무자들의 상환능력을 고려하지 않고 돈을 빌려주면서 결국 파산하게 되었고 전 세계적인 금융위기를 초래하였다. 이 사례들은 기업이 비윤리적인 경영활동을 했을 때 어떤 결과를 가져오는지 잘 보여주고 있다.

반면 윤리경영을 실천하는 기업은 고객으로부터 신뢰를 얻고, 기업의 성과도 계속 상승한다. 기업이 윤리적인 경영활동을 할 때 얻을 수 있는 성과는 다음과 같다. 첫째, 대외적인 기업이미지를 향상시키고, 브랜드 가치를 높일 수 있다. 둘째, 주주와 국내 투자자들뿐만 아니라 외국인 투자자들로부터 신뢰를 얻게 된다. 셋째, 노사 간 신뢰가 형성되면서 바람직한 노사문화를 만든다. 넷째, 종업원의 주인의식과 애사심을 끌어내어 생산성과 품질향상을 가져온다. 다섯째, 국내외 경영환경의 변화와 위험에 대비할 수 있다. 여섯째, 전반적인 기업경쟁력을 높이게 한다. 윤리경영을 할수록 기업의 투명성을 확보하고 경영성과가 향상되어 기업의 가치를 높일 수 있다.

9.2.1 기업윤리의 재무적 성과

기업이 윤리적으로 의사결정을 하고 경영활동을 할 때 더 큰 재무적 성과로 이어질까? 많은 연구들을 통해 기업이 윤리적 관점에 따라 사회적 책임을 수행하기 위해 비용을 투자할수록 종업원들의 사기와 생산성이 향상되고, 이는 기업의 성과로도 이어지는 것으로 나타났다. 하지만 많은 기업들이 비윤리적인 경영활동을 펼치는 이유는 기업의 이익을 극대화하거나 독점하기 위해서이다. 또한 사회적 · 윤리적 책임을 강요하는 경우 기업이 오히려 불안정한 재무적 상황에 마주할 수 있다는 우려도 적지 않다. 그러나 기업의 재무적 성과 관점에서 보았을 때 기업경영의 건전성과 공정성이 높을수록 기업의 수익성과 자금 상환능력이 높아질 수 있다. 실제로 기업의 경제적 성과가 좋아질수록 여유자원 확보가 가능해지며, 이러한 여유자본을 기부하거나 환경보호 등 사회적 · 윤리적 영역에 더 많이 투자한다. 즉 이윤을 많이 창출하는 기업일수록 사회에 기부하는 금액이 다른 기업들보다 높다는 것을 보여준다.

미국에서 제일 부자인 빌 게이츠는 자녀들에게 재산의 극히 일부만 물려주겠다고 공언하였다. 그는 전에도 한 아이에게 1,000만 달러씩만 상속하겠다고 하였는데 이는 게이츠의 재산이 1,000억 달러, 즉 100조 이상인 것을 감안하면 매우 적은 액수이다.

게이츠는 그 전에도 아이들이 어렸을 때 용돈을 일주일에 1달러씩만 주고, 집안일을 할 때 용돈을 조금씩 더 준다고 하였다. 게이츠는 아이들 친구 대부분이 휴대폰을 가졌을 때 자신의 아이들에게는 휴대폰을 사주지 않았다고 한다. 그 이유는 갖고 싶은 물건을 손쉽게 가지게 되면 세상을 스스로 살아가야 한다는 것을 잊어버리기 쉽기 때문이라고 하였다.

9.2.2 기업윤리의 조직적 · 사회적 성과

기업이 사회적인 규범과 법규를 잘 지키고, 조직 구성원이 윤리의식을 가지고 업무를 수행할 때 기업과 구성원의 목표와 가치가 일치하게 된다. 이럴 때 기업과 구성원들 사이에서는 강한 신뢰와 애착이 생기고, 조직 구성원들은 기업의 성과를 위하여 더욱 적극적인 노력을 기울인다.

선진국에서는 기업의 경영성과를 평가할 때 재무적 측면과 사회적 측면을 함께 고려하여 재무보고로만 평가하는 한계를 보완하고 있다. 사회공헌과 환경, 그리고 인권 등 다양한 기준으로 평가했을 때 문제가 없는 기업을 진정한 우량기업이라고 본다. 기업의 사회적 책임을 평가하는 지수 중 가장 대표적인 것은 미국 다우존스가 1999년부터 발표하는 다우존스 지속가능성지수(DJSI)와 영국 파이낸셜타임스와 런던 증권거래소가 공동 설립한 지수 전문회사 FTSE에서 2001년부터 발표하는 'FTSE 4Good'지수이다. 최근 다우존스 지속가능성지수에 이름을 올린 우리나라 기업은 2017년 기준 삼성전기㈜, S-Oil㈜, 현대모비스㈜ 등 23개의 기업이다.

사회시스템 속에서 기업은 다양한 관계를 가지고 경영활동을 한다. 여러 이해관계자들에게 공정하고 건전한 보고시스템을 통해 기업의 경영정보를 공유하고, 기부행위나 환경보호투자의 투명성을 통해 사회적으로 기여해야 하는 책임을 지게 된다. 기업문화에 담긴 기업가치나 원칙(법적, 윤리적, 경제적, 재량적 책임에 대한 평가 활용) 등을 경영에 이용할 수 있다. 사회적 성과의 척도는 기업의 평판이라고 할 수 있다. 기업의 평판이란 기업이 경영활동을 할 때 이루어지는 수많은 의사결정과 실행과정, 그리고 결과에 의해 내부 및 외부 관찰자들에게 형성되는 일종의 이미지이다.

평판이 좋은 기업은 우수한 인재가 모여들고 조직 구성원들의 충성도와 생산성이 높아진다. 기업의 영향력이 크기 때문에 각종 계약을 할 때에도 유리한 입장에 설 수가 있다. 시장의 신뢰도가 높아질수록 기업가치가 상승하고, 제품과 서비스의 가격에 있어 경쟁우위를 확보할 수 있다. 또한 기업이 위기 상황에 닥쳤을 때 이를 극복할 수 있는 밑거름으로 작용하게 되는 등 다양한 측면에서 기업경영에 긍정적인 영향을 준다.

9.3 기업윤리와 환경

9.3.1 환경문제의 심각성

환경문제가 발생하게 된 원인은 매우 복잡하고 다양하지만, 그 중 가장 큰 원인은 급속한 경제성장을 위해 급속한 산업화, 도시화를 이끌어 온 국가와 기업의 환경문제를 도외시한 정책, 경영활동이라고 볼 수 있다. 특히 모든 문제를 기술이 있다면 해결할 수 있다는 잘못된 생각과 경제성장을 위해서 환경파괴를 어느 정도는 감수해야 한다는 생각들이 모든 자연환경보존에 대한 윤리의 기본을 무너뜨렸다.

실제로 1960년대만 하더라도 경제개발을 중시하던 시대였기 때문에 환경오염은 사회적인 문제로 보기보다는 산업발전의 부산물 정도로 여겨졌다. 당시의 환경문제에 대한 생각을 우리나라의 울산에 위치한 공업탑의 비문을 통해 알 수 있다. “제2차 산업의 우렁찬 건설의 수레소리가 동해를 진동하고 공업생산의 검은 연기가 대기 속에 뻗어 나가는 그 날

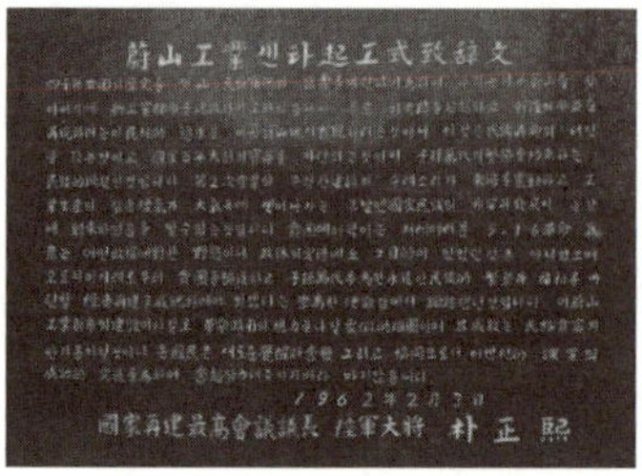

엔 국가민족의 희망과 발전이 눈앞에 도래하였음을 알 수 있는 것입니다."

산업발달로 인한 환경오염의 심각성은 1952년 런던에서 스모그현상이 일어나면서 알려졌다. 스모그현상이 1주일 넘게 지속되면서 런던 시민들은 호흡장애를 일으켰고, 3주 동안 약 4,000명이 사망하고, 이후 만성 폐질환으로 약 8,000명이 추가로 사망하였다. 최근에는 인도 뉴델리, 중국 북경 등 아시아 지역에서도 심각한 스모그현상을 쉽게 볼 수 있을 정도로 심각해졌다. 서울 역시 최근 몇 년간 미세먼지와 초미세먼지 농도가 높아지면서 대기오염의 문제가 심각하게 인식되고 있다.

2000년대에 들어와서는 국제적으로 환경오염의 심각성을 인지하면서 환경경영이 기업의 윤리경영의 일부로 자리잡았다. 기업활동으로 문제되는 대기, 수질, 토양, 중금속, 방사능오염, 소음, 진동 등 다양한 환경오염과 관련된 이슈들은 인류에게 신체적 장애, 정서적 불안, 신경성 질환, 유전자 변형 등 다양한 문제를 일으키고 있다. 선진국에서는 석탄, 석유를 대체할 수 있는 신재생에너지 개발에 힘쓰기 시작하였고, 탄소배출권 규제, 매연 저감장치 의무화 등 다양한 정책들을 통해 환경오염을 줄이기 위해 애쓰고 있다.

신재생에너지
기존의 화석연료를 변환시켜 이용하거나 햇빛, 물, 지열, 생물유기체 등을 포함하는 재생가능한 에너지를 변환시켜 이용하는 에너지

탄소배출권
지구온난화 유발 및 이를 가중시키는 온실가스를 배출할 수 있는 권리

9.3.2 국내 · 외 기업의 환경윤리 사례

환경경영이라는 용어는 최근 환경친화적 경영과 녹색경영이라는 용어로도 사용되고 있다. 환경경영의 개념은 크게 두 가지로 나눌 수 있다. 하나는 기업의 환경성과 개선방안을 위한 구체적인 방법과 기능을 중심으로 한 것이며, 또 다른 하나는 환경문제가 기업의 경영활동에 전반적으로 관련이 있다는 관점에서 기업의 경영전략적 차원에서 환경문제에

접근하고 해석하려는 움직임이다.

전 세계적으로 기업의 환경경영이 새로운 이슈로 대두되면서 국제표준화기구(ISO)에서 1996년 ISO 14000 시리즈의 환경경영시스템을 발효하였다. ISO 14000 시리즈에는 환경경영시스템, 환경감사, 환경표지, 환경영향평가, 제품 전 과정 평가, 관련 용어의 정의 등에 관하여 많은 표준규격을 포함하고 있다. 기업들은 ISO 14000 인증을 취득하면서 환경경영을 하고 있음을 인정받음은 물론, 자원낭비 절감으로 수익성이 증대하고, 환경사고를 예방하며 친환경기업이라는 이미지를 얻는 등의 효과를 얻고 있다.

기업의 환경윤리에 대한 대표적인 사례를 통해 기업경영과 환경이 얼마나 밀접한 관계에 있는지를 살펴보자.

1) 엑슨(Exxon)의 유조선 좌초로 인한 오일 유출 사건

1989년 3월 24일 알래스카 프린스윌리엄사운드(Prince William Sound)에서 캘리포니아로 출항하던 엑슨 발데스(Exxon Valdez)호가 좌초되면서 30,000톤 이상의 오일 유출이 발생하였다. 유출 사고가 일어난 해양 지역은 연어, 해달, 바닷새, 물범 등이 서식하는 중요 생태지로 어마어마한 오일의 유출로 인하여 1,750km의 해안선이 오염되었고 자연 생태계가 파괴되는 등 심각한 피해를 입게 되었다.

엑슨은 사고 후 즉시 기름 제거 작업을 시작하였지만, 중요한 장비들이 현장에 없거나, 수리 중 혹은 고장 중이어서 효과적으로 대응하지 못했다. 엑슨의 CEO는 신문에 전면 사과문을 게시하였지만 직접 알래스카를 방문하지 않는 등 진정성이 담긴 사과를 보이지 않았다는 비판을 받았다. 엑슨은 사고 후 피해 지역 청소와 소송 처리를 위해 20억 달러 가량의 자금을 투입하였고, 피해보상으로 10억 달러 이상을 지불하였다. 하지만 이미 유출 사고로 인해 기업의 이미지에 큰 타격을 입었고 약 4만 명 이상의 소비자들은 엑슨의 주유 신용카드를 파기하기 시작하였다. 이후 미국 연방대법원은 엑슨에 징벌적 손해배상으로 40억 달러를 부과하였다.

2) 세계 최악의 기업으로 선정된 '쉐브론'

그린피스(Green Peace)와 베른선언(Berne Declaration)이 주최하는 '퍼블릭 아이 어워드(Public Eye Award)'는 전 세계 기업들 중 세계 최악의 기업을 뽑는 시상식이다. 2015년에는 미국에서 세 번째로 큰 석유회사인 쉐브론이 이 상을 수상하였다. 그 이유는 다음과 같다.

2001년 쉐브론은 미국계 석유회사이자 아마존 환경파괴의 주범인 텍사코를 인수하였다. 텍사코는 1960년대부터 에콰도르 아마존 열대우림 지역에서 석유탐사를 하며 유전개발을 시작하였다.

유전개발과정에서 다량의 유독성 폐수와 원유가 주변 토양과 수질을 오염시켰고, 해당 지역에 거주하고 있던 원주민들은 암 발병, 피부질환, 기형아 출산 등 각종 신체적 피해는 물론, 삶의 터전을 잃어 어쩔 수 없이 이주하게 되었다.

점점 문제가 심각해지면서 결국 1993년에는 주민들과 텍사코 간의 법적 다툼이 시작되었고, 2001년 텍사코가 쉐브론에 인수합병되며 쉐브론은 텍사코의 환경파괴 책임을 떠안게 되었다. 2013년 에콰도르 법원은 쉐브론에게 피해 지역 주민들에게 공식 사과 명령과 함께 환경피해를 복구하는 비용으로 95억 달러를 배상하라는 판결을 내렸다. 하지만 쉐브론은 이 모든 판결이 부당하다고 주장하며 이행을 거부하고, 계속 법정 공방을 이어나가고 있다. 전 세계적으로 유명한 다국적기업의 환경파괴에 대한 소극적인 대처와 개발도상국을 상대로 행한 인권침해, 무책임한 행동은 세계 최악의 기업이라는 불명예를 안겨주었다.

3) 두산그룹의 페놀오염 사건

우리나라의 대표적인 수질오염 사건으로는 1991년 발생하였던 두산전자의 낙동강 페놀오염 사건이 있다. 페놀은 피부암과 생식 이상을 일으키는 유독물질로 오염된 강물이 정수장으로 흘러 들어가 많은 주민들이 고통을 겪었다. 뿐만 아니라 두산도 피해보상, 영업정지 그리고 소비자들의 불매운동으로 엄청난 손해를 입었다. 이 사건을 계기로 두산은 환경경영에 있어 선도적인 기업으로 거듭났다. 특히 두산건설의 경우 현장 개설부터 준공까지 총체적인 환경관리를 위해 자체 모니터링제도와 환경 경영방침시스템을 도입하여 운영하고 있다. ISO 14001 인증을 취득하여 최적의 환경 경영방침시스템을 구축하고 있으며, 공사 현장의 환경관리를 평가하거나, 환경관리자의 직무교육을 실시하고, 사회공헌 환경활동을 전개하는 등 다양한 환경경영을 실천하고 있다. 또한 두산중공업은 녹색경영체제를 갖추어 기후변화 및 폐기물을 녹색자원으로 명명하여 자원 재활용에도 힘쓰고 있다.

4) 러쉬(LUSH)의 환경경영 사례

영국의 화장품 브랜드 러쉬는 “환경, 동물, 사람이 조화로운 세상을 살아가야 한다”는 창업이념을 가지고 있다. 회사 설립 초기부터 환경보호와 동물실험 반대 등 다양한 캠페인에 참여하고, 동물보호, 환경보존, 인권보호에 대한 사회운동에도 적극적으로 개입하고 있다. 러쉬는 ‘그린 정책(Green Policy)’이라는 친환경경영을 실시하고 있다. 그린 정책의 예로는 제품 포장을 할 때 최소한의 포장만을 사용하고 포장을 해야 할 경우에도 90%는 재활용된 재료를 사용하고 있다. 그 외의 러쉬의 다양한 그린 정책은 다음 표와 같다.

| 표 9-1 | 러쉬의 그린 정책(Green Policy)

그린 정책	세부 내용
포장	• 제품의 절반 이상을 포장 없이 구매할 수 있을 만큼 최소한의 포장 사용 • 포장을 할 경우 재활용된 재료를 사용(현재 포장 재료의 90%는 재활용된 재료이며 10%는 연구 진행 중)
폐기 & 재활용	• 매장과 공장에서 실행가능한 재활용 계획을 연구 • 영국 공장에서의 모든 폐기물은 퇴비로 사용하고, 플라스틱은 영국 내에서 재활용되고 있음
운송	• 비행기 수송을 최소화하기 위해 원재료 중 비행기를 사용해야 하는 비율을 5% 미만으로 목표 설정 • 비행기 사용 감소로 이산화탄소 사용을 낮추기 위해 노력
원재료	• 인공성분을 전혀 사용하지 않고 자연 그대로의 재료를 사용 • 환경과 동물, 그리고 사람을 존중하는 공급자와만 거래

출처: 러쉬 홈페이지(http://www.lush.co.kr) 참조

환경친화적 기업경영제도

환경친화적 기업경영제도란 기업 스스로가 기업활동 전 과정에 대하여 환경경영 계획을 수립하도록 하는 제도이다. 매년 기업이 자발적으로 자재 구입 단계부터 오염물질 배출 단계까지의 전 경영과정에 대해 1년 동안의 환경목표를 수립하고 환경기업 지정을 신청할 경우 환경부에서는 수립목표를 기반으로 매년 말에 목표의 이행을 심사하여 환경친화적 기업으로 선정한다. 선정된 기업은 배출시설 설치를 허가받으며 자가측정 의무가 면제된다. 또한 오염절감 시설을 설치할 때 각종 세제와 융자혜택이 주어지며 환경부의 지도단속 대상에서 제외된다. 우리나라는 영국과 일본에 이어 세계에서 세 번째로 1995년 4월 17일부터 환경친화적 기업경영제도를 시행하고 있다.

출처: 시사상식사전, 박문각

9.4 기업윤리와 고용평등

기업윤리의 또 다른 이슈는 고용평등이다. 기업에서 구성원들을 얼마나 공정하게 채용하고, 다루고, 승진시키고, 평가하고, 해고하는지에 관한 절차이다. 기업에서는 채용에서부터 해고할 때까지 성별, 인종, 나이, 결혼여부, 국적 등 개인적인 조건이 아니라 일에 대한 능력, 자질에 근거해야 한다. 개인이 자신의 능력이 아니라 사생활문제, 성적 차별, 혹은 다른 이슈들로 인해 어떻게 불공평한 대우를 받는지, 기업에서는 어떻게 구성원들을 공정하게 대해야 하는지에 대해 알아보자.

9.4.1 채용과 임금

일부 공기업과 금융권에서 신입사원 채용과정에 있어 외부로부터의 인사청탁과 노동조합원 자녀 우대 채용 등의 비리가 밝혀져서 사회적으로 큰 논란이 되었다. 채용은 객관적인 평가기준에 의하여 공정한 절차에 따라서 진행되어야 하며 특정 지역이나 대학을 선호한다든가 하는 불합리한 기준이 있어서는 안 될 것이다.

임금은 노동자가 제공하는 노동력에 따라 적절하게 제공되어야 한다. 직종과 산업에 따라 임금의 차이는 있을 수 있지만 기업은 조직 구성원이 자신이 일한 만큼의 대가를 제공할 의무가 있다. 이런 노동환경의 사각지대에 놓여져 있는 사람들은 주로 아르바이트생과 외국인이다.

2018년 최저임금이 7,530원으로 적용되었음에도 많은 아르바이트생들은 더 낮은 임금을 받고 있는 것으로 나타났다. 이런 문제들을 해결하기 위해서는 기업에서 정규직 외 계약직이나 아르바이트생에 대한 차별을 줄이기 위해 노력하고 있다. 또한 아르바이트 노동자들도 자신의 정당한 권리에 대한 지식을 갖추어 공정한 대우를 받고 있는지 항상 관심을 가지고 살펴보아야 할 것이다.

9.4.2 결혼과 출산

한국은행이 2018년 3월 해외경제포커스에 발표한 '주요국의 여성 경제활동 참여 증가 배경 및 시사점' 보고서는 결혼과 출산으로 인해 일을 포기하는 여성의 비중이 20.5%로 경제협력개발기구(OECD) 국가 중 우리나라가 네 번째로 높다고 밝혔다. 우리나라보다 비중이 높은 곳은 터키(41.4%), 멕시코(34.9%), 칠레(21.2%)뿐이다. 전 세계적으로 여성 경제활동 참가는 지속적으로 증가하고 있지만, 이에 반해 우리나라 여성들의 경제활동 참여는 계속 줄어들고 있다. 30세 전후 결혼과 출산을 겪는 여성들이 직장생활을 하기에 환경이 열악하기 때문이다.

> 김은주 씨는 현재 국내 유명한 기업의 경영관리팀에서 근무하고 있는 3년차 대리이다. 작년 결혼을 한 김은주 씨는 몇 달 전 임신을 하게 된 것을 알게 되었고, 3개월의 출산휴가와 6개월의 육아휴직을 받고자 하였다. 그래서 경영관리팀 팀장에게 출산휴가에 대해 결재를 받았고, 팀장 및 다른 팀원들에게도 출산휴가 후 반드시 복귀하겠다고 이야기했다. 그녀의 팀장 역시 그녀의 자리를 비워두고, 휴가를 마친 후 돌아올 때까지 기다리겠다고 말했다. 그렇게 시간이 지나 출산휴가를 앞둔 어느 날, 팀장은 우연히 회사의 채용 사이트에 김은주 씨의 자리에 채용 공고가 올라온 것을 발견하였다. 그래서 즉시 채용 담당자에게 채용 공고건에 대해 묻자 담당자는 "그 자리는 곧 채용을 할 예정이에요. 그러니 김은주 씨에게는 이야기하지 말아주세요. 김은주 씨는 곧 출산휴가에 들어가게 될 것이고, 회사에 복귀하려면 9개월이나 남았습니다. 김은주 씨가 복귀한다면 또 다른 포지션이 있을 거에요."라고 답하였다.

위의 김은주 씨의 사례에서 김은주 씨는 출산휴가로 인해 차별이라는 결과를 얻었다.

출산전후휴가는 국내 「근로기준법」 제74조에서 보장하는 임신한 모든 근로자의 권리이다. 「또한 남녀고용평등법」 제2조에 따르면 사업주가 근로자에게 성별, 혼인, 가족 안에서의 지위, 임신 또는 출산 등의 사유로 합리적인 이유 없이 채용 또는 근로의 조건을 다르게 하거나 그 밖의 불리한 조치를 해서는 안 된다.

앞으로 여성 직장인들을 위한 보육지원제도가 확충되고, 기업에서는 육아휴직을 적극 권장하여 일 · 가정의 양립과 양성평등문화가 확산될 수 있도록 노력해야 할 것이다.

9.4.3 외국인 근로자

2011년 개봉된 영화 〈완득이〉는 우리나라의 다문화에 대해 이야기하고 있다. 주인공 완득이의 어머니는 베트남 사람이고, 완득이의 담임교사는 외국인 노동자의 처우 개선을 위해 노력하고 쉼터를 제공하는 사람으로 등장한다. 매체에 다문화 가정이 자주 등장할 만큼 우리나라에 거주하고 있는 외국인의 수는 점점 증가하고 있는 추세이다. 2017년 법무부의 조사에 따르면 국내에 체류하는 외국인이 200만 명을 넘었고, 전체 인구의 4%를 차지하는 것으로 나타났다. 외국인 근로자들은 주로 생산직에서 근무하지만 최근에는 사무직이나 서비스직에서도 그 숫자는 늘어나고 있는 중이다. 우리나라는 국내의 부족한 노동력을 채우기 위해 외국인 근로자들을 받아들였다. 하지만 언어, 피부색, 국적의 차이 등으로 외국인 근로자들은 현장에서 많은 차별을 받고 있다.

충청남도에서는 2016년, 외국인 근로자들을 대상으로 설문조사와 심층면담을 한 결과 직장 내에서 차별을 경험했다고 응답한 사람이 57.8%로 나타났다. 직장 외에서 차별을 경험했다고 응답한 사람들도 42.9%로 절반 가까이 되었다. 외국인 근로자들이 겪는 차별은 욕설, 문화적 차별 발언, 임금 차별 등이다.

이처럼 직장 안에서 일어나는 차별은 대부분 개인의 능력 부족이 아닌 다른 외적인 요소로 인해 발생한다. 차별은 법적인 문제를 넘어선 윤리적 문제라고 볼 수 있다. 왜냐하면 직장 내에서의 차별이 이루어지는 원인은 공정성이 결여되었기 때문이다. 기업에서는 경영활동에서뿐만 아니라 근로자를 채용하고, 유지하고, 해고하는 전반적인 인사과정에서도 공정하게 근로자들을 대우해야 할 것이다.

9.5 제품과 서비스의 품질

기업은 종종 위기에 직면한다. 대부분 기업이 마주하게 되는 위기는 앞서 언급한 환경, 고용평등 등의 문제뿐만 아니라 제품의 품질, 서비스에서도 올 수 있다. 중요한 것은 위기 상황에서 기업이 어떻게 대응전략을 구축하여 극복하느냐 하는 것이다. 품질은 기업의 중요한 경쟁 원천 중의 하나이다.

9.5.1 제품의 품질

제품을 생산하고 판매하는 제조업체는 고객들에게 안전한 제품을 공급하며 소비자가 다양한 선택을 할 수 있도록 하며 그들의 목소리에 귀 기울이고 신속한 서비스를 제공하는 것이 중요하다.

제품 생산 시 고려해야 할 요소는 다음과 같다.

① **디자인**: 상품과 서비스는 생산 관련 법규를 어겨서는 안 되며 안전하게 디자인되어야 한다. 소비자가 잘 못 사용할 가능성까지 고려하여 안전하게 디자인하도록 한다.

② **재료**: 가격에 적정한 재료를 쓰되 될 수 있으면 좋은 품질의 원자재를 확보하도록 노력하여야 한다. 예를 들면 목화 재배와 면사 생산

시에 몸에 나쁜 물질이 들어가지 않도록 유기농 면을 쓰는 의류 제조업체도 있다. 재료에 불가피하게 몸에 유해한 물질이 들어있을 때는 이를 반드시 표시해야 한다. 약품이나 식품의 경우 성분을 자세히 표기함으로써 약물 부작용이나 식품 알레르기를 막을 수 있다.

③ **불량률관리**: 제품생산 시 불량제품이 생기지 않도록 생산환경을 청결하게 유지하고 생산설비관리를 정기적으로 실시하여 불량률의 목표를 낮추도록 한다. 불량률 제로에 도전하는 기업들은 생산과정을 꼼꼼히 점검한다.

④ **품질관리**: 엄격한 품질관리기준을 도입하고 정기적인 품질검사를 통하여 관리를 한다.

⑤ **포장**: 완성품은 안전하게 포장하도록 한다. 제품 매뉴얼은 이해하기 쉽게 만들며 제품의 위해요소를 명시하고 라벨에는 취급 시 혹은 세탁 시 유의해야 할 사항을 반드시 표기한다. 포장 재질도 날카롭거나 아이들이 가지고 놀 때 질식의 위험이 있을 때는 반드시 이를 표기하도록 한다.

⑥ **리콜**: 제품에 하자가 있거나 불량이 있을 때는 반드시 리콜을 하여야 한다. 마트에 비치되어 있는 제품일 경우에는 타이레놀 사례에서 볼 수 있듯이 전량 수거해야 한다.

기업이 글로벌화될수록 제품은 세계 고객들에게 판매가 되면서 품질에 문제가 있을 경우 겪게 되는 위기와 대응은 기업의 존속에도 큰 영향을 미칠 수 있다.

자동차기업인 도요타는 1980년대부터 글로벌 자동차회사로 성장하면서 해외 생산량이 지속적으로 확대되고 있었다. 해외 생산량의 증가로 자동차 제조비용이 급격하게 증가하면서 도요타는 원가절감을 위해 제품개발기간을 단축하거나, 해외에서 부품을 구매하였다. 그러나 해외 생산이 급속하게 증가하면서 품질관리에 소홀해지게 되었고, 이는 결국 대량 리콜의 주원인이 되었다.

자동차 품질이 불량하면 교통사고로 이어지고 이는 곧 인명피해로 이어질 수밖에 없다. 그럼에도 불구하고 도요타는 생산량 확대에만 집중하고, 소비자의 안전문제에는 소홀히 한 결과 성능시험, 부품 조달, 생산, 판매, A/S 등 많은 부분에서 경영문제를 야기하였다. 2009년 급가속 문제로 미국에서 1,400만 대에 가까운 차량을 리콜해야 하는 품질 위기를 겪었다. 결국 도요타의 도요타 아키오 사장은 미국 상원, 하원 청문회에 불려가게 되었다. 도요타의 리콜 비용은 약 1,800억 엔(2.5조 원)이었고, 리콜로 인하여 시장 점유율 하락, 브랜드 가치 하락, 영업실적 하락, 그리고 소비자의 품질에 대한 신뢰를 잃어버렸다. 이후 도요타는 4년 연속 영업에서 적자를 보였다.

도요타는 리콜 사태의 가장 큰 문제를 도요타의 고속 성장과 함께 품질관리에 소홀했음을 인정하고 리더십, 경영전략, 신제품개발, 생산공정 등 다양한 부분에서 대응방법을 구축하였다. 그 중에서도 자동차 안전을 더욱 중시하기 위해 신제품개발 부분에 집중하였다. 신제품개발기간을 늘리고, 시뮬레이션 실험, 리콜로 문제가 되었던 긴급제동장치의 원인 규명을 파악하는 등 그동안 취약했던 문제들을 고쳐나가기 위해 다양한 노력을 하였다. 경영진은 품질과 경영을 지속적으로 안정시키기 위해 노력하였고, 2012년, 2013년에는 영업적자를 벗어나 다시 세계 최대 자동차기업으로 성장하였다. 도요타는 경영상 겪은 품질 위기에서 자신들의 잘못을 인정하고, 고객의 피해를 신속하게 대응하여 위기를 기회로 만든 대표적인 사례라고 볼 수 있다.

9.5.2 서비스의 품질

고객의 만족을 위하여 기업, 업체, 개인이 유·무형의 서비스를 제공하는 것이 서비스산업이다. 고객들은 다양한 요소에 의해서 서비스의 품질을 인식하거나 평가하게 된다. 제품을 생산하는 것은 아니지만 보건, 금융, 도·소매업, 방송통신, 스포츠·레저, 호텔·관광 등 노동력과 유형의 설비를 활용하여 고객의 필요와 욕구를 충족시키는 매우 다양한 분야의 서비스업이 존재한다.

서비스산업의 가장 큰 특징은 무형성, 즉 공산품과 달리 형태가 없다는 것이다. 고객이 서비스를 구매하기 전까지는 자신이 어떤 서비스를 제공받을 것인지 알 수 없기 때문에 불확실성이 매우 크다. 따라서 일관성 있고 신뢰할 만한 서비스를 제공할 수 있도록 매뉴얼이 잘 개발되어 있어야 한다. 그러나 매뉴얼에 따라 동일한 서비스를 제공하더라도 고객의 성격, 성향, 요구가 다양하고 서비스가 제공되는 환경이 늘 변하기 때문에 고객과의 커뮤니케이션과 상호작용을 통하여 최상의 서비스를 제공할 수 있어야 한다.

제품을 생산하는 기업과 마찬가지로 서비스를 제공하는 기업이 품질이나 다른 불미스러운 사건에 의하여 이미지와 평판에 손상을 입을 때 그 피해는 매우 크다고 할 수 있다. 오너가족의 땅콩회항 사건과 물컵 사건으로 유명해진 대한항공의 경우, 사건 이후 회사의 주가가 큰 폭으로 떨어지고 임직원의 사기도 매우 떨어졌다고 한다.

학습문제

1. 윤리적인 환경경영을 실천하고 있는 기업의 사례를 조사하여 설명해보자.
2. 평등고용을 실천하고 있는 기업의 사례를 조사하여 설명해보자.
3. 제품과 서비스의 품질이 우수한 사례를 조사하여 토론해보자.

참고문헌

부패방지위원회(2003). 일과 윤리: 대학생 · 신입사원용 부패방지 교육교재.

오근혜, 윤평구, 강승모(2012). "우리나라기업의 윤리경영이 기업가치 및 재무적 성과에 미치는 영향." 금융지식연구, 10(3), 3-28.

윤대혁, 류태모, 안춘복(2013). 글로벌시대의 윤리경영론. 탑북스.

이건희(2003). "기업윤리 대상수상 기업 연구논문: 교보생명보험의 윤리경영." 기업윤리연구, 6, 57-99.

충청남도(2016). 충남 이주노동자 인권 실태조사 연구용역 최종보고서.

한국은행(2018). "주요국의 여성 경제활동 참여 증가 배경 및 시사점," 해외경제포커스, 2018-5.

황말동(2000). "기업윤리성이 경영성과에 미치는 영향분석에 관한 연구." 지역산업연구, 22(1). 67-86.

현영석, 정규석(2014). "현대와 도요타의 품질위기와 극복." 한국품질경영학회보, 42(1), 91-110.

Reidenbach, R. E., & Robin, D. P.(1991). "A conceptual model of corporate moral development." *Journal of Business Ethics*, 10(4), 273-284.

두산그룹 http://www.doosanenc.com

시사상식사전. 박문각 http://www.pmg.co.kr

Dow Jones Sustainability Indices http://djsi.or.kr

Chapter 10

윤리적 리더십과 조직문화

학습목표

- 최고경영자의 윤리적 리더십의 중요성을 설명할 수 있다.
- 윤리적 조직문화의 특징을 설명할 수 있다.
- 조직원이 침묵하는 이유를 설명할 수 있다.

세계시장의 통합과 외부 환경의 다양한 변화에 따라 무한경쟁이 심화되면서 기업을 운영하는 최고경영자의 윤리적 리더십과 윤리적 가치관이 기업가치와 활동에 미치는 영향력이 증가하고 있다. 최고경영자의 일탈행동으로 인하여 주가가 급속히 떨어지는 사례도 자주 볼 수 있다. 또한 윤리적 리더십과 함께 조직의 윤리적 조직문화는 구성원의 윤리적 행동에 큰 영향을 미친다.

10.1 최고경영자의 윤리적 리더십

기업과 정부의 지도층에서 발생하는 회계 스캔들, 윤리적 스캔들이 이슈가 되면서 기업 최고경영자의 도덕성과 윤리경영이 매우 중요한 시대가 되었다. 경영자 스스로도 이제는 지역사회와 이해관계자를 고려하지 않은 일방적인 이윤 추구가 고객의 외면을 받을 수 있기 때문에 자신의 윤리성을 높이는 것이 기업의 경영성과에 긍정적인 영향을 미친다는 것을 인식하고 적극적인 자세를 보이고 있다. 과거와 달리 인터넷과 SNS의 발달로 인하여 기업의 최고경영자들은 대중의 직접적인 감시를 받고 있는 만큼 대기업뿐만 아니라 중견 및 중소기업에서도 고객과 지역사회로부터 신뢰받기 위해 경영진의 윤리적 리더십과 마인드를 키워야 할 필요가 있다.

10.1.1 윤리적 리더

최근 기업경영의 세계적인 흐름이 효율성에서 윤리성, 투명성, 신뢰성, 사회적 책임성 등으로 강조점이 변해가고 있다. 윤리적 리더십(ethical leadership)이란 다른 사람들의 권리와 존엄을 위하여 윤리적 신념과 가치를 바탕으로 행동하고 의사결정함으로써 사람들로 하여금 올바른 행동을 할 수 있도록 유도하는 것이다. 윤리적인 리더는 구성원들에게 공정성, 정직성, 배려 등과 같은 윤리적 행동을 실천하는 모델의 역할을 한다. 구성원들에게 윤리적 기준과 절차를 제시하고, 그에 따른 규제나 보상을 행사하여 조직 전체가 윤리적 원칙에 부합하는 선택을 하도록 유도한다. 성공적으로 윤리경영을 실천하는 기업들의 윤리 정책과 관행을 조사해보면 기업의 최고경영자가 윤리적 가치에 높은 관심을 가지고 있고, 윤리적 행동에 리더십을 발휘하며 스스로 모범을 보이고 있음을 알 수 있다.

조직 구성원들 모두가 기본적으로 윤리적인 책임을 가지고 있지만, 그 중에서도 최고경영자와 관리자들의 언행은 조직 구성원들에게 중요한 영향을 미칠 수 있기 때문에 더 큰 윤리적 책임을 져야 한다.

최고경영자가 윤리적인 행동을 하지 않아 조직에서 해고당하거나 법정에 구속되는 경우도 있다. 직접 분식회계를 지시하고, 금품을 주고받거나 횡령을 하는 등 다양한 비윤리적인 행위들이 자주 일어나고 있다. 이 경우 CEO 개인의 몰락에 머무르지 않고, 회사에도 지대한 영향을 미치게 된다. 다음의 사례들은 CEO의 비윤리적인 행동이 본인뿐만 아니라 기업에도 어떤 악영향을 미치는지를 보여준다.

미국 엔론(Enron)의 케네스 레이(Kenneth Lay)

엔론(Enron)은 천연가스 파이프라인을 만드는 회사에서 급속한 발전으로 미국의 7대 기업으로 성장하였다. 그런데 그 성장과정은 전부 CEO의 조작으로 이루어진 것으로 밝혀졌다. 2000년 엔론에서 발표한 기업의 매출액은 1,007억 달러로 한화 140조 원을 넘는 규모였다. 그러나 나중에 확인해보니 실제 매출액은 63억 달러, 한화 8조 8천억 원 정도밖에 되지 않았다. 기업의 매출 규모를 17배 정도 허위로 발표하면서 기업의 주식 또한 매우 빠르게 치솟았다. 이런 상황에서 당시 CEO였던 케네스 레이(Kenneth Lay)는 거짓으로 형성된 가격에 자신이 보유하고 있던 회사의 주식을 팔았고, 단기간에 11억 달러, 한화 약 1조 5천억 원의 부당이득을 챙겼다. 하지만 결국 엔론사의 부실경영이 드러나면서 엔론의 주식은 급격하게 떨어졌고, 엔론의 거짓정보를 믿고 주식을 구매했던 투자자들은 큰 피해를 입었다. 특히 엔론사의 직원들은 자신의 은퇴연금을 자신의 회사에 투자했기 때문에 더 큰 충격을 받을 수밖에 없었다. 이에 미국 정부는 미국 경제에 나쁜 영향을 끼칠 것이라는 것을 알면서도 비윤리적인 기업인 엔론을 파산시켜버렸다. 결국 CEO의 부도덕한 욕심 때문에 회사가 하루 아침에 사라지면서 엔론에 근무하고 있던 직원들은 갑자기 직장을 잃게 되었다.

월드컴(WorldCom)의 버나드 에버스(Bernard Ebbers)

월드컴(WorldCom)은 5만 4천명의 직원들이 근무하는 미국의 대형 IT기업이었다. 하지만 미국의 IT 거품이 꺼지기 시작한 2000년부터 실적이 나빠지자 당시 CEO였던 버나드 에버스와 CFO였던 스콧 설리번(Scott Sullivan)은 투자자들을 속이기로 하였다. 'Close－the－Gap'이라는 절차를 활용하여 수익을 인위적으로 부풀려 2001년 3분기 수익증가율을 실제 6%에서 12%로 부풀렸다. 이런 방식으로 미국 사상 가장 규모가 큰 110억 달러의 회계부정 스캔들을 일으켰다. 특히 미국 검찰에서 이 사건을 수사하는 과정에서 버나드 에버스는 회계 협의에 자신이 관련되어 있다는 것이 드러나지 않도록 치밀하게 준비를 했다는 사실이 드러났다. 또한 개인적인 빚을 갚기 위해 회사의 돈을 부정적으로 사용하였다.

이와 같은 회계 부정으로 CEO 버나드 에버스, 부사장 데이비드 마이어스(David Myers), CFO 스콧 설리번은 유죄판결을 받게 되었다. 또한 월드컴은 결국 2002년 법원에 파산보호를 신청했고, 기업은 무너지기 시작했다. 엔론과 마찬가지로 월드컴의 직원들 또한 자신들의 퇴직연금을 자사의 주식에 투자하고 있었고, 많은 일반 개인투자자들도 월드컴에 많은 금액을 투자하였기에 수많은 사람들이 재산을 잃고 말았다.

엔론, 월드컴에서 발생한 비리로 많은 직원들은 조직의 리더에 대한 신뢰를 잃게 되었다. 비윤리적인 리더들이 체포되고, 기업에 위기가 발생하면서 사람들은 기업의 CEO, 즉 최고경영자가 윤리적 리더십을 갖추고 있는지에 대해 늘 의심을 품었다. 비윤리적인 리더의 행동은 조직과 구성원들 사이의 신뢰를 깨버리는 것에서 그치는 것이 아니라, 많은 사람들은 일자리와 재산을 잃어버리게 된다. 그리고 이렇게 한 번 잃어버린 신뢰는 다시 회복하기가 매우 어렵다. 따라서 조직의 리더들은 항상 의사결정을 할 때 자신의 판단이 윤리적인지 심사숙고해야 한다.

비즈니스 윤리에서 자주 사용되는 용어로 뉴욕타임스법칙(New York Times Rule) 혹은 테스트라는 것이 있다. 이것은 현재 내가 하고자 하는 일이 내일 아침 뉴욕타임지 1면 기사로 올라도 괜찮은지 스스로 질문해보고 답이 'No'라고 한다면 그 행동을 하지 말라는 윤리원칙이다. 즉 윤리적 의사결정을 위해 다시 한 번 엄격한 잣대로 자신을 살펴보라는 원칙이다.

Me too 사건으로 인하여 신문 1면을 장식하는 기사들은 해당 사회 고위층들이 그 행동을 하기 전에 이 질문을 스스로에게 던져보았더라면 피할 수 있었던 일들이다. 사회가 개방화되고 인터넷의 위력이 커짐에 따라 이제는 내가 하는 행동이 뉴욕타임지가 아니라 인터넷 메인기사에 오르거나 SNS에 돌아다녀도 괜찮을 일인가를 자문해보아야 할 것이다. 아무도 모르리라, 세상에 밝혀지지 않으리라 생각하고 비밀스러운 장소에서 혹은 공공 장소에서 취한 부적절한 행동들이 여과 없이 때로는 확대 재생산되어 급속도로 SNS에 유통되는 세상이다.

사회적으로 수십 년 동안 자신의 커리어를 쌓아왔던 사회지도층 인사들이 부적절한 처신으로 인하여 하루아침에 바닥으로 추락하는 것을 보면 참으로 안타깝다. 여태 자신보다 상대적으로 지위가 낮거나 덜 가진 자들에게 '갑'의 위치를 누려왔던 사회고위층은 더욱 엄격한 윤리적 판단과 행동기준을 요구받고 있다. 특히 사회지도층이 외국에 나가서 비윤리적이거나 글로벌 매너에 어긋나는 행동을 할 때는 개인의 불미스러운 사건으로 그치지 아니하고 나라 망신을 시키기까지 한다.

10.1.2 윤리적 리더십의 5가지 원칙

윤리적 리더십은 기본적으로 존중, 봉사, 공정, 정직, 사회공동체 등의 다섯 가지 원칙들을 기초로 하고 있다(김용주, 2012).

1) 타인에 대한 존중의 원칙

칸트(Immanuel Kant)는 존경심을 가지고 다른 사람을 대하는 것이 인간의 의무라고 하였다. 또한 성경에서는 "네가 대접받고자 하는 대로 타인에게 대접하라."고 하였다. 윤리적 리더십에서 존중은 리더가 조직 구성원들의 의견을 적극적으로 경청하는 것을 의미하는데, 다른 사람들을 존중하는 리더는 구성원들이 창의적이고 열정적으로 일을 할 수 있게 한다. 윤리적 리더는 구성원들을 존중하는 마음을 보이고, 그리고 구성원들이 직장에서 자기계발을 할 수 있도록 기회를 제공하며, 그들이 일에서 보람을 느낄 수 있도록 적절한 업무를 배분해야 한다. 또한 직원들을 조직의 목표달성을 위한 도구, 부속품이 아니라 존엄성을 가진 개인으로 보아야 한다.

2) 타인에 대한 봉사의 원칙

봉사는 타인을 먼저 생각하는 따뜻한 마음에서 비롯된다. 기업이 어려운 환경의 사람들에게 헌신적으로 봉사하고 공헌할 때 고객이 기업을 신뢰하게 되고, 고객과 형성한 신뢰관계는 기업의 운명을 결정하는 중요한 요인이 된다.

3) 공정성과 정당성의 원칙

공정성과 정당성은 윤리적 판단의 가장 중요한 기준이다. 윤리적인 리더는 정당성과 공정성에 의해 의사결정을 해야 한다. 특별한 상황을 제외하고는 조직 내 구성원들을 평등하게 대우해야 하고, 만약 개인이 차별적인 대우를 받게 된다면 그에 대한 합리적이고 분명한 근거가 있어야 하고, 도덕적 가치에 기반을 두어야 한다.

4) 정직성의 원칙

인간관계에서 신뢰는 매우 중요한 요소이다. 기업은 조직의 이익창출을 목적으로 다양한 역할을 한 사람들이 모인 집단이기 때문에 무엇보다도 구성원들 사이의 신뢰가 기반이 되어야 한다. 기업의 최고경영자는 구성원들과 정직을 바탕으로 한 인간관계를 형성해야 한다. 물론 최고경영자가 기업의 경영활동을 위한 의사결정을 내릴 때 모든 정보를 공개하기 어려운 것이 현실이다. 기업의 중요한 정보들은 독점적이고 때로는 기밀을 유지해야 하기 때문이다. 그러나 윤리적으로 기업의 사업과 정책에 관한 정보들을 투명하고 정직하게 공개할 때 구성원과 고객으로부터 신뢰를 얻을 수 있을 것이다.

5) 공동이익 추구의 원칙

윤리적 리더는 조직 구성원들의 목표를 고려하고, 공동의 이익을 추구해야 한다. 기업은 조직과 구성원들 사이에 공동의 이익이 존재하지 않는다면 존립하기가 어렵다. 기업의 이익을 상황에 맞게, 공정하고 그리고 정직하게 추구하며 자신의 이익뿐만 아니라 구성원들의 이익을 함께 추구해야 기업이 장기적으로 발전할 수 있다. CEO가 자신의 연봉협상을 앞두고 기업 실적을 과대포장하고 일정기간 동안 지불해야 할 비용을 최대한 늦추어 기업 이익이 많은 것처럼 착시현상을 일으키게 하는 경우는 CEO 자신만의 이익을 추구하기 때문이다.

> **방아쇠효과(Trigger Effect)**
>
> 경영자의 추문으로 소비자들의 불매운동이 확산되어 매출이 급격하게 하락한 치킨기업 이야기를 들어본 적이 있을 것이다. 이처럼 경영자의 안일한 행동과 판단 하나가 장기간 공들여 만든 기업의 브랜드 이미지를 추락시키는 현상을 방아쇠효과(Trigger Effect)라고 한다. 방아쇠효과란 평형이 유지되고 있는 생태계에서 어떤 이유로 변화가 발생하면 그 영향이 연쇄적으로 확대되어 생태계 전체가 크게 변화되는 현상이다.
>
> 기술의 발달로 제품의 품질은 오래 전부터 상향 평준화되었다. 수준 높은 제품 품질만큼 소비자에게 심어진 좋은 기업 이미지는 기업의 절대적인 경쟁력이라고 할 수 있다. 이럴 때일수록 기업의 경영진들은 더욱 겸손하게 행동하고, 잘못된 갑을 관행, 부정부패 등에서 벗어나 윤리적으로 행동할 수 있도록 노력해야 한다.

10.2 윤리적 조직문화

10.2.1 조직문화의 이해

윤리적 조직문화에 대해 알아보기에 앞서 조직문화, 기업문화에 대한 이해가 필요하다. 문화란 사회 또는 집단 구성원 간에 공유되는 행동, 학습된 신념, 전통, 그리고 지침의 총체를 말한다. 모든 조직에는 문화가 존재한다. 조직문화는 조직 구성원들의 생각과 행동에 영향을 주는 것으로 구성원들 사이에서 공유되는 신념, 기대, 의미에 의해 형성된다고 볼 수 있다. 조직문화는 해당 조직, 기업의 전체적인 분위기를 형성하는 기준인 만큼 조직마다 가지고 있는 특징적인 문화가 존재한다. 예를 들어 A기업은 기본적으로 흰 셔츠에 넥타이를 맨 정장 차림의 복장을 준수하는 조직문화가 존재한다. 이 기업은 9시부터 5시까지의 근무시간을 꼭 지켜야 하고, 필요 시 직원이 야근을 하거나 주말에도 근무하기를 바란다. 반면 B기업의 경우 자유로운 분위기에 편안한 복장으로 일을 하는 것이 당연하다고 여겨지는 조직문화를 가지고 있다. 기본 근무시간은 9시부터 5시까지이지만 유연근무제를 실시하여 경우에 따라 늦게 출근하는 직원들도 있다. 이처럼 조직문화는 기업의 가치관에 따라 근무 복장부터 업무 스타일까지 다양한 측면에서 구성원들에게 영향을 주고 있다.

조직문화는 여러 가지 요인이 복합적이고 장기적으로 작용하면서 형성되는 보이지 않는 실체이다. 그렇기 때문에 조직문화를 구성하는 요소들 또한 다양할 수밖에 없다. 조직문화의 구성요소에 대해 학자들마다 다양한 견해를 가지고 있지만, 가장 대표적이고 일반적으로 조직문화의 구성요소를 설명할 수 있는 7S요소에 대해 살펴보기로 한다.

그림 10-1 조직문화의 7S 요소

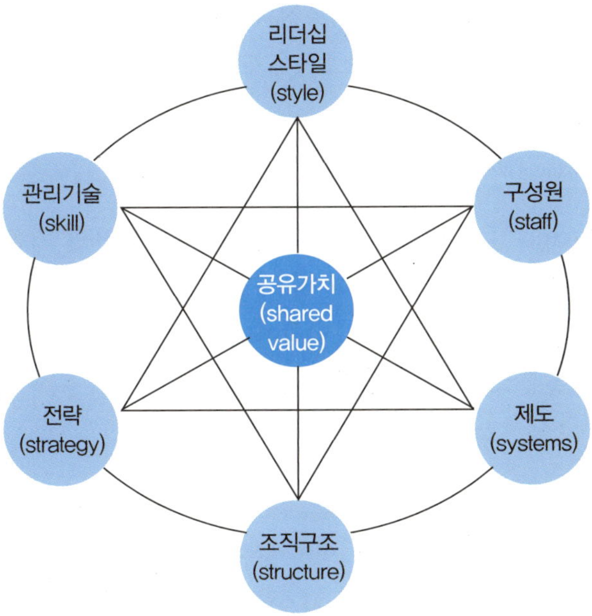

출처: 변상우, 허갑수, 권혁기(2016)

조직문화의 7S요소는 조직문화를 이해하는 데 도움을 주는 개념으로 맥킨지 컨설팅이 조직진단에 사용한 모형이다. 조직문화를 구성하는 7가지 요소들이 모두 영문 S로 시작한다고 하여 7S요소라고 불리고 있다.

1) 공유가치

공유가치(shared value)는 조직문화의 핵심요소로서 조직 구성원이 공통적으로 가지고 있는 가치관, 이념, 기업의 목적 등을 포함한다. 공유가치는 다른 요소들에게 지배적인 영향을 주기 때문에 가장 중요한 위치를 차지하고 있다.

2) 전략

전략(strategy)요소는 기업의 장기적인 목표와 방향을 결정하는 중요한 경영전략이다. 기업의 전략은 조직의 이념과 목적, 기본 가치를 중심으로 방향을 제시하면서 다른 요소들에게 영향을 준다.

3) 구조

구조(structure)는 기업의 전략을 수행하는 데 필요한 기본적인 틀로서 조직구조, 직무설계, 권한설계 등 구성원들의 역할과 상호관계를 지배하는 요소들을 포함하고 있다. 따라서 구조는 구성원들의 일상적인 업무수행과 행동방식에 많은 영향을 준다.

4) 관리제도

기업의 경영활동과 의사결정, 일상행동의 기본적인 틀이 되는 것이 관리제도(systems)와 각종 절차 등 시스템이라고 할 수 있다. 시스템은 기업의 기본가치와 일관성이 있고, 장기적인 전략목표 달성에 따라 적절한 보상, 인센티브를 제공하고, 의사결정시스템, 경영계획과 목표 설정시스템, 결과 측정과 조정, 통제 등 경영의 다양한 분야의 관리시스템과 절차를 포함한다.

5) 구성원

조직은 구성원(staff)들이 없다면 존재할 수 없고, 조직문화는 구성원들의 행동을 통해 실체를 가진다. 따라서 구성원은 조직문화의 구성요소 중 매우 중요한 요소라고 할 수 있다. 구성원들의 가치관과 행동은 기업의 비전, 가치에 많은 영향을 받으며, 기업의 인적자원관리에도 영향을 주는 것이 사실이다.

6) 기술

기술(skill) 또한 조직문화를 형성하는 중요한 요소라고 할 수 있다. 각종 컴퓨터, 기계시스템 등 생산 및 정보처리 분야의 하드웨어적인 요소들은 물론, 이를 사용하는 소프트웨어기술을 포함하고 있다. 또한 구성원들을 동기부여하고 행동강화, 역량강화, 갈등관리 및 목표관리, 변화관리 등 기업의 경영에도 기술이 필요하다.

7) 리더십 스타일

조직문화는 구성원들을 이끌어가는 최고경영자의 리더십 스타일(style)에 따라 직접적인 영향을 받는다. 최고경영자의 행동, 가치관은 물론 구성원들과의 의사소통 스타일, 상호관계 등이 조직문화의 전체적인 틀을 형성한다고 볼 수 있다.

10.2.2 윤리적 조직문화

조직문화는 고정적이지 않고, 시대의 흐름에 따라, 최고경영자의 가치관에 따라, 그리고 구성원들의 요구에 따라 늘 변화한다. 조직 구성원 한 사람의 노력으로는 조직문화를 바꿀 수 없지만 강력한 영향력을 가진 최고경영자는 조직문화의 형성과 변화에 큰 영향을 줄 수 있다. 그러므로 기업이 윤리적 조직문화를 구축하고, 형성하기 위해서는 최고경영자의 윤리적 리더십, 윤리적 가치관이 중요할 수밖에 없다.

윤리적 조직문화(ethical organization culture)는 조직문화의 일부분으로 조직 구성원들이 윤리적 가치를 서로 공유하는 문화를 말한다. 윤리적 조직문화 안에서 조직 구성원들이 다양한 절차, 정책, 관행 등을 수행할 때 윤리적인 의사결정을 하는 분위기를 윤리적 분위기라고 한다. 윤리적 분위기는 조직 구성원들이 업무를 수행하는 과정에서 윤리적 판단을 내릴 수 있도록 조성된 분위기라고 할 수 있다. 사람들은 기업에서 다양한 갈등 상황, 이해충돌 상황을 겪는다. 이런 상황에서 구성원들이 윤리적으로 의사결정을 하고 조직이 윤리적으로 돌아갈 수 있도록 윤리적 분위기를 조성하는 것이 매우 중요하다.

만약 직장 내에서 동료의 사내 부정행위를 발견했을 때 회사에 신고하는 직원은 얼마나 될까? 대한상공회의소에서 직장인을 대상으로 '직장인 윤리의식'을 조사한 바에 따르면 동료의 사내 부정행위에 대해 '신고하겠다'고 응답한 직장인은 21%로 5명 중 1명에 불과했다. '개인적으로 주의만 주겠다'고 응답한 사람은 70.6%, '모르는 척하겠다'고 응답한 사람은 8.3%로 나타났다. 이러한 결과는 우리나라 기업에 윤리적 분위기가 아직 제대로 조성되지 않았음을 보여주고 있다.

미국의 경우 윤리자원센터(Ethics Resource Center)의 조사 결과에 따르면 미국 직장인들은 2명 중 1명(55%)이 동료의 사내 부정행위를 신고(내부고발)하겠다고 응답하였다. 왜 한국인들은 동료의 부정행위를 보고도 모르는 척하는 것일까? 전문가들은 한국의 경우 '온정적 집단주의'

가 원인이라고 지적한다. 인간적인 유대를 중요시하는 조직 분위기가 동료의 비윤리적인 행동을 목격해도 실제로 내부고발을 하기에는 어렵다는 것이다.

한편 직장인들이 비윤리적인 행동을 하는 가장 큰 이유는 첫째, '사회적 관행' 때문이라는 응답이 44.7%로 나타났다. "Everybody is doing it", 즉 회사 내 동료나 상사들 모두 하는 행동이기에 내가 한다고 문제가 생기겠어?라는 생각이다. 예를 들어 개인이 사적으로 사용한 돈을 외근 중 사용한 경비로 청구하는 행위가 있다. 조직 분위기가 윤리적이지 않을 경우 개인 또한 비윤리적인 행동을 죄책감 없이 하게 되는 경우가 많다.

둘째, 사람들은 조직이나 상사가 비윤리적인 업무를 지시했을 때 그대로 따르는 경향이 있다. 스탠포드 대학의 짐바르도(Zimbardo) 교수는 사람들의 이런 성향을 증명하기 위해 감옥 실험(Prison Experiment)을 진행하였다. 이 실험은 참가자들을 두 그룹으로 나누어 한 그룹에게는 간수 역할을, 나머지 한 그룹에게는 죄수 역할을 맡게 하고, 각 참가자들은 자신의 역할에 맞는 행동을 충실히 하도록 안내한다. 이 과정에서 간수 역할을 맡은 참가자들이 죄수 역할을 맡은 참가자들에게 무자비한 행동을 하기 시작했다. 예상보다 부작용이 커지면서 원래 2주간 실험을 하기로 하였으나 6일 만에 실험은 종료되었다.

이 실험을 조직에 적용해보면 직장에서 주어진 일이 평소에 자신이 추구하던 가치나 신념에 맞지 않더라도 사람들은 조직에서 명령하는 대로 행동할 가능성이 높다는 것이다. 이는 사람들이 조직 안에서 자신의 행동이 잘못되었음을 알면서도 회사나 상사의 명령이 있을 때에는 어쩔 수 없이 따라야 한다고 자신을 합리화시키기 때문이다. 조직에 고용된 전문직인 의사, 변호사, 회계사들도 자신의 전문적인 역할을 충실히 하기보다 조직이 원하는 역할에 더 충실하여 회계를 조작하거나 의료비 과다청구 등을 하게 된다.

셋째, 비윤리적인 행동으로 인해 문제가 생기더라도 책임은 상사나 조직에서 질 것이라는 생각이다. 즉 자신의 잘못된 행동에 대해 스스로 책임을 지는 것이 아니라 다른 사람에게 전가시키려는 생각들이 비윤리적인 행동을 야기시킨다. 또한 조직이라는 큰 톱니바퀴 속에서 구성원들은 자신의 행동이 얼마나 비윤리적인지 알지 못하는 경우도 다수 있다.

10.2.3 조직원의 침묵행동

조직 구성원들은 직무를 수행하는 과정에서 발생하는 특정 사안에 대한 의견이나 정보 등을 조직 내 동료 혹은 상사에게 이야기할 것인가 말 것인가에 대한 결정을 해야 하는 상황에 종종 놓이게 된다. 이러한 상황에서 조직 구성원들은 조직에 대한 혹은 조직이 가진 문제에 대한 의견을 사실대로 이야기하지 않고 넘어가거나 특정 정보를 의도적으로 누락시킬 때가 있는데, 이를 조직침묵(organizational silence)이라고 한다. 이러한 조직침묵이 가장 많이 일어나는 이유는 윤리적 이슈에 관한 내용이 다수를 차지한다.

조직원들이 침묵을 하는 이유에 대하여 알아본 연구들에서는 상사의 리더십이 효과적이지 않을 때, 혹은 상사가 부정적인 피드백을 줄지도 모른다는 두려움이 가장 큰 원인이라고 한다. 즉 경영진이 정직하지 않고 비윤리적이거나 상사에게 이야기해도 받아들여지지 않을 뿐만 아니라 부정적인 답변이 돌아온다면 부하직원들은 비윤리적인 행위를 보고도 침묵할 수밖에 없다는 것이다.

조직원들의 침묵하는 행동을 자세히 들여다 보면 체념적 침묵과 방어적 침묵으로 나눌 수 있다. 체념적 침묵은 조직 내 특정 상황에 대하여 완전히 단념하여, 그 상황을 개선시키고자 하는 노력과 의지가 없기 때문에 발생하는 수동적인 태도의 침묵행위이다. 즉 조직 구성원들은 조직 혹은 직무에 대한 문제점을 개선시킬 수 있는 의견이나 아이디어를 가지고 있음에도 불구하고, 자신의 발언은 의미가 없으며 비윤리적인 조직이나 상사에게 아무런 변화도 가져오지 않을 거라고 믿기 때문에 침묵행동을 하게 된다. 방어적 침묵은 외부의 불이익 또는 피해로부터 자신을 보호하기 위한 의도적 침묵이다. 예를 들면 이야기해보았자 상사로부터 꾸중만 돌아오거나 동료들로부터 너만 윤리적이냐는 따돌림을 받을 것이라 예상되면 자신을 보호하기 위해서라도 굳이 말하지 않는다는 것이다.

따라서 윤리적인 조직문화를 만들어 나가는 데 있어 경영진의 리더십과 태도는 매우 중요하며 조직 내에서 불공정한 여건이 발생하지 않도록 윤리시스템이 구축되고 활발한 커뮤니케이션이 이루어질 수 있는 분위기 형성이 매우 중요하다.

10.2.4 윤리적 조직문화 확립

기업들이 비윤리적인 경영활동을 하게 되는 이유는 기업의 윤리, 준법 프로그램의 문제이기보다는 고객만족, 성장, 윤리경영 등 핵심가치는 내세웠지만 조직 내부적으로 부정행위에 대한 내부 제보가 묵살되고, 윤리적인 의식이 확산되지 않은 비윤리적인 조직문화가 문제라고 볼 수 있다. 기업에서 윤리적 조직문화를 확립하기 위한 방안은 다음과 같다.

첫째, 최고경영자의 윤리경영에 대한 확고한 의지와 몰입이 필요하다. 조직문화는 단기간에 성과가 보이는 것이 아니기 때문에 최고경영자와 기업경영진의 꾸준한 노력이 필요하다. 최고경영자는 기업의 핵심가치에 윤리적인 요소를 명시하고, 윤리적 가치를 기업의 공동가치로 적극적으로 제시하고 소통해야 한다. 또한 최고경영자의 윤리적 의사결정이 경영활동의 모델이 되어야 한다.

둘째, 기업의 윤리적 가치와 전략, 목표, 업무 간의 정렬과 조직 구성원의 윤리적 가치 내면화가 이루어져야 한다. 우리나라의 기업들은 표면적으로는 윤리적 핵심가치를 표방하고 있지만, 실제로 경영목표, 경영전략, 경영활동과의 연계가 부족한 실정이다. 뿐만 아니라 기업의 윤리규정과도 관련성이 매우 약한 경우가 많다. 조직문화의 가장 중요한 요소

중에 하나는 바로 공유가치(shared value)이다. 조직 구성원들이 서로 윤리적 가치를 공유함으로써 윤리적인 의사결정능력이 향상되어야 한다.

셋째, 체계적인 윤리프로그램의 운영이 필요하다. 기업이 추구하는 윤리적 가치관을 실행시킬 수 있는 윤리프로그램을 실시해야 한다. 윤리프로그램은 크게 순응 지향적 윤리프로그램(compliance-oriented program)과 가치 지향적 윤리프로그램(value-oriented program)으로 나뉘어진다. 순응 지향적 윤리프로그램은 구성원들의 규정위반행위에 대해 감시하고, 위반자에 대한 명시적인 제재에 집중한다. 가치 지향적 프로그램의 경우 상담, 소통, 교육을 통해 윤리적 가치를 공유하고 조직의 윤리적 문화 구축을 강조한다. 최근 많은 기업들이 윤리경영, 윤리프로그램을 실시하고 있음에도 불구하고 조직의 윤리적 문화가 제대로 확산되지 않는 이유는 구성원들에게 실질적인 윤리 가치관을 심어주지 못했기 때문이라고 볼 수 있다. 따라서 구성원들을 통제할 수 있는 프로그램과 동시에 보다 가치 지향적인 윤리프로그램이 이루어져 윤리적인 조직문화를 구축할 필요가 있다.

옳은 일을 올바르게!

P사는 국내 대기업 중에서도 빠르게 컴플라이언스 시스템을 도입하여 윤리적 조직문화를 구축한 곳이다. "올바른 일은 올바르게 하자"라는 모토로 윤리경영을 실천하는 P사의 직원들은 직원 신분증 뒷면의 자가진단표를 통해 언제 어디서나 자신의 윤리 수준을 점검할 수 있다. 또한 스마트폰 앱을 이용하여 '신문고'를 운영하고 있다. 가장 주목받는 것은 자체적인 비윤리행위 신고보상제도이다. 임직원이 비윤리행위 신고를 할 경우 자체적인 기준에 따라 최대 5천만 원까지 보상금을 지급하는 것이다. 이러한 윤리문화는 임직원이 스스로 나서 서로를 지키는 움직임을 만들어내고 있다.

학습문제

1. 기업의 윤리적인 리더의 사례를 조사하여 설명해보자.

2. 기업의 비윤리적인 리더의 사례를 조사하여 설명해보자.

3. 기업의 윤리적인 조직문화의 긍정적인 사례를 조사하여 설명해보자.

참고문헌

권예진, 최애경(2017). "조직의 윤리풍토와 상사지원인식이 비서의 침묵행동에 미치는 영향." 비서 · 사무경영연구, 26(1), 155-179.

국민권익위원회. 기업윤리 브리프스(2013. 9)

국민권익위원회. 기업윤리 브리프스(2016. 6)

국민권익위원회. 기업윤리 브리프스(2016. 10)

김광점 외 13인 역(2017). 조직이론과 설계. 제12판. 한경사.

김성민(2011). 20대 경영이야기, IWELL Contents.

김용주(2012). "윤리적 리더십의 고찰." 윤리문화연구, 8, 178-209.

박계홍, 박하진(2015). 경영조직론. 학현사.

변상우, 허갑수, 권혁기(2016). 글로벌시대의 경영조직의 이해, 피앤씨미디어.

조제프 R. 데자르댕(2016). 비즈니스 윤리, 제5판. 아카데미프레스.

Baumhart, R. C.(1961). "How ethical are business men?." *Harvard Business Review*, 39, 6-10.

Fuman, F. K.(1990). "Teaching business ethics: Questioning the assumption, seeking new direction." *Journal of Business Ethics*, 9(1), 31-38.

Heres, L., & Lasthuizen, K.(2012). "What's the difference? Ethical leadership in public, hybrid and private sector organizations."

Journal of Change Management, 12(4), 441–466.

Milliken, F. J., & Morrison, E. W.(2003). "Shades of silence: Emerging themes and future directions for research on silence in organizations." *Journal of Management Studies*, 40(6), 1563–1568.

http://odc2-scc-nnu.wikispaces.com/021+Org.+Culture+%26+Env.

Chapter 11

윤리경영시스템

학|습|목|표

- 윤리경영시스템에 대해 설명할 수 있다.
- 윤리헌장, 윤리강령, 행동강령에 대해 설명할 수 있다.
- 준법감시인제도, 준법프로그램에 대해 설명할 수 있다.
- 내부고발에 대해 설명할 수 있다.

윤리경영은 회사경영 및 기업활동에 있어 윤리준수를 최우선 가치로 설정하여 투명하고 공정하며 합리적인 업무수행을 추구하는 경영전략이라고 할 수 있다. 윤리경영은 기업의 브랜드가치를 높이고 기업활동에 정당성을 부여함으로써 기업평판과 소비자의 신뢰와 충성도가 높아짐으로써 매출이 늘어나고 우수한 인재가 유입되는 효과를 낳는다. 따라서 윤리경영은 단순히 법을 준수하는 차원이 아니라 기업가치를 향상시키고 지속가능성을 확보하기 위한 생존전략이다.

11.1 윤리경영시스템

11.1.1 윤리경영시스템 구축

윤리경영이 정착되기 위해서는 무엇보다 최고경영자의 강력한 실천의지와 함께 체계적인 윤리경영시스템 구축이 선행되어야 한다. 윤리경영시스템은 **윤리경영프로그램**이 회사에서 기존에 운영하고 있는 전반적인 관리시스템과 연계되어 효과적으로 윤리경영 목적과 목표를 달성할 수 있도록 합리적으로 짜여진 통합된 체계를 의미한다.

윤리경영프로그램
윤리경영 실행을 위해 필요한 기능, 제도 등을 운영하는 것

윤리경영의 세계표준을 구축하고 있는 '윤리담당관협회(Ethic Officer Association: EOA)'에서는 윤리경영 추진을 위한 핵심요소를 '3C'로 규정하고 있다. 3C는 윤리경영 추진을 위한 최소한의 요소로, 윤리강령(Code of conduct), 준수감독조직(Compliance check organization), 교육을 통한 공감(Consensus by ethic education)을 말한다. 윤리경영시스템 3C의 구체적 내용은 다음과 같다.

I표 11-1 I 윤리경영시스템의 3C

핵심요소	내용
행동강령 (Code of conduct)	• 기업윤리의 내용이 구체적이고 명문화된 형태로 조직원들의 행동지침 제시
준수감독조직 (Compliance check organization)	• 윤리경영 실현을 위한 조직과 제도 구비 • 전담부서 및 간부, 내부고발시스템, 감사 및 평가시스템 등
교육을 통한 공감 (Consensus by ethic education)	• 의사결정 및 행동의 중요한 원칙을 교육 • 기업윤리 준수를 위한 반복적이고 시스템적인 교육 제공

윤리경영시스템을 모범적으로 잘 운영하고 있는 대표적인 글로벌 기업으로는 존슨앤드존슨, 프록터앤드갬블, 3M 등이 있다. 글로벌 기업들의 윤리경영시스템 3C를 살펴보자.

I표 11-2 I 글로벌 기업의 윤리경영시스템 3C 사례

회사명	3C		
	행동강령	준수감독조직	교육을 통한 공감
존슨앤드존슨 (Johnson & Johnson)	• 기업의 사회적 책임 공표 • '우리의 신조(Our Credo)' 제정(36개 국어로 번역)	• 인사부에서 담당 • 승진 및 인사고과에 반영 • 2년마다 임직원 대상 설문조사	• 임원 대상의 Credo Leadership 교육 • 윤리적 의사결정 기법 교육
프록터앤드갬블 (Procter & Gamble)	• 직무행위 매뉴얼 제정 • 환경윤리적 경영 추구	• 조직 윤리위원회 설립 및 운영 • 위원회는 국제인사 담당이사, 재무이사(CFO) 및 법률이사(CLO)로 구성	• 매니저들은 자신들의 업무에 적용되는 법률 및 worldwide business conduct의 표준에 대해 부하직원 교육
로레알 (L'Oreal)	• Code of Business Ethics 제정	• 인사조직 및 감사조직에서 감독	• 기업윤리, 행동강령 등에 대한 교육 실시

3M	• 매우 정교하고 구체적인 실천지침을 담은 윤리경영 매뉴얼 제공	• 감사위원회에 직접 보고하는 독립적 기능 Compliance and Business Conduct 운영 • 30명 이상의 변호사로 구성된 기업윤리 전담반을 두고 윤리강령 제정이나 교육, 감독 업무	• 임직원들에게 윤리경영 교육과정을 밟도록 요구하고 윤리강령의 준수를 인증
GE	• 윤리경영 정신과 서약서(The Spirit & The Letter)에 따라 활동	• 옴부즈퍼슨(Ombuds-person)제도: 전 직원이 준수자인 동시에 감시자며, 내부고발이 자유로운 환경	• 전 직원 대상 윤리서약 및 윤리교육 실시 • 윤리적 의사결정을 할 수 있도록 온·오프라인 윤리교육에 중점
IBM	• 비즈니스 행동 및 윤리에 관한 구체적인 지침 제공	• 수석 부사장 겸 법률고문 변호사 • Open Door 또는 Speak-Up프로그램	• 비즈니스 행동지침 가이드라인 인증 교육프로그램

11.1.2 윤리강령과 행동강령

윤리적 기본방침과 윤리기준을 뜻하는 용어로는 윤리헌장, 사훈, 윤리강령, 행동강령 등과 같이 조직과 회사, 기관, 단체에 따라 다양한 형태로 부른다. 각각의 개념은 약간의 차이가 있으나 때로는 단어에 엄격한 구분을 두지 않고 사용하기도 한다. 그 중 가장 많이 사용하는 용어인 윤리헌장, 윤리강령, 행동강령에 대해 알아보자.

1) 윤리헌장

윤리헌장(ethics charter)은 윤리강령보다 좀 더 큰 틀에서 조직의 사회적 의미, 역할, 가치와 목적을 실현하고자 하는 내용을 문서화한 것이다. 기업환경에서는 기업의 기본적인 가치관이나 신념을 표현한 기업윤리의 기본적인 문서를 기업윤리헌장이라 한다. 이는 법적 실체인 기업의 핵심가치와 고객 · 주주 · 임직원 · 협력기업 · 지역사회 등에 대한 관계를 규정한 것이다. 일반적으로 기업윤리헌장에는 기업의 기본적인 신념만 표현하기 때문에 길지 않고 기업 홈페이지에 주요 항목으로 포함되어 있다.

2) 윤리강령

윤리강령(code of ethics)이란 윤리헌장의 좀 더 구체적인 표현으로, 구성원 행동의 기본방향을 명시하였기 때문에 윤리헌장과 같은 뜻으로 사용되기도 하고 조직에 따라서는 윤리규정이라고도 한다. 기업윤리강령의 목적은 최고경영자를 비롯한 임직원의 윤리적 · 도덕적 신념과 수준을 대내외적으로 알리고 실천하기 위한 것이다. 또한 기업이 지향하는 기업윤리 수준을 정하고 전체 구성원이 이에 맞는 행동을 하도록 유도하는 것이 목적이다.

윤리강령의 구체적인 활용방법으로는 ① 임직원에게 윤리적 판단기준을 제공하고, ② 기업윤리와 관련된 문제를 사전에 예방하며, ③ 경영전

그림 11-1 윤리강령의 활용

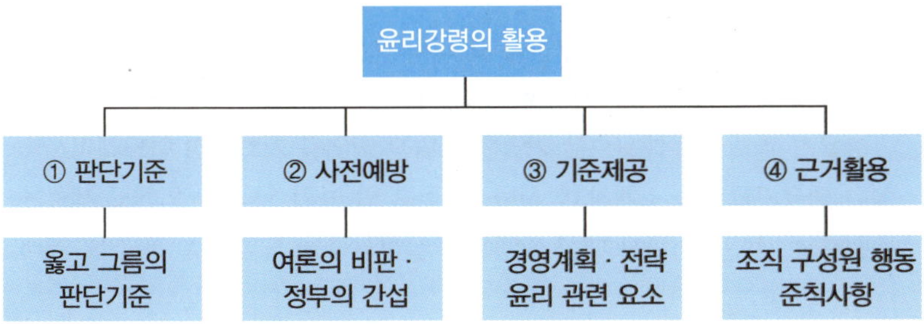

략이나 교육프로그램에 윤리사항에 대한 기준을 제공할 뿐 아니라 ④ 조직 구성원이 행동할 때 금지된 사항이라면 상사의 명령이라도 거절할 수 있는 근거로 활용할 수 있도록 하는 것이다.

3) 행동강령

행동강령(code of conduct)은 기업윤리강령을 실천하기 위한 임직원들의 구체적인 행동지침을 말한다. 즉 윤리강령은 기본적인 원칙만 제시되어 있는 데 비해 행동강령에서는 더 구체적인 표현으로 윤리적 행동기준이 제시되어 있다. 만화, 삽화 등을 넣어 이해하기 쉽게 제작하기도 하고 전자책(e-book)이나 간단한 수첩으로 만들어서 임직원이 휴대하기 편리하게 만들기도 한다.

한편, 행동강령 문답은 행동지침의 구체적인 해설서로 임직원 입장에서 생산, 판매현장에서 흔히 부딪치는 문제를 질문형식으로 제기하고 답하는 형식으로 해설을 붙인 문서를 말한다. 행동강령 문답은 임직원이 업무현장에서 기업윤리를 실천하는 데 있어 가장 필요한 문서이다.

아모레퍼시픽 윤리시스템

아모레퍼시픽은 임직원들의 윤리의식 강화를 위하여 윤리강령을 바탕으로 매년 윤리서약을 실시하고 있다. 직무윤리지침, 공정거래준수 등의 내용이 포함된 윤리서약은 중국, 홍콩, 미국 등 주요 해외법인의 임직원들도 2014년부터 동참하고 있다. 또한 임직원 및 협력사를 대상으로 기업윤리지수 조사를 실시하여 기업윤리인식 및 의식 수준에 대해 진단 평가하고 기업윤리 방향 수립에 필요한 가치와 의식을 확인하고 있다.

아울러 관계사를 대상으로 기업윤리 확산 회의를 개최하여 아모레퍼시픽의 기업윤리활동을 소개하고 '선물 안 주고 안 받기 캠페인' 외에도 새로운 실천프로그램인 '협력사 대상 기업윤리 실천서약'을 도입하여 계약 및 거래

약정 시에 서약하게 함으로써 협력사의 불공정거래행위, 비윤리행위의 발생 가능성을 사전에 예방하고 있다.

또한 임직원들에게는 기업윤리에 대한 체계적인 지식을 전달하고 윤리딜레마 상황에서 올바른 의사결정을 하는 데 도움을 주기 위하여 Q&A 형태 핸드북인 기업윤리해설서 'BLUE BOOK2 윤리딜레마 100문 100답'을 발간하였고 사이버 교육과정인 'Beautiful Company Ethical Leader'를 운영하며 지속적으로 교육과정을 개선하고 있다. 또한 실천리더들의 윤리적 자질을 함양하고 윤리적 리더로서의 올바른 인식과 역할을 강화하기 위해 팀장들을 대상으로 '윤리적 리더십 강화 프로그램(Ethical Leader Course)'을 실시하고 있다.

11.1.3 준법프로그램

준법프로그램(compliance program)은 준법활동을 효율적으로 수행하기 위해 1991년 미국에서 도입한 시스템이다. 기업 등 조직이 자율적으로 법규위반행위 방지를 위한 노력을 하였을 경우 양형량을 감해주는 제도인 '미연방 양형기준(the US Federal Sentencing Guidelines of Organization)'에 의해 도입되었다. 미국의 공직기관, 기업, 대학 등 주요조직들은 대부분 효과적인 준법프로그램을 도입한 상태이다.

우리나라의 경우 IMF 사태 이후 금융권을 중심으로 준법프로그램을 도입하기 시작하였다. 대우건설이 '준법프로그램'을 도입하여 잘못된 문화를 과감히 버리고 대외신인도 제고는 물론 회사와 임직원의 피해를 최소화하고자 노력하고 있다. 하나투어에서도 더욱 건강하고 지속가능한 기업으로 발돋움하기 위해 '준법준수프로그램'을 도입하였다. 그 외에도 KCC, 삼성중공업 등 많은 대기업에서 '준법프로그램'을 도입하여 더욱 엄격하게 윤리적 행동을 감독하고 있다.

1) 준법프로그램 구성요소

기업이 도입하는 '윤리준법프로그램(ethics & compliance program)의 필수적 구성요소를 예시하면 다음과 같다.

효과적인 윤리준법프로그램 구성요소

① 윤리강령 및 관련 규정 제정
② 윤리준법방침체제 및 업무절차 제정
③ 윤리경영 전담조직 구성
④ 감독체제 구축 운영
⑤ 윤리준법교육프로그램 실시
⑥ 위반행위 신고체계 및 위반자 처벌제도 운영
⑦ 감시 및 감사체계 운영
⑧ 평가 및 개선제도 운영

출처: 부패방지위원회

이를 구체적으로 살펴보면 아래와 같다.

① **윤리강령 및 관련 규정 제정**: 직원들이 윤리적으로 의사를 결정하고 행동할 수 있는 방향과 지침을 제시하는 기준이 마련되어야 한다. 윤리기준에는 윤리헌장, 윤리강령, 실천지침 등이 포함될 수 있다.

② **윤리준법방침체제 및 업무절차 제정**: 윤리경영을 시행하기 위해 필요한 기능들이 체계적으로 가동되기 위해 필요한 사항을 정한다.

③ **윤리경영 전담조직 구성**: 윤리준법 담당 책임자(compliance officer) 임명 및 윤리경영위원회와 같은 윤리준법 업무조직을 구성한다.

④ **감독체제 구축 운영**: 윤리경영은 업무현장에서의 효과적 감독활동을 필요로 한다. 관리자는 정당한 방법으로 부서의 목표를 달성해

야 하며 직원들의 윤리적 의사결정과 행동을 촉진시킨다.

⑤ **윤리준법교육프로그램 실시**: 모든 임직원에 대한 윤리교육 계획을 수립하고 조직 내외에서 윤리적으로 의사결정할 수 있는 역량을 교육한다.

⑥ **위반행위 신고체계 및 위반자 처벌제도 운영**: 비윤리적 행위, 위법행위 등을 발견한 직원은 신고하도록 의무화하고 신고자를 보호할 수 있는 제도를 운영한다.

⑦ **감시 및 감사체계 운영**: 직원들의 일상업무가 정해진 절차나 과정에 따라 진행되는지 실시간으로 파악하는 감시활동과 함께 위법이나 부당한 사실을 발견하고 잠재적 위험을 줄일 수 있는 감사체제를 운영한다.

⑧ **평가 및 개선제도 운영**: 직원들의 윤리경영 실천상황을 주기적으로 평가하고 성과측정과 보상이 함께 이루어져야 한다. 또한 윤리경영시스템 운영실태 평가와 국내 · 외 사례들을 비교하여 지속적으로 개선시켜 나가야 한다.

2) 준법감시인

1980년대 중반까지 '준법감시인(compliance officer)'이라는 명칭은 미국 비즈니스에도 존재하지 않았다. 그러나 전 세계에서 그 중요성이 커지면서 윤리 · 준법감시원협회(Ethics & Compliance Officer Association: ECOA)가 설립되었고, 윤리적 비즈니스를 위한 다양한 정보를 교환하고 있다. 한편, 우리나라는 2000년 1월 21일 은행법, 보험업법, 증권거래법 등 금융 관련법에 금융회사의 내부통제기준 및 준법감시인제도를 도입하였다.

많은 기업들이 기업의 법률전문가인 변호사 등을 준법감시인(compliance officer)으로 두고 있으며, 임직원이 직무수행 시 스스로 법규를 준수하도록 하는 체제를 구축하고 운영한다. 준법감시인은 법규

준수프로그램의 입안 및 관리, 법규준수 실태에 대한 모니터링을 하고 문제가 발견되었을 때에는 이를 개선시키기도 한다. 또한 정기 또는 수시로 고위 임원, CEO, 이사회, 감사위원회 등에 보고를 하기도 하고 이사회, 경영진에 대한 자문과 법규준수에 대한 임직원 교육 등을 담당한다.

준법감시인제도가 올바르게 정착되기 위해서는 회사 스스로 내부통제 시스템을 확고히 구축해야 하고, 내부통제에 대한 회사의 이사회, 대표이사, 감사(위원회) 등 경영진의 확고한 의지가 필수적이다. 또한 준법감시 업무 담당자들 스스로 자신의 역할에 자부심을 가지고 일해야 하며, 준법감시인의 조직 내 위상도 상승되어야 한다.

아래의 종이달 사례에서 볼 수 있는 바와 같이 직장인이라면 누구나

종이달(紙の月, Pale Moon, 2014)

세상을 깜짝 놀라게 한 평범한 주부의 거액 횡령 사건!
수십억이 사라지는 동안 아무도 그녀를 의심하지 않았다!

평화롭지만 조금은 지루한 일상을 살고 있던 평범한 주부 '리카'. 파트 타임으로 일하던 은행의 계약직 사원이 된 '리카'는 미모와 다정한 성품으로 고객들의 신임을 얻게 되자 점점 자신감을 되찾아간다. 그러던 어느날, 여느 때처럼 외근을 마치고 돌아가는 길에 백화점을 들르게 된 '리카'는 판매원의 설득에 계획에 없던 화장품을 구매한다. 가지고 있던 돈이 부족했던 '리카'는 고객의 예금에서 1만 엔을 꺼내 충당하고 백화점을 나서자 마자, 바로 은행을 찾아 그 돈을 채워 놓는다. 하지만 이는 그녀의 일상에 작은 균열을 일으키기 시작한다.

출처: 네이버 영화(http://movie.naver.com/movie/bi/mi/basic.nhn?code=131384)

빠지기 쉬운 유혹에 따른 비윤리적, 불법적 행동을 준법감시인이 초기에 찾아낼 수 있는 시스템이 갖추어져야 한다.

11.1.4 내부고발

1) 내부고발의 개념

내부고발은 영어로는 'whistle blowing'이라고 하며 조직 구성원이 조직 내부의 비리나 불법행위 등을 대외적으로 폭로하는 것을 말한다. 기업 내에서 일어나는 불법적이거나 부당한 행위는 겉으로 쉽게 드러나지 않는 경향이 있기 때문에 내부고발은 기업범죄의 수사상 어려움을 해소해줄 수 있는 수단이 되기도 한다. 기업 내부의 사정을 누구보다 잘 아는 구성원들의 자발적인 범죄신고와 정보제공을 통해 기업범죄를 규명하는 데 있어 결정적인 단서나 역할이 되기 때문이다. 그러나 내부고발자의 비리 폭로는 조직의 방어적이고 보복적인 대응으로 이어질 수 있으므로 고발행위를 보호하기 위해 국가는 내부고발자를 보호하기 위한 법률을 제정하고 있다. 우리나라도 2011년부터 「공익신고자보호법」을 제정하여 공익침해행위에 대한 내부고발자 보호제도를 갖추고 있다.

내부고발이 자유롭게 보장되는 경우 기업운영의 투명성을 보장할 수 있고, 더 나아가 기업범죄를 사전에 예방할 수 있다는 장점이 있다. 내부고발이 활발한 조직 분위기는 기업의 법률위반행위가 언제든지 외부로 알려질 수 있다는 것을 의미하므로 이는 기업으로 하여금 불법행위를 하지 않기 위해 스스로 노력할 수 있는 장치를 마련해준다.

현실에서 기업의 내부고발은 배신행위이자 기업에게 불이익이 된다는 인식이 강하다. 또한 회사 차원에서 내부고발자를 찾아 징계는 물론 민형사상의 책임을 묻는 경우도 있다. 이를 잘 보여주는 것이 '2017 아시아태평양 부정부패 설문조사'에서 국내 기업 임직원은 내부고발제도에 대해 회의적이라는 조사 결과이다.

내부고발 사례로 역사상에서 가장 유명한 인물은 닉슨 대통령을 대통령직에서 물러나게 만든 워터게이트 사건의 제보자인 FBI(Federal Bureau of Investigation) 소속 특수요원이자 부국장이었던 마크 펠트(Mark Felt)일 것이다. 마크 펠트는 'Deep Throat'라는 익명으로 그 당시 알려져 있었는데 직무수행 중 닉슨 대통령 소속 공화당원이 닉슨의 재선을 위해서 민주당 대선본부가 위치한 워터게이트 건물에 도청장치를 설치했다는 것을 알게 되었다. 마크 펠트는 이 사실을 '워싱턴포스트(Washington Post)'지의 밥 우드워드(Bob Woodward)와 칼 번스타인(Carl Bernstein)에게 제보하였고 이 사실은 워싱턴 정가를 떠들썩하게 만들었다. 닉슨은 도청장치 설치를 직접 지휘하지는 않았지만 그 사실을 몰랐다고 부인하다 결국에는 탄핵에 이르게 되었다.

한국 응답자의 61%는 "내부고발 핫라인(whistle-blowing hotline)을 사용하지 않겠다."고 하였는데, 아시아태평양 지역 평균이 37%였으며, 일본 42%, 중국 40%를 기록한 것과 비교했을 때 내부고발제도에 대한 불신이 상대적으로 큰 것을 알 수 있다. 이는 내부고발제도를 불신하는 이들 중 48%가 자신의 제보 사실이 비밀로 유지된다는 확신이 없고, 내부고발자를 보호하기 위한 법적 장치가 불충분하다고 생각하기 때문인 것으로 나타났다.

임직원의 부정, 비리 방지를 위한 회사의 정책에 대해서도 한국은 가장 부정적인데, "회사의 반부패 방지정책이 효과적이다."라고 답한 응답자는 29%로 아태지역 최하위였고, "원칙은 있지만 제대로 실행되지 않는다."고 답한 응답자도 53%에 달한다. 국내 대다수 기업이 직원들의 비윤리적 행동을 저지하기 위한 제도와 시스템은 갖추고 있지만 아직까지 이를 적극적으로 활용할 수 있는 분위기가 조성되지 않고 후속조치

등이 미흡해 실효성이 떨어진다고 할 수 있다.

2) 내부고발 절차

조직 내 임직원이 중대한 비윤리적 혹은 위법적 행위를 한다는 사실을 알게 되었을 때 이를 모른 척하고 지나갈 수도 있을 것이다. 그러나 나에게 어떤 형태로든 영향을 미치거나 혹은 조직에 중대한 해를 끼칠 때는 신중하게 내부고발을 고려하여야 할 것이다. 내부고발을 할 때는 먼저 정확하고도 객관적 사실을 최대한 수집하는 것이 중요하다. 그런 후 먼저 직속상사에게 알린다. 직속상사에게 알렸지만 상사가 심각하게 받아들이지 않거나 무시하면 한 차례 더 말한다. 이때 사건 개요에 대한 간략한 경위서를 써서 제출하면 상사가 더 심각하게 받아들일 수도 있다. 만약 상사가 아무런 조치를 취하지 않을 때는 관련되는 이슈를 담당하는 상위 조직의 책임자에게 신고할 수 있다.

요즘에는 많은 기업들이 비리고발을 직접 할 수 있도록 옴부즈퍼슨제도나 신문고를 운영하거나 혹은 윤리전담부서에서 신고를 받기도 한다. 신고를 했음에도 회사 측에서 아무런 조치가 없을 때에는 불가피하게 외부 기관에 도움을 요청할 수밖에 없다. 내부자고발이 진행되는 기간에는 과정에 대하여 반드시 자세한 기록을 정확히 남겨두고 서류, 통화기록 등의 증거를 확보하는 것이 중요하다. 내부고발은 길고 고통스러운 과정을 거치기도 한다. 또한 현실적으로는 옳은 일을 했음에도 고발자가 조직을 떠날 수밖에 없는 상황이 발생하기도 한다.

11.1.5 뇌물과 청탁금지

1) 뇌물

뇌물(bribery)은 특정 대상에게 특혜를 주는 대가로 금품을 받는 행위를 말한다. 뇌물의 형태는 현금, 팁, 선물, 보너스, 공짜 음식이나 여행, 공짜 티켓 등 매우 다양하다. 특혜 형태로는 승진, 취업, 구매, 기부, 계약성사, 스폰서, 인허가 등 매우 다양하다. 우리나라도 과거에 벌금을 줄이기 위해 교통경찰에게 현금을 주거나 일의 빠른 처리를 위해 공무원에게 급행료를 주는 관행이 있었으나 지금은 거의 사라졌다.

최근 기업들은 뇌물을 금지하기 위하여 선물에 대한 윤리지침을 정하여 조직원들에게 그 대응 예시를 제시하고 있다.

P사의 선물 사례 규정

P사의 경우 어쩔 수 없이 선물을 받게 된 경우, 반환이 곤란한 경우 등 구체적인 사례를 예로 들며 부서장 자체로 처리하는 방법을 규정하고 있으며 그 구체적인 방안은 다음과 같다.

① 회사로고가 표시되거나 행사 참가 기념으로 받은 물품 중 통상적 수준을 초과하는 것은 상당한 고가 품목이 아닌 경우에 한해 부서장이 결정하여 개인 사용 가능

② 자체처리 시 고아원 · 양로원 등 사회시설, 자매마을 · 지역사회 봉사단체 · 독거노인 등 따뜻한 나눔을 실천할 수 있는 곳에 전달하는 것을 권장

③ 직접적 이해관계자가 아닌 자매마을 등에서 받은 농산물과 같은 물품은 관련 직원들의 활용이 가능

④ 물품 중 식품이나 생물처럼 유통기간이 짧아 변질의 가능성이 있는 것은 빠른 시간 안에 처리하고 변질의 가능성이 조금이라도 있으면 폐기함

⑤ 국내외 타사와의 업무 교류 시 주고받은 선물 중 통상적 수준을 넘어서는 고가의 물품(예: 고급만년필, 양주, 포도주 등)은 윤리담당부서에 신고함. 단, 보관할 가치가 있는 것은 부서 내 비치 가능

2) 부정청탁

독일에 본부를 두고 있는 국제투명성기구(Transparency International: TI)에서 2016년도에 실시한 국가청렴도지수조사(Corruption Perceptions Index: CPI)에서 한국은 100점 만점에 53점을 받아 176개국 중 52위로 나타났다. 덴마크, 뉴질랜드, 핀란드, 스웨덴, 스위스가 5위 내에 들었으며 OECD 35개 국가 중에서는 우리나라가 29위로 나타났다.

'김영란법'으로 잘 알려져 있는 「부정청탁 및 금품 등 수수의 금지에 관한 법률(이하 청탁금지법)」의 시행 이후 뇌물과 청탁에 대한 정의가 매우 정교화되어 앞으로는 우리나라도 청렴도지수가 높아질 것으로 예상된다.

가) 청탁금지법의 목적과 적용대상

청탁금지법은 부패방지를 위한 정책 시행의 일환으로 사회에서 폐습으로 작용하고 있는 부정청탁 및 금품수수 관행의 근절을 위해 추진한 법이다. 국민권익위원회를 비롯한 정부가 부패방지를 위해 노력하고 있음에도 불구하고 공직자의 비리 · 부패 사건이 끊임없이 발생하여 공직자의 청렴성과 공직사회에 대한 국민의 신뢰를 높이고자 한 것이다.

청탁금지법이 적용되는 대상은 크게 ① 공직자, ② 공직자의 배우자, ③ 공무수행 사인을 들 수 있다. 공직자에는 공무원을 비롯해 공중보건의사나 청원경찰 등 공무원으로 인정된 사람도 포함이 되며, 공직유관단체나 공공기관의 임직원, 학교 교직원 및 학교법인 임직원, 언론사의 임직원(인턴기자 포함)이 해당된다. 공무수행 사인은 건축위원회 위원이나 한국주택협회, 산재보험 의료기관 평가자, 정부에서 파견 나온 민간협회 직원 등을 의미한다.

나) 부정청탁과 대상직무

부정청탁은 직접 또는 제3자를 통하여 직무를 수행하는 공직자에게 법령을 위반해 다음과 같은 14가지 대상직무를 처리하도록 하는 행위를 말한다.

| 표 11-3 | 청탁금지법의 부정청탁 대상직무

No.	대상직무
1	인 · 허가 등 처리
2	행정처분 또는 형벌부과 감면
3	채용, 승진 등 인사 개입
4	공공기관의 의사결정에 관여하는 직위의 선정, 탈락에 개입
5	공공기관 주관 수상, 포상 등 선정, 탈락에 개입
6	입찰, 경매 등 관련 직무상 비밀누설
7	계약 당사자 선정, 탈락에 개입
8	보조금 등의 배정, 지원 등에 개입
9	공공기관이 생산, 공급하는 재화, 용역의 사용, 수익, 점유 등
10	입학, 성적 등 업무처리, 조작
11	병역판정검사 등 병역 관련 업무처리
12	공공기관이 실시하는 각종 평가, 판정 결과 조작 등
13	행정지도, 단속, 감사 결과 조작, 묵인 등
14	사건의 수사, 재판 등 업무처리

출처: 국민권익위원회 홈페이지(www.acrc.go.kr)

청탁금지법은 공직자에만 법이 적용되기 때문에 민간인과 민간인 사이에서 일어나는 상황이나 공직자가 민간인에게 제공하는 금품 등은 해당되지 않는다. 따라서 퇴직한 공무원에게 5만 원 이상의 선물을 하거나 공무원이 민간기업 직원에게 10만 원 상당의 축의금을 주는 것은 법률위반이 아니다.

3) 리베이트

리베이트(rebate)는 지급한 상품이나 용역의 대가 일부를 지급자에게 다시 되돌려주는 행위 또는 금액을 말한다. 리베이트는 크게 두 가지 형태로 볼 수 있다. 하나는 정해진 금액을 업체에게 우선 전액 지급한 후 그 중에서 일부를 업체로부터 다시 되돌려 받는 것이다. 다른 하나는 정해진 금액에서 일정 금액을 아예 처음부터 깎아 업체에게 지불하는 것이다.

리베이트는 판매 촉진과 거래 장려 등의 목적을 가지고 상거래에서 오랫동안 인정되어온 일종의 거래관행이다. 그 정도가 지나치지 않고 적당한 경우에는 일종의 경품 제공의 성격을 지니고 있다. 그러나 상거래의 관습에 적절하다고 인정되는 한도를 벗어나게 된다면 문제가 발생하게 된다. 리베이트가 제약업계에서는 제약회사가 의사에게 주는 뇌물을 지칭하기도 하는 등 악용되는 사례가 발생하고 있고 가격을 조작하거나 담합하기 위한 수수료나 뇌물로 악용되기도 한다. 이처럼 리베이트가 뇌물거래로 변질되는 것을 막기 위해 공정거래법은 정상적인 거래관행에 비추어 과도한 리베이트 제공을 '부당고객유인행위'로 규정하여 금지하고 있다. 과도 또는 적정의 판단기준은 거래기간, 거래규모, 지급조건, 기타 제반요인 등을 고려하여 결정된다.

리베이트는 그 자체가 문제가 아니라 불법적인 리베이트가 문제가 된다. 그 예로 건설업계나 무기거래에서는 불법 리베이트가 오랫동안 관행처럼 이루어져 왔다. 대형 글로벌 무기회사들이 군수물자 납품과 관련하여 리베이트를 국방 관련자나 권력자에게 주는 기사들을 심심찮게 볼 수 있는 이유도 그 때문이다. 이를 다른 표현으로는 킥백(kickback)이라고도 한다.

킥백(kickback)
(불법적인) 리베이트, 뇌물

국내 굴지의 제약회사로 제약업계 1위를 달리던 D제약은 762개 요양기관 등을 대상으로 142개 품목에 리베이트를 제공한 것이 적발되었다. 이에 보건복지부는 이 품목들에 대해 평균 3.6%의 약가격을 인하하는 처분을 내렸다. 이러한 약가 인하 처분은 매우 큰 경제적 제재로, 지난해 D제약이 이 품목들로 청구한 약제비가 2,860억 원이었던 점을 감안하면 약 100억 원에 달하는 약제비가 내려가기 때문에 급여정지나 과징금보다 더 큰 제재라 할 수 있다. 이 일로 D제약의 임직원 8명이 구속되었고 기업이미지는 물론 주가 역시 곤두박질쳤다.

공사편의를 봐주겠다며 하도급업체로부터 거액을 받은 대형 건설사 직원들이 검찰에 적발된 사례도 있다. 리베이트로 8,400만 원을 받은 A건설사 직원은 자신의 회사가 짓고 있던 아파트 내장재의 예정낙찰가격을 건축내장재업체인 B사에 미리 알려줘 80억 원의 공사를 할 수 있게 도와주었다. 또한 C건설사는 재하도급업체들에게 공사비를 부풀린 뒤 돈을 되돌려 받는 수법으로 수십억 원의 비자금을 조성한 것으로 밝혀졌다.

11.2 윤리경영 실천

윤리경영을 제대로 실천하는 기업에도 위기가 올 수 있다. 이때 어떻게 대처하는가에 따라 기업의 존폐가 달려 있다. 윤리경영 성공 사례와 실패 사례를 살펴보자.

11.2.1 윤리경영 성공 사례

1) 존슨앤드존슨

1886년 설립된 존슨앤드존슨은 '기업의 사회적 책임'과 같은 용어가 등장하기도 한참 전인 1943년에 '우리의 신조(Our Credo)'라는 윤리헌장을 공식 채택할 정도로 윤리경영을 중시해 왔다. 고객과 종업원, 지역사회, 주주에 대한 기업의 책임을 적어놓은 '우리의 신조'는 미국 존슨앤드존슨 본사는 물론 전 세계 200개가 넘는 국가별 · 지역별 사업조직과 계열사의 눈에 잘 띄는 위치에 게시돼 있다.

1982년 미국 시카고 일대에서는 7명이 며칠 사이에 이유 없이 갑자기 죽었다. 공통점으로는 이들이 숨지기 직전 타이레놀을 복용했고 타이레놀에 치명적 독극물이 섞여 있었다는 사실이 밝혀짐으로써 존슨앤드존슨은 창사 최대의 위기 상황을 맞이하게 된다.

타이레놀은 제조과정에서 독극물이 투입됐을 가능성은 거의 없는 것으로 판단되었지만 존슨앤드존슨은 사건의 조사 결과가 구체적으로 나오기도 전에 타이레놀 캡슐 제조를 중단했다. 또한 광고를 전부 중단하고 언론을 통해 국민들에게 사건의 진상을 솔직히 알렸으며 범인 검거를 위해 10만 달러의 현상금을 내걸었다. 전국의 병원과 약국에는 타이레놀을 처방하거나 판매하지 말도록 당부하였으며 시민들에게는 문제가 됐던 타이레놀 캡슐을 복용하지 말 것을 알렸다. 뿐만 아니라 약국에 있던 모든 타이레놀 제품을 수거하여 폐기하였다. 이러한 대처 덕분에 독극물이 주입된 타이레놀이 이후에도 몇 개 더 발견됐지만 더 이상의 사상자는 나오지 않았다.

당시 많은 사람들은 이 사건으로 진통제 시장에서 1위였던 타이레놀이 시장에서 퇴출당하는 것은 물론 100년에 이르렀던 존슨앤드존슨의 역사도 끝나게 될 것으로 보았다. 그러나 소비자들은 존슨앤드존슨이 보인 진정성과 신속한 수습대책을 높이 평가했다. 이후 타이레놀은 40%에 가까웠던 시장점유율을 곧 회복할 수 있었으며, 지금까지도 타이레놀 브랜드명을 유지하며 높은 시장점유율을 유지하고 있다.

존슨앤드존슨의 타이레놀 사건은 기업의 단순한 위기경영 사례를 뛰어넘어 윤리를 중요시해 온 기업이 위기 상황을 맞이하였을 때 윤리적 경영 대처를 통해 위기를 도약의 계기로 만드는 것을 보여준 사례라 할 수 있다.

11.2.2 윤리경영 실패 사례

기업의 윤리경영은 법적 강제성이 없다. 하지만 사회통념상 기대되는 일정 수준의 윤리적 기준이 때로는 기업의 운명을 좌우하기도 한다. 눈앞의 이익을 위하여 윤리를 저버린 기업이 경영이 악화되거나 도산하는 사례를 자주 볼 수 있다.

1) 분식회계 사건

분식회계는 기업의 실적이 나빠질 때 경영진들이 가장 유혹에 빠지기 쉬운 범법행위이다. 기업회계 기준 제2조에 의하면 재무회계의 목적은 "회계 정보이용자가 기업실체와 관련하여 합리적인 의사결정을 할 수 있도록 재무상의 자료를 일반적으로 인정된 회계원칙에 따라 처리하여 유용하고 적정한 정보를 제공하는 것"이다. 분식회계란 기업이 회사의 각종 재무상태를 알려주는 이 재무제표를 포장하여 실제보다 실적이 좋은 것처럼 부풀려 작성하는 것을 의미한다.

회사는 주주, 관련기업, 정부 등 모든 이해관계자에게 기업의 경영 현황에 관한 회계정보를 있는 그대로 정확하게 제공해야 함에도 불구하고 정확하지 못한 정보를 제공함으로써 기업뿐 아니라 국가의 신용에도 지대한 영향을 미치게 된다. 미국의 엔론, 일본의 도시바, 한국의 SK 글로벌 등 많은 거대 기업들이 분식회계의 여파로 인하여 회사가 파산하거나 기업대표가 감옥에 가는 등 우여곡절을 겪었다.

엔론은 한때 미국의 7대 기업이라 불리며, 미국-EU 간 석유거래의 20%를 점유하던 기업으로 포춘지로부터 수년간 최고의 혁신기업으로 뽑혀왔다. 그러나 2001년 10월 엔론의 회계부정행위가 드러나게 되었고 이런 사실이 밝혀지면서 주당 80달러에 육박하던 엔론의 주가는 40센트로 순식간에 추락하며 신용등급 역시 최하 단계로 떨어졌다. 이에 부채상환이 불가능해진 엔론은 2001년 12월 파산보호를 신청한다. 엔론의 몰락은 최고경영진들의 부족한 윤리의식 때문이었다. 자산, 이익 등을 포함한 대부분의 경영상 지표를 조작할 만큼 심각한 도덕적 해이가 회사 부실의 은폐, 조작을 이끈 것이다. 그리고 그 결과 엔론은 역사 속으로 사라지게 되었다.

일본의 대표기업이었던 도시바는 2008년 금융위기, 2011년 대지진 등을 겪으면서 회사의 실적이 급격히 악화되자 조직적인 분식회계를 통하여 1,520억 엔(1조 5,000억 원 규모)을 조작하였다. 도시바 임원진들은 각 부문의 부서장들에게 실적을 압박하였고 각 하위 부서들은 목표달성을 위하여 이익을 지나치게 부풀려 잡거나 지불하여야 할 비용을 뒤로 미루는 등의 회계부정을 요구하여 허위로 성과를 내어오던 것이 2015년에 곪아 터진 것이다. 연구개발, 체질개선 등 보다 근본적인 해결책을 찾아내기 위하여 노력을 하였다면 장기적인 관점에서 더 유리하였을 수도 있을 것이다. 이는 최고경영진의 지나친 실적주의나 잘못된 리더십으로 인하여 거대 기업이 위기에 처할 수 있음을 잘 보여준 사례라 할 수 있다.

2) 배기가스 조작 사건

2015년 폭스바겐은 배출가스량 조작으로 오랫동안 쌓아온 독일 국민 자동차의 신뢰를 한꺼번에 잃게 되었을 뿐 아니라 전 세계 시장에서 천문학적인 액수의 배상을 요구하는 각종 소송에 휘말리게 되었다. 자동차 검사를 받을 때만 배출가스 저감장치가 작동되고 평상시에는 연비를 높이기 위해 저감장치가 정지되는 소프트웨어를 디젤자동차에 탑재하였다 발각되었다.

폭스바겐은 국제유가가 하늘을 찌를 듯이 높았던 2000년대 후반에 디젤이 가솔린보다 연비도 좋고 이산화탄소도 적게 배출한다는, 소위 '클린 디젤'을 앞세워 대대적인 마케팅을 하였다. 그 당시 주목을 끌기 시작했던 전기와 기름을 동시에 쓰는 하이브리드 자동차에 비해서도 가격이 저렴하여 폭발적인 인기를 끌었고 한국에서도 아우디, 골프, 티구안 등의 브랜드를 판매하면서 외국차 시장을 주도하였다. 그러나 합리적 가격의 클린 디젤은 말도 안 되는 목표였다는 것이 전직 임원의 증언이었고 성능이 좋은 고가의 저감장치를 달면 기업의 이익이 떨어질 것을 우려하여 검사만 통과할 수 있는 조작을 한 것이다.

회사가 지나치게 실적을 중시하고 단기 이익에 집착하다 보면 최고경영진은 올바른 의사결정을 내리지 못하고 비윤리적인 행위를 하고, 결국에는 범법을 하는 단계에까지 이르게 된다. 폭스바겐 사건은 최고경영자가 임기 동안 높은 실적을 내어 자신의 연봉과 이익을 높이려는 욕심보다 장기적인 관점에서 기술을 개발하고 정직한 의사결정을 하는 것이 최선이라는 것을 잘 보여주는 사례라고 할 수 있다.

학습문제

1. 관심 있는 회사의 홈페이지를 방문하여 윤리헌장에 어떠한 내용이 포함되어 있는지 조사해보자.

2. 내부자고발로 인하여 사회적으로 이슈가 된 기업의 사례를 찾아 토론해보자.

3. 김영란법의 구체적 내용을 살펴보고 법에서 금지하는 사례들을 찾아 제시해보자.

참고문헌

곽관훈(2014). "기업 규제 관점에서 본 내부고발자 보호의 필요성 및 방안." 기업법연구. 28(1), pp.211-232.

국민권익위원회. 기업윤리 브리프스(2010). 준법감시인제도 활용기업의 우수사례.

김태명, 이재춘, "준법감시인제도의 정착방안에 관한 연구." 전문경영인연구, 19(3), pp.19-34.

백홍기(2000). "준법감시인(Compliance Officer)제도의 도입 및 효과." 현대경제연구원 PBR, 2000-15, pp.1-7.

부패방지위원회(2003). 일과 윤리: 대학생 · 신입사원용 부패방지 교육교재.

아모레퍼시픽 지속가능보고서(2010).

윤대혁(2001). 현대사회와 직업윤리. 무역경영사.

이주희(2014). "기업범죄와 내부고발에 관한 법정책적 고찰." 법과 정책연구, 14(2), pp.487-512.

이진규(1994). 세계화 시대의 기업윤리와 기업윤리 정립 방안. 대한상공회의소.

정보통신부, IT벤처기업연합회(2006. 9). IT중소벤처기업 윤리경영 실천매뉴얼. 정보통신부.

전국경제인연합회(2000. 6). 기업윤리 실천 매뉴얼: 기업윤리 실무 지침서.

EY(언스트앤영)(2017). 2017 아시아태평양 부정부패 설문조사.

KOTRA(2004. 11). 해외 윤리경영 사례.

Reidenbach, R. E., & Robin, D. P.(1991). "A conceptual model of corporate moral development." *Journal of Business Ethics*, 10(4), pp.273-284.

Trevino, L. K., & Nelson, K. A.(2016). *Managing Business Ethics: Straight Talk About How To Do It Right*(6th ed.). John Wiley & Sons.

국제투명성기구 http://www.transparency.org

Chapter 12

기업의 사회적 책임

학|습|목|표

- 기업의 사회적 책임의 중요성에 대해 설명할 수 있다.
- 기업의 사회적 책임을 실천하는 우수 사례를 열거할 수 있다.
- 기업의 사회적 책임과 공유가치창출의 차이를 설명할 수 있다.

사회에 대한 기업의 기본적인 책임은 윤리적으로 건전한 경제활동을 통해 고객에게 양질의 좋은 제품을 제공하고, 고용을 창출하며, 이익을 남겨 세금을 국가에 납부함으로써 국가경제에 공헌하는 것이다. 그러나 이러한 기본책임 이외에도 사회와 소비자들은 기업에게 한걸음 더 나아간 책임을 요구하고 한층 더 높은 사회적 가치를 창출해낼 것을 기대한다.

12.1 사회적 책임의 개념

기업의 기본적인 책임 외에 사회 구성원들, 특히 사회적 약자나 사회적으로 소외된 계층을 지원하는 자발적이고도 적극적인 활동을 기업의 사회적 책임(Corporate Social Responsibility: CSR)이라고 할 수 있다. 경영자가 의사결정을 할 때 모든 이해관계자집단뿐 아니라 사회적 약자에게 미치게 될 의사결정의 영향력을 고려하고, 최선의 결과가 주어질 수 있는 의사결정을 내리기 위해 행하는 노력이 사회적 책임이다.

현대사회에서 기업의 사회적 책임은 경영활동과 상관없는 영역이 아니라 기업 이미지, 기업 선호도 등에 크게 영향을 미치는 요인이다. 예를 들어 기업이 사회적 책임활동을 적극적으로 펼치게 되면 기업 이미지는 좋아지고 고객들은 그 회사에 대해 좋은 인상을 가지게 되어 그 회사 제품을 호의적으로 평가하고 결과적으로 적극적으로 제품을 구매하고자 하는 마음이 들게 된다. 기업이 사회적 책임활동을 펼치며 얻게 되는 성과는 기업의 재무적 성과와 관련이 있으며, 사회적 책임을 다하는 기업은 회계투명성과 기업가치가 높아질 뿐 아니라 이익지속성 역시 좋아졌다는 연구 결과도 있다. 또한 기업에 어떠한 위기 상황이 발생했을 때, 만약 그 기업이 지속적인 사회적 책임활동으로 평소 호의적 기업 이미지를 구축해 놓았다면, 소비자는 부정적 정보에 크게 영향을 받지 않는다.

프린스턴대 경제학부 연구진은 미국 기업들 중에서 해외부패방지법 위반, 그 중에서도 특히 뇌물수수로 1990년부터 2013년 사이 증권거래위원회와 법무부로부터 벌금을 부과받은 회사가 얼마나 증가하였는지를 조사하였다. 그리고 그 조사 결과를 기업 CSR 점수(기업의 공동체활동이나 종업원들에 대한 처우 수준 등을 종합하여 도출한 점수)와 비교하였다. 그 결과 상대적으로 CSR 점수가 높은 기업들이 그렇지 않은 기업보다 평균적으로 약 200만 달러의 벌금을 적게 낸 것으로 나타났다. 이는 CSR이 고객이 기업을 바라보는 시각에만 영향을 끼치는 것이 아니라 기업을 감독하는 감독기관이나 소비자단체에게까지도 영향을 미칠 수 있음을 보여준다.

펜실베이니아대 와튼스쿨의 위톨드 헤니츠(Witold Henisz) 교수가 제창한 '기업 운영의 사회 허가(Social License to Operate: SLO)'는 기업이 사회로부터 마음으로 받아들여지는 정도를 뜻하는 말로, 이 역시 기업이 경제적 책임뿐 아니라 사회적 책임 역시 적극 수행해야 함을 말하고 있다. 즉 기업이 사회적 책임을 다해야만 지역사회로부터 인정을 받고, SLO를 획득하게 된다.

1990년대 후반부터는 보다 적극적으로 기업의 사회적 책임을 기업이익과 연계하려는 노력이 이어져 왔고 최근에는 많은 기업들이 공유가치창출(Creating Shared Value: CSV)이라는 개념을 도입하면서 사회공헌의 개념이 확대되고 있다. 포터(Porter)와 크래머(Kramer)는 진정한 CSR은 기업과 지역사회가 가치를 공유하며 상생하는 것이라고 하였다.

12.2 캐롤의 기업의 사회적 책임

조지아 대학의 캐롤(A. Carroll) 교수가 제창한 개념은 기업의 사회적 책임을 설명하는 틀로 자주 언급되고 있다. 기업의 사회적 책임을 경제적 책임, 법적 책임, 윤리적 책임, 자선적 책임으로 나누어 설명하고 있다.

1) 경제적 책임

경제적 책임이란 소비자가 필요로 하는 상품 및 서비스를 생산하고 이익을 만드는 기업의 기본적인 책임을 말한다. 만약 재정적인 건전성이 없다면 다른 책임을 다하기 힘들기 때문에 경제적 책임은 가장 중요한 동시에 기본적인 책임으로 여겨진다.

2) 법적 책임

기업은 경제적 책임을 가질 뿐 아니라 법적 테두리 안에서 경영활동을 해야 한다. 기업이 경영활동을 하면서 법을 지키는 것은 경제적 책임과 함께 자유기업체제에서 행해야 하는 기업의 기본적인 책임이며, 법은 한 사회 내에서 합의가 된 기업행동의 최소한의 규범과 기준이다.

3) 윤리적 책임

윤리적 책임은 의무론에 입각하여 사회의 보편적 가치관에 합당하게 기업이 경영활동을 해주기를 사회가 기대하는 것이다. 이는 법적으로 강요되는 것은 아닐지라도 기업이 사회통념상 형성되어 있는 윤리적 기준을 자발적으로 따르는 것으로, 법처럼 의무적으로 강요당하는 것은 아니지만 법이 포함하지 못하는 더 많은 일반적인 책임을 포함한다.

기업들은 이러한 결정들을 내리기 위해 윤리적 의사결정과정에 의존하고 있으며, 그 예는 담배광고를 통해 살펴볼 수 있다. 미국에서 미성년자들에게 담배를 광고하거나 판매하는 것은 불법이다. 그러나 그러한 법적 규제가 없는 나라들에서는 광고나 판매를 할 수 있으며 실제로 이것은 아시아의 많은 지역에서 담배회사들이 하고 있는 일이다. 그러나 윤리적 책임을 지는 담배회사는 담배중독에 의한 장기적인 건강상의 해로움 때문에, 미성년자에게 담배를 광고하거나 판매하지 않는다. 우리나라의 경우 주류회사 홈페이지가 생년월일을 입력해야만 홈페이지 정보를 볼 수 있도록 최소한의 조치를 취한 것과 달리 담배회사의 홈페이지를 보면 이러한 제한이 없어 흡연사진과 담배정보를 손쉽게 얻을 수 있다. 이에 필립모리스는 미성년자들이 홈페이지에 접근해 쉽게 담배 관련 정보를 습득할 수 있다는 비판적인 시각 때문에 2016년 한국 홈페이지를 없애기로 결정하였다.

4) 자선적 책임

마지막으로 자선적 책임은 기업의 경영활동과 직접적인 관련은 없으나 인간의 복지와 안녕을 위한 기업활동을 의미한다. 예를 들면 불우이웃돕기, 장학금 지급, 사회봉사활동 등이 이에 속한다. 회사 비즈니스에 연계된 자선사업 노력의 한 예로, 많은 제약회사들은 약을 살 수 없는 사람들에게 약을 나누어주거나 혹은 더 많은 빈민층 환자들이 약을 구입할 수 있도록 가격을 대폭 낮춘다. 제약회사 애봇(Abbott)은 에이즈로 고통받고 있는 아프리카 국가에 자사 에이즈 테스트 약물을 이윤 없이 제공하였다.

현대사회에서 많은 회사들은 자선사업에 참여하고 있으며, 종종 자신들이 만든 재단을 통해서 자선활동을 한다. 공개적인 발표가 의무사항이 아니기 때문에 얼마나 많은 기업들이 실제로 기부를 하고 있는지 알기 힘들다. 많은 기업들은 이러한 정보를 CSR 보고서에 발표하고 있으며, 비즈니스위크와 포춘지는 이러한 사회적 흐름에 맞추어 연간 기부 기업

리스트를 발표하고 있다

위에서 기업의 경제적 책임, 법적 책임, 윤리적 책임, 자선적 책임을 살펴보았으며, 이를 그림으로 나타내면 [그림 12-1]과 같다. 가장 아래에 있는 경제적 책임이 이루어져야 법적 책임이 이루어질 수 있고, 법적 책임이 바탕이 되어 윤리적 책임을 다할 수 있으며, 이러한 윤리적 책임을 다해야 자선적 책임을 행할 수 있음을 의미하는 피라미드이다. 이러한 4가지 차원의 책임은 별개의 것이 아니라 함께 추구되어야 하는 가치이다.

그림 12-1 기업의 사회적 책임 피라미드

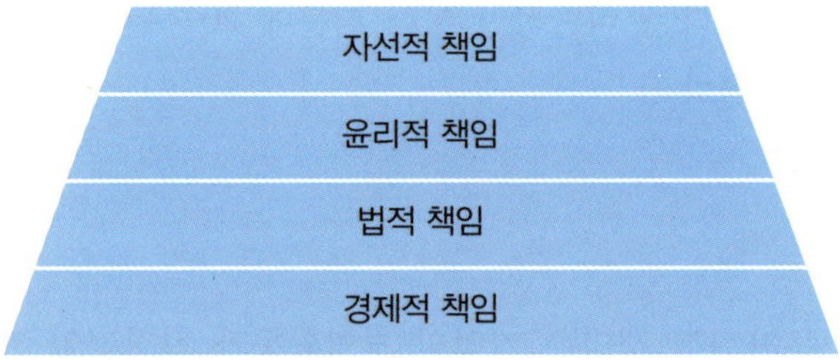

출처: Carroll, A. B.(1991)

12.3 사회공헌과 공유가치창출

현대사회의 기업들은 다양한 방법으로 사회적 책임을 다하고자 노력하고 있다. 과거 기업의 사회적 책임이 기본적 형태의 경제적 책임과 법적 책임 수준에 머물러 있었다면 최근에는 기업의 윤리적 책임이 보다 강조되고 있는 형태이다. 그리고 기업의 사회적 책임은 이제 자선적 책임을 다하려는 노력을 넘어서 전략적으로 CSR을 이행하는 추세로 점차 확장되고 있다.

또한 글로벌 금융위기 이전까지는 경영실적이나 주가가 회사 판단기준의 중요한 요소가 되었다면 금융위기 이후에는 회사의 이익추구만이 아니라 사회적 가치를 공유할 수 있어야 소비자의 마음을 움직일 수 있게 되었다. 사회적 가치란 2011년 포터와 크래머가 하버드 비즈니스 리뷰에 처음으로 소개한 개념이다. 기업의 경제적 가치와 사회의 사회적 가치를 조화시켜 사업적 가치를 창출해냄으로써 경제적 이익과 사회적 이익이라는 두 마리 토끼를 잡는 것을 추구한다. 그 전까지의 사회공헌 활동이 단순히 사회적 약자들을 돕는 차원의 활동이 많았다면 장애우, 농민, 사회 극빈자, 저개발국가 빈민 등 지역사회나 국제사회의 사회적 약자와 함께 사회적 가치를 함께 만들고 경제적 이윤을 공유하는 공유가치창출(created shared value: CSV)을 지향한다는 차이점이 있다.

즉 기업의 사회적 책임은 기업의 시민의식과 자선활동을 기반으로 사회에 존재하는 문제들을 부분적으로나마 해결하는 것을 돕고자 노력하는 것이다. 그러나 공유가치창출은 기업의 이윤극대화를 위한 전략에 사회적 · 환경적 가치를 포함한다. 사회적 · 환경적 가치는 전통적으로 비용으로 인식되어 왔으나 CSV에서는 이를 뛰어넘어 자산화시키는 것이다. 예를 들면 저개발국가의 농부가 재배하는 커피 원두를 제 값을 주고 구입하는 공정무역은 CSR 관점에서 빈곤이라는 사회적 문제해결을 돕고자 하는 것이다. 그러나 효과적으로 농사짓는 법을 농부에게 가르쳐주고 그들이 지속적으로 품질 좋은 커피를 대량으로 생산할 수 있도록 돕는다면 농부와 원재료를 구입하는 기업 양측에 경제적 효용을 가져다준다.

다음의 사례들을 통하여 기업들이 구체적으로 어떠한 방법들을 통하여 사회적 책임을 담당하며 공유가치를 창출하고 있는지 살펴보도록 한다.

1) IBM

IBM은 종래의 블루 혹은 화이트칼라가 아닌 '뉴칼라'의 새로운 인재들이 4차 산업혁명시대를 이끌어 나갈 것이라고 보았다. 인공지능과 빅데이터가 모든 것을 지배하는 세상에서 생산직 노동자와 전문사무직 노동자의 일자리는 갈수록 줄어들 것이기 때문에 새로운 것을 창조하고 연구개발하는 데 뛰어난 능력을 가진 계급, 즉 '뉴칼러'가 세상을 주도해 나간다는 것이다.

이에 IBM은 2011년 뉴욕시 교육청, 뉴욕시립대와 손잡고 브루클린에 P테크학교를 처음 세웠으며 9학년(중학교 3학년)부터 시작하여 6년을 마치고 나면 전문대학 학사학위도 취득할 수 있도록 하였다. 이 학교 학생들의 대부분은 흑인이나 히스패닉계 등 소수인종이며 학생들의 70% 이상이 저소득층 가정의 자녀들이다. 로봇이 인간 직업을 대체하게 되면 소득이 낮은 단순 노동자들이 가장 큰 피해자가 될 것이라고 한다. 그렇기 때문에 이러한 계층의 자녀들이 중산층으로 진입할 수 있도록 혁신적인 교과과정을 통하여 필요한 기술을 가르치는 학교의 설립은 매우 의미있다고 할 수 있다. 실제로 이 학교 졸업생들의 취업률은 매우 높으며 저소득층 자녀들이 새로운 꿈을 꿀 수 있도록 하였다. Time, CNN등 주요 뉴스매체들은 이 사례가 글로벌 기업의 모범적 사회공헌사업이라고 극찬을 아끼지 않았다.

2) SPC

삼립식품, 샤니, 파리크라상 등의 계열사를 가진 SPC의 기업 사명(Mission)은 "식품기업으로서 가장 잘 할 수 있는 일은 이웃의 배고픔을 덜어주는 일"이다. SPC는 이러한 사명을 바탕으로 다양한 나눔활동을 펼치고 있으며 2012년에는 '사회복지법인 SPC 행복한 재단'을 설립하여 체계적이고 효과적인 사회공헌을 하고 있다. SPC가 고양시 지적 장애인 자립 지원사업을 하는 Soul 베이커리와 함께 'SPC & Soul 행복한 베이커리 교실'을 열어 지적 장애인들에게 제품개발 및 기술교육 등의 재능나눔활동을 통해 교육 → 채용 → 자립으로 이루어지는 선순환 고리를 만들어 나가고 있는 것이 한 예이다. 또한 SPC는 IMF 외환위기 때부터 어려운 이웃의 영양과 건강, 생계를 지원하는 푸드뱅크(Food Bank)사업에 참여해 오고 있으며 'SPC 행복한 나눔 차'를 운영해 전국의 어려운 이웃을 직접 찾아가 파리바게뜨, 파리크라상, 던킨도너츠, 삼립식품 빵을 전달하는 활동을 하고 있다.

이뿐 아니라 임직원들이 매달 급여에서 일정액을 기부해 장애아동의 재활치료를 돕는 'SPC 행복 펀드'를 조성해 장애어린이들의 재활치료비, 긴급수술비, 재활보조기구 지원사업 등을 돕고 있으며, 젊은이들의 꿈을 응원하는 의미로 SPC그룹 매장에서 근무하는 아르바이트 대학생들 중 매년 100명을 선발해 대학 등록금의 반액을 장학금으로 지원하고 있으며 자사 브랜드의 가맹점주들의 대학생 자녀들을 대상으로 10억 원 규모의 장학금을 지원한다.

이러한 노력 외에도 자사 제품에 영천의 미니사과, 진주의 토마토와 딸기, 용인 친환경 유정란, 함평 친환경 쌀 등 지역 특산품을 사용하는 등 국내 지역 농가와 업무협약을 체결해 소비자에게는 신선하고 품질 좋은 재료로 만든 먹거리를 제공하고 지역농가에게는 안정된 수익기반을 제공하는 상생에 기여하고 있다.

3) 오뚜기

젊은이들 사이에서 '갓뚜기'라는 별명으로 유명해진 ㈜오뚜기는 꾸준한 사회공헌활동, 정당한 상속을 통한 경영승계, 그리고 가성비 뛰어난 제품 생산으로 '착한 기업'의 대명사가 되었다. 지난 20여 년간 심장병 어린이 후원사업을 통해 4천 명이 넘는 어린이들에게 새로운 생명을 주어왔고, 더 나아가 굿윌스토어(Goodwill store)와 손잡고 다양한 사회봉사활동을 펼치고 있다.

굿윌스토어는 1902년 미국 에드가 헬름즈 박사(감리교 목사)가 보스턴 이민자들과 가난한 이들에게 기증물품을 수선하여 저렴한 가격에 판매하는 일자리를 제공함으로써 시작되었다. 1998년에는 Goodwill Global Inc.가 탄생되어 전 세계에 있는 장애인과 소외계층에게 취업의 기회를 제공하고 있다. '사람, 기업, 환경'을 생각하는 사회적 기업으로 소매유통과 장애인 직업재활시설을 결합한 사업모델이며 현재는 14개국에 2,800여 개의 스토어를 운영하며 20만 개 이상의 일자리를 제공하고 있다. 우리나라에도 전국에 20개 가까운 스토어가 있으며 350여 명의 장애인들이 일하고 있다.

오뚜기는 굿윌스토어 도봉점 및 송파점에 오뚜기가 생산하는 주요 선물세트를 조립하는 작업을 위탁하여 장애인들에게 단순한 금전적 기부를 하는 것이 아니라 일자리를 제공함으로써 그 대가로 이들이 자립할 수 있도록 지원한다. 또한 매주 이틀 동안 25명 이상의 오뚜기 임직원들이 자원봉사 형태로 스토어에 나가 가공 작업뿐 아니라 중고품 수선이나 진열 · 판매, 장애인 점심 배식 등을 돕고 있다.

4) 스타벅스

지난 1971년 시애틀의 작은 매장에서 시작하여 세계적인 커피문화 기업으로 성장한 스타벅스의 사명(Mission)은 한 사람의 소비자, 한 잔의 음료, 하나의 이웃에 정성을 다하는 것이다. 이를 바탕으로 스타벅스는 '윤리 구매 · 환경보호 · 지역사회 참여'를 주축으로 하는 사회공헌활동을 전개하고 있으며 지역사회 속에서 함께 성장할 수 있도록 책임과 역할을 하고 있다. 특히 윤리 구매 측면에서는 커피를 윤리적으로 구매하고자 자체 원두 구매팀을 꾸려 직접 커피 원산지를 방문한 뒤 최상급 원두를 엄선하는 과정을 거치고 있다. 또한 공정무역 · 유기농 · C.A.F.E (Coffee And Farmer Equity) Practice 등 제3자 인증의 윤리 구매방식을 통해 국제시세보다 높은 가격에 원두를 구매한다.

환경보호 측면에서는 매장을 친환경 재료로 구축하여 지역사회에 환경적으로 기여할 뿐 아니라 지구촌 기후변화 방지활동에도 참여하고 있다. 지난 2011년부터는 환경부와 함께 일회용 컵을 없애는 매장 캠페인을 업계 최초로 시작하였으며 매장에서 음료를 마시는 고객의 경우 일회용 용기가 아닌 머그잔에 제공하는 것을 표준으로 하고, 고객이 개인 텀블러나 컵을 가지고 올 경우 가격 할인을 제공하고 있다.

매장의 파트너들 역시 스스로 지역사회와 이웃에 관심을 갖고, 지역사회단체와 함께 다양한 활동에 참여한다. 예를 들어 스타벅스재단의 젊은 사회활동가 지원사업인 '유스 액션 그랜트' 캠페인을 통해 아이들과 미래, 월드비전, 시민환경연구소, 서울국제여성영화제 등의 단체가 추진하고 있는 사회공헌프로그램에 파트너들이 함께 참여하여 지원하고 있다. 이외에도 스타벅스는 '한 문화재 한 지킴이 캠페인', '푸드뱅크', '바리스타 재능기부', '맑은 물 지키기 캠페인' 등을 통해 지역사회에 관심을 갖고 지원활동을 전개하고 있다.

5) 네슬레

코코아와 초콜릿으로 유명하며 189개 국가에서 비즈니스를 운영하는 글로벌 식품기업인 네슬레(Nestle)는 삶의 질을 향상시키고 더 건강한 미래에 기여하는 것을 기업의 사명으로 삼고 있다. 이에 어린이들이 더 건강한 삶을 살 수 있도록 지원하고 비즈니스활동과 직접적으로 관련된 농가들의 생계 향상을 지원하며 지구환경에 대한 나쁜 영향을 제로(zero)로 하겠다는 3대 목표를 수립하였다.

네슬레는 더 나은 나무가 더 나은 농업을 만들고 더 나아가 더 나은 농부수입을 올린다는 신념하에 Nestle Cocoa Plan을 통해 코코아를 생산하는 농부들의 삶의 질과 그들이 생산하는 코코아의 질을 향상시키고자 노력하였다. 2016년 기준 57,000명의 농부들을 현장 학교에서 훈련시켜 좋은 농사법을 채택하여 생산성을 향상시킴으로써 농민소득을 향상시켰다. 뿐만 아니라 브라질 커피생산 농가에도 생산기술을 전파함으로써 지역사회 발전에 기여함과 동시에 질 좋은 커피를 생산할 수 있었다. 공유가치창출의 가장 모범적인 사례로 꼽히고 있다.

이러한 기업활동은 고객으로부터 신뢰를 얻는 데 큰 역할을 한다. 고객들은 믿을 수 있는 식품을 살 수 있는 동시에 회사가 저개발국 농가의 생계와 환경보호에 기여하고 있다는 만족감을 느낄 수 있었으며 이러한 만족감이 회사와 제품에 대한 충성도를 높인다.

6) 탐스

세계적인 신발 브랜드인 탐스(TOMS)는 2006년 미국 캘리포니아에서 시작된 신발 제조 및 판매업체이다. 이 기업의 설립자인 블레이크 마이코스키(Blake Mycoskie)는 아르헨티나로 휴가를 떠났을 때, 신발이 없어서 맨발로 뛰어 놀고 있는 아이들을 보면서 신발회사를 만들고, 아이들에게 신발을 전달하는 것이 좋겠다는 사업 아이디어를 얻었다. 그 이후 탐스를 설립하면서 'One for One'을 기업의 핵심가치로 삼았다. 탐스에서 판매하는 물품을 소비자가 구매하면, 안경, 신발, 물, 그리고 출산을 위한 도움이 필요한 개발도상국 사람들에게 도움을 주는 활동을 하는 것이다. 예를 들어 소비자가 탐스 신발을 하나 구입을 하면 개발도상국 아이들에게 신발을 한 켤레 선물해주고, 탐스의 안경이나 선글라스를 구매하면 시력보호가 필요한 사람들에게 시력보존을 위한 의학서비스, 시력교정용 안경, 백내장 수술 등을 통해 사람들이 시력을 되찾을 수 있는 활동을 하는 것이다. 탐스 신발은 한국에서만 매년 30만 켤레 이상이 팔리고 있다.

이처럼 탐스는 상품을 판매하는 것에서 그치지 않고, 도움을 필요로 하는 사람들에게 적절한 활동을 하는 기업가치까지 판매하는 글로벌 기업으로 성장하였다. 탐스의 기업윤리와 사회적 기업가치는 많은 기업들의 롤모델이 되고 있다.

7) 베네세

일본 세토내해에 위치한 나오시마 섬은 20세기 초에 세워진 미쓰비시 제련공장으로 인해 공해를 앓고 있던 곳이다. 베네세(Benesse) 기업이 환경파괴의 상징이던 이 섬을 현대미술의 요람으로 부활시켰다. 베네세 하우스 뮤지엄, 지추미술관, 이우환미술관, 이에프로젝트 등 섬 여러 곳에 미술관과 예술작품들이 있어 한 해 50만 명 이상, 예술제가 열리는 해에는 100만 명 이상의 관광객들이 이 작은 섬을 방문한다고 한다.

이러한 기적 같은 변화를 주도한 기업은 일본 출판교육 기업인 베네세(Benesse)이다. 원래 후쿠다케 서점이었으나 1986년 아버지로부터 이 기업을 물려받은 후쿠다케 소이치로 회장은 '좋은 존재'라는 뜻의 베네세로 회사명을 바꾸고 책을 중심으로 좋은 일을 많이 하는 기업으로 거듭나고자 하였다. 후쿠다케 회장은 강한 신념과 추진력으로 산업화로 황폐화된 나오시마 섬을 건축의 노벨상인 프리츠커상 수상자로 유명한 건축가 안도 타다오에 의뢰하여 미술관과 호텔이 있는 베네세하우스를 1992년에 개관하였다. 그 이후로 다양한 미술관들을 계속 지어왔으며 2010년에는 산업폐기물 매립으로 얼룩져 있던 근처 데시마 섬에도 물을 주제로 한 미술관을 건립하였고 다른 섬으로도 확대해 나가는 중이다.

베네세는 환경파괴의 상징이었던 섬들을 예술의 옷과 혼을 입혀 전 세계의 미술애호가들이 메카처럼 찾아오는 명소로 만듦으로써 좋은 회사의 이미지를 자연스럽게 알림과 동시에 기업이념과 기업가치를 전 세계에 전파하고 있다.

학습문제

1. 사회공헌과 공유가치창출은 어떤 면에서 유사성과 차이가 있는지 이야기해보자.

2. 교재에 제시된 사례 외, 국내 기업과 글로벌 기업의 사회공헌 및 공유가치창출 사례를 각각 하나씩 찾아보자.

3. 평소 관심 있는 기업을 선정하여 그 기업에 적용가능한 사회공헌활동이 무엇이 있을지 아이디어를 제시해보자.

참고문헌

박소영, 김상일, 정현석(2017). "CSR 활동 유형에 따른 이익조정 동기의 차별성." 대한경영학회지, 30(4), 601-630.

이방실(2015. 11. 13). "[HBR 경영의 지혜] 기업의 사회공헌활동, 규제기관도 감동시킨다." 동아일보.

현대자동차그룹(2016). 2016 사회공헌활동 백서.

ISO26000. 한경 경제용어사전. 한국경제신문/한경닷컴.

ISO26000의 주요내용과 기업의 대응방안. 경총 경영계 2010년 11월호.

Carroll, A. B.(1991). "The pyramid of corporate social responsibility: Toward the moral management of organizational stakeholders." *Business Horizons*, 34(4), 39-48.

Henisz, W. J.(2017). *Corporate Diplomacy: Building Reputations and Relationships with External Stakeholders*. Routledge.

Porter, M. & Kramer, M.(2006), "The link between competitive advantage and corporate social responsibility." *Harvard Business Review*.

Trevino, L. K., & Nelson, K. A.(2017). *Managing Business Ethics: Straight Talk About How to Do It Right*. John Wiley & Sons.

굿윌 http://www.togethergoodwill.org/goodwill/index.php

네슬레 https://www.nestle.com/

오뚜기 http://www.ottogi.co.kr/overview/social.asp

스타벅스 https://www.starbucks.com/responsibility

SPC http://www.spc.co.kr/spc/smile/share/contribution Summary.spc

Chapter 13

글로벌 시대의 기업윤리

학습목표

- 글로벌 시대의 기업윤리의 중요성에 대해 설명할 수 있다.
- UN의 부패방지협약, ISO 26000, ISO 37001, OECD 뇌물방지협약에 대해 설명할 수 있다.
- 글로벌 기업들의 다양한 윤리경영 사례에 대해 설명할 수 있다.
- 공정무역과 공정노동에 대해 설명할 수 있다.

글로벌 시대의 기업들은 문화, 경영환경이 다른 여러 지역에서 활동하며 많은 이해관계자들과 관련되어 있는 만큼 윤리적인 기업활동은 선택이 아닌 필수요소가 되었다. 따라서 보다 보편적이면서 강력한 윤리기준의 필요성이 생겼다. 다양한 글로벌 기업윤리 표준들을 살펴보자.

13.1 글로벌 기업환경

우리 기업들이 해외에 현지법인 및 현지공장을 세우는 것처럼 많은 외국기업들이 한국에 들어와 공장이나 지점, 현지법인 등을 설립하여 운영하고 있다. 이렇게 세계 곳곳에서 영업을 하거나 활동하는 기업들을 다국적기업이라고 한다. 다국적기업은 현지국가의 다양한 이해관계자들과의 관계에서 자국 내에서 경영활동을 하는 것보다 몇 배나 더 어려움을 겪게 된다. 자국과 현지국가의 법, 규정, 정책이 다를 수 있고 정치, 종교, 문화, 관습 등이 다른 데서 오는 어려움도 클 것이다. 이러한 환경에서 윤리적 의사결정을 내리는 것은 쉽지 않고 고려해야 할 요소도 많다.

다국적기업이 많아지면서 기업의 윤리적 혹은 비윤리적인 경영활동은 전 전세계적인 관심을 받게 되었다. 다국적기업의 윤리문제로는 뇌물수수와 부패, 정치적 기부와 로비, 적대적 마케팅활동, 현지국의 발전에 부정적 영향을 미치는 활동, 문화적 지배 등을 들 수 있다. 실제로 아무리 기업의 성과가 우수하다고 하더라도 회계부정, 리베이트 등의 비윤리적인 행위가 발각된다면, 글로벌 시장에서 신뢰를 잃게 되고, 결국 기업의 존속이 어려워지게 된다.

이러한 다국적기업의 윤리문제 해결 및 기업윤리 실천을 위해서는 현지국의 주권과 사회적 평등, 시장의 정직성, 윤리적 지침에 기반하여 현지국 소비자의 건강과 안전을 지키고 고객의 권리를 보호하며, 광고나 경영에 있어 문화적 차이를 고려해야 한다. 직원들과의 관계에 있어서도 고용의 안정과 승진 및 급여체계에 있어서 공정성과 일관성을 유지하고 현지국 정부의 주권 존엄성을 인정하고 지역세법에 따라 정당한 세금을 납부해야 한다. 또한 기술이전과 고용창출을 통해 현지국가의 경제발전에 기여함으로써 일반 대중과의 바람직한 관계를 형성할 수 있다.

이처럼 다국적기업이 현지국가에서 기업을 운영할 때 중요한 역할을 담당하는 책임자는 주로 본국에서 현지국가로 파견된 지역담당 최고경영자라 할 수 있다. 이들은 국제비즈니스의 복잡성 및 윤리적 함의와 기업의 이익창출이라는 목표 및 회사 이해관계자의 기대 간에 윤리적 딜레마를 겪게 된다. 현지국가의 문화에 대한 교육과 지침을 바탕으로 현지국의 언어를 습득하고 현지문화에 대한 이해를 가져야 한다. 또한 문화적 규범과 행동에 관한 일관성을 유지하며 높은 수준의 윤리기준에 관한 훈련을 바탕으로 본사의 지침과 현지국가의 문화적 요소를 고려하여 윤리지침, 규정, 윤리강령, 보상체계 등을 확립해야 할 것이다.

13.2 국제 윤리경영 표준

글로벌 윤리경영의 규범들은 각종 국제협약, 국제기구의 윤리기준 설정, OECD 회원국의 관련 법규 제정 등을 통하여 글로벌 기업들의 부패방지를 위해 지속적으로 강화되어 왔다. 국가 간 윤리라운드를 형성하여 비윤리적인 기업과의 무역, 거래를 견제하고 있다. 다양한 글로벌 국제기구, 단체들이 기업들에게 요구하고 있는 윤리경영의 표준과 가이드라인을 살펴보자.

13.2.1 UN 윤리경영 표준

1) UN Global Compact

1999년 1월 UN은 세계경제포럼에서 세계화 시대의 문제를 해결하고 기업의 적극적인 사회적 책임 이행을 독려하기 위하여 Global Compact를 제창하였다. 2000년에는 UN 산하 전문기구 중 하나인 UN Global Compact(UNGC)가 발족하였다. UN Global Compact는 기업이 경영 활동에서 지켜야 할 10대 원칙을 제시하였다.

| 표 13-1 | UN Global Compact 10대 원칙

핵심주제	주요내용
인권 (Human Right)	1. 기업은 국제적으로 선언된 인권보호를 지지하고 존중해야 한다.
	2. 기업은 인권침해에 연루되지 않도록 적극 노력한다.
노동규칙 (Labor Standards)	3. 기업은 결사의 자유와 단체교섭권의 실질적인 인정을 지지한다.
	4. 모든 형태의 강제노동을 배제한다.
	5. 아동노동을 효율적으로 철폐한다.
	6. 고용 및 업무에서 차별을 철폐한다.
환경 (Environment)	7. 기업은 환경문제에 대한 예방적 접근을 지지한다.
	8. 환경적 책임을 증진하는 조치를 수행한다.
	9. 환경친화적 기술의 개발과 확산을 촉진한다.
반부패 (Anti-Corruption)	10. 기업은 부당취득 및 뇌물 등을 포함하는 모든 형태의 부패에 반대한다.

출처: 국민권익위원회 기업윤리 브리프스

2) UN 부패방지협약(United Nations Convention against Corruption)

2000년 이후 UN은 부패방지의 중요성을 강조하고, 여러 국가들이 관계된 부패문제를 국제법으로 처벌할 수 있는 방안을 강구하여 2003년 10월 반부패협약을 채택하였다. 부패방지협약에는 각국 정부가 반부패 기구를 창설하고, 선거자금의 투명성을 높이는 등 다양한 대책을 수립해

| 표 13-2 | UN 부패방지협약의 주요내용

항목	주요내용
제5조 부패방지 정책 및 시행	법의 지배, 공공사무 및 공공재산의 적절한 관리, 청렴성, 투명성 및 책임감의 원리를 반영하여 효과적인 부패방지정책을 개발한다
제6조 부패방지 기구	부패방지정책의 시행 및 감독, 조정, 부패방지에 대한 지식의 증대 및 보급을 통해 부패를 방지하는 기구의 설립을 보장하며 기구의 독립성을 보장한다.
제7조 공공부문	공무원과 적절한 경우 기타 비선출직 공무원의 채용·고용·유지·승진 및 퇴직체계를 채택·유지 및 강화하기 위하여 노력한다.
제10조 공공보고	조직·기능 및 의사결정과정에서의 투명성을 강화하기 위하여 대중에 관계된 결정 및 법적 행위에 관한 정보 획득을 허용하고, 의사결정 시 대중의 참여를 촉진하기 위해 행정절차를 간소화하고 정보물을 발간한다.
제12조 민간부문	민간부문과 관련된 부패를 방지하고 회계 및 회계감사표준을 강화하며 그러한 조치가 준수되지 않는 경우 민사상·행정상 또는 형사상의 처벌을 부과한다.
제13조 사회의 참여	의사결정과정에 있어서 투명성을 향상, 대중의 참여를 장려, 정보에 대한 대중의 효과적인 접근을 보장, 공공교육프로그램 및 대중홍보활동, 부패에 관한 정보의 탐색·수령·발간 및 배포할 자유를 존중·장려 및 보호를 실시한다.
제18조 영향력 행사에 의한 거래	부당한 이득을 얻기 위하여 영향력을 남용하는 조건으로 스스로 또는 타인에 대하여 부당한 이득을 제공할 것을 요구 또는 수수하는 행위 시에 형사상 범죄로 확립하기 위해 필요한 입법조치를 채택한다.
제26조 법인의 책임	각 당사국은 이 협약에 따라 확립된 범죄행위에 참여한 법인의 법적 책임을 확립하기 위하여 필요한 조치를 채택한다.

출처: 국민권익위원회 기업윤리 브리프스

야 한다는 내용을 포함한다. 특히 선 · 후진국, 공공 · 민간 부문 모두를 대상으로 하는 반부패 국제규범으로 협약의 제정에 따라 부패범죄와 관련된 사법공조와 자산환수를 위한 국제협력이 가능하게 하였다.

세계의 다양한 뇌물 용어

나라마다 뇌물을 표현하는 용어는 다양하다. BBC 모바일이 정리한 세계 뇌물용어를 살펴보면, 영미권이나 북유럽 사람들은 뇌물을 테이블 밑돈(under-the-table commission)으로 표현한다. 케냐의 '애들 콩값', 체코의 '물고기값', 지중해국들의 '(포도주) 잔술값', 우리나라의 '떡값' 등 각 나라의 먹을거리 이름을 붙인 이 용어들은 모두 소소한 뇌물을 일컫는 완곡어이다. 촌지의 경우 아프리카에서는 '커피값', 아프가니스탄과 이란에서는 '찻값', 터키에서는 '수프값'이라고 부른다.

체면치레나 성의표시와 같이 미화하는 표현도 볼 수 있는데 아제르바이잔 말 중에 '체면' 정도로 번역할 수 있는 '후르맛(hurmat)' 또한 뇌물을 가리키는 말이다. 헝가리 의사나 간호사는 진료 환자들로부터 '감사의 표시'를 기대하기도 하고, 중국의 관리들은 민원인들로부터 '일점신의(一點信義)'가 있기를 바란다고 표현한다.

큰 뇌물을 지칭하는 말로는 헝가리의 '노키아 박스'가 있다. 이는 2010년 부다페스트의 한 대중교통회사가 부시장에게 뇌물을 주며 노키아 휴대전화기 상자에 미화 65,000달러(우리 돈 약 7,300만 원)를 넣어준 것에서 유래했다. 우리나라의 '사과박스'가 보통 억대의 현금뇌물을 의미하는 것과 비슷하다.

이처럼 세계 각국에서 뇌물 관련 용어가 많은 것은 그만큼 뇌물이 우리 인간사회에 예전부터 뿌리깊게 존재해 왔던 것이라 볼 수 있다.

13.2.2 ISO의 윤리경영 표준

국제표준화기구, 즉 ISO(International Organization for Standardization, International Standardization Organization)는 다양한 분야의 제품이나 서비스를 표준화하여 국제교류를 용이하게 하고, 국가와 기업 간의 상호 협력을 증진시키기 위하여 1946년에 설립된 국제위원회이다. ISO는 3년마다 총회를 개최하여 참가국이 제안한 표준화안을 검토하고, 투표에 따라 ISO 권고 규격으로 공표한다. ISO의 표준은 각종 분야의 제품과 서비스를 표준화할 뿐만 아니라 환경부터 윤리, IT까지 다양한 분야에 걸쳐 ISO 뒤에 숫자를 붙여서 표준을 코드화한다.

1) ISO 26000: 사회적 책임에 관한 표준

ISO는 2010년 11월 1일 기업의 사회적 책임(CSR)에 관한 기존의 국제규범들을 통합하여 ISO 26000이라는 사회적 책임(Social Responsibility: SR)에 관한 새로운 국제표준을 발표하였다. ISO 26000은 모든 사회조직과 기업이 의사결정 및 경영활동을 수행할 때 사회에 이익이 될 수 있도록 하는 규정을 제정하였다.

ISO 26000에서 제시하는 사회적 책임의 원칙에 따르면 조직은 의사결정이 경제, 사회, 환경에 미치는 영향에 책임을 가지고, 조직의 의사결정과 활동을 투명하게 진행해야 한다. 또한 정직, 평등, 청렴의 가치를 기반으로 조직활동을 하고, 이해관계자의 관심사항을 존중하고 대응해야 한다. 그리고 모든 사법권 내의 법적 요구사항을 준수함과 동시에 국제행동규범을 존중하고, 나아가서는 인권의 중요성과 보편성을 인지하고 인권존중의 자세를 갖추어야 한다. ISO 26000은 정부, 산업계, 노동계, 소비자, 비정부기구(NGO) 등 7개의 경제주체를 대상으로 인권, 지배구조, 노동관행, 공정거래, 환경, 소비자 이슈, 공동체 참여 및 개발 등 7대 주제를 사회적 이슈로 규정하고, 실행지침과 권고사항 등을 담고 있다.

■ 그림 13-1 Social Responsibility 7 Core Subjects of ISO 26000

| 표 13-3 | ISO 26000의 사회적 책임 7가지 핵심주제

핵심주제	주요내용
조직/지배구조	사회적 책임의 원칙과 실천사항을 조직의 의사결정과 실행에 통합하는 것
인권	법, 사회정의, 공정성의 개념에 있어 조직 내 · 외부의 인권침해를 방지하고 인권존중을 준수하는 것
노동	불공정한 노동관계를 없애고 고용인의 법적 의무를 준수하는 것
환경	오염방지, 지속가능한 자원 이용, 기후변화 완화와 적응 등 조직이 환경적 책임 원칙을 존중하고 이행하는 것
공정운영	조직과 다른 조직 또는 개인 간 거래의 윤리적 행동에 관한 것으로 윤리적 행동기준을 준수하고 촉진 및 장려하는 것
소비자 이슈	소비자에게 제품 또는 서비스를 제공하는 조직의 책임으로 소비자 보호, 지속가능 소비, 필수서비스 접근 보장 등 소비자 권리를 존중하는 것
공동체 참여와 발전	조직이 속한 공동체와 하나라는 인식을 바탕으로 지역사회의 참여를 통해 지속가능한 발전을 모색하는 것

출처: 국민권익위원회 기업윤리 브리프스

ISO 26000이 발표된 이후 우리나라는 지식경제부(현, 산업통상자원부)를 중심으로 ISO 26000 이행 수준 자가진단 체크리스트, 진단시스템 등을 개발하여 국내 대기업 및 중소기업에게 서비스를 제공하였다. 또한 GS 칼텍스, 포스코 등 국내 기업에서도 ISO 26000에 따른 CSR 진단지표를 개발하고, 교육하는 등 이를 적극적으로 활용하고 있다. ISO 26000의 CSR 진단은 중소기업 사회적 책임경영 사이트(www.csr.go.kr)에서 측정할 수 있다.

그림 13-2 ISO 26000 기반 진단 Framework

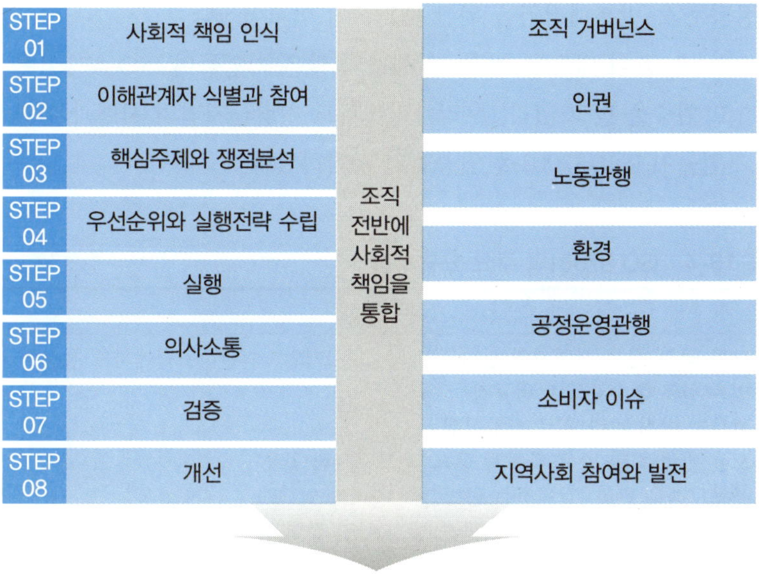

출처: 한국표준협회(https://www.ksa.or.kr)

2) ISO 37001: 반부패경영시스템 표준

ISO 37001(Anti Bribery Management System)은 ISO 국제표준화기구(International Standard Organization)에서 발표한 반부패경영시스템 표준이다. 전 세계적으로 영국 표준으로 존재했던 BS 10500을 바

탕으로 국제표준이 필요하다는 국제사회의 요구와 그 효용성에 대한 기대와 합의가 이루어져 2016년 10월 15일에 ISO 37001이 제정되었다.

ISO 37001은 반부패경영시스템을 구축, 이행, 유지, 발전시키는 데 필요한 요구사항을 [표 13-4]에서 볼 수 있는 바와 같이 영역별로 주요사항을 구체적으로 제시하고 있다. 구체적으로 공공, 민간 그리고 비영리 조직에서의 뇌물, 조직 · 조직의 임직원 또는 조직을 대리하는 사업관계자에 의한 뇌물, 직 · 간접적인 뇌물에 대해 다루고 있다. 전 세계적으로 부정청탁, 뇌물금지에 대한 기준이 제정되면서 우리나라 또한 지난 2015년 「부정청탁 및 금품 등 수수의 금지에 관한 법률」, 즉 '김영란법'이 제정되는 등 반부패경영을 위한 제도화가 이루어졌다.

ISO 37001이 발표된 이후 전 세계의 많은 기업들이 ISO 37001을 도입하고 인증을 받고 있다. 우리나라에서도 청탁금지법의 시행과 함께 많은 기업들이 ISO 37001을 인증받기 시작하였다.

표 13-4 ISO 37001의 주요 요구사항

주요내용
• 모든 국가 혹은 사법지역(관할권역)의 모든 기업 · 기관 · 조직에서도 통용될 수 있는 글로벌 수준의 모범규정 • 반부패 방침 관련 프로그램 이행 • 모든 관련 직원 및 조직에게 정책 및 프로그램 공유 • 프로그램을 관리, 감독하는 준법감시 관리자 임명 • 임직원 대상의 적절한 부패 · 뇌물방지 관련 정책 및 교육 • 뇌물수수 및 부패 위험성 평가 • 임직원 대상의 적절한 부패 · 뇌물방지 정책의 준수여부 확인 • 선물 · 접대 · 기부 관련 통제활동 • 보고절차 및 내부신고 이행

13.2.3 OECD의 윤리경영 표준

OECD(Organization for Economic Cooperation and Development, 경제협력개발기구)는 세계경제문제에 공동으로 대처하기 위하여 만들어진 정부 간의 정책연구 및 협력기관이다. OECD는 1961년에 발족하여 각종 국제기구와 밀접한 관계를 구축하였고, 경제정책, 환경, 에너지, 노동 등 다양한 사회 분야 정책에 대해 논의하고 협력하고 있으며, ISO 37001 제정에도 참여하였다.

1) OECD 뇌물방지협약(Anti-Bribery Convention)

부패방지라운드의 시작은 국제상거래에서의 부패를 없애기 위해 1977년 제정된 미국의 '해외부패방지법'이었다. '해외부패방지법'은 해외 공무원에게 뇌물을 제공하는 미국의 기업인들을 처벌하기 위한 법이었다. 하지만 미국 이외의 다른 국가에는 이와 유사한 법이 없었다. 오히려 프랑스나 독일 등의 국가에서는 해외에 뇌물을 제공하는 기업인들에게 세금을 공제해주는 혜택을 주기도 하였다. 미국 외의 많은 국가들이 외국 공무원에 대한 뇌물공여를 문제 삼지 않았기 때문에 미국은 자국의 기업들이 다른 국가 기업과의 경쟁에서 불공정한 피해를 보고 있다고 여겼다. 또한 뇌물수수와 부정부패가 공정한 경쟁을 왜곡하고 무역장벽으로 작용할 수 있다고 인식하였다. 그래서 국제적인 뇌물관행을 근절시키고 국제상거래에서 공정한 경쟁을 보장하기 위해 미국은 OECD의 뇌물방지협약 제정을 주도하였다. OECD 회원국들은 1997년 말 해외공무원에 대한 뇌물방지협약을 마련하여, 1999년 2월 '해외뇌물방지협약'이 발효되었다.

협약이 발효되면서 부패방지라운드는 빠르게 진행되었다. 협약 비준 국가들은 협약 발효에 맞춰 국내법을 대폭 개정하였다. 우리나라는 국제기업의 국제 거래행위에 큰 영향을 미치는 OECD 뇌물방지협약을 1999년 2월 15일부터 발효시켰다. 이 협정은 해외사업 수주 시 외국 공무원이나 공공기관에 대한 금품공여행위를 범죄로 간주하고 처벌 대상을 개인뿐만 아니라 법인으로 확대하였다. 이 때문에 국제계약이나 수주경쟁에서 대기업 총수가 직접 참여했을 때는 최고경영자가 유죄판결을 받을 수도 있어 기업에 큰 타격을 줄 수 있다

2) 뇌물방지협약의 내용

모든 나라는 국내적으로 뇌물을 주고받는 것을 제재하기 위하여 형법 또는 특별법을 통해 뇌물의 수뢰와 증뢰를 모두 처벌하고 있다. 다시 말해 뇌물을 주고받는 자를 모두 처벌하는 방식으로 규정하고 있는 것이다. 그렇지만 OECD 뇌물방지협약은 뇌물을 주는 행위에 대해서만 규율한다. 즉 외국 공무원에게 뇌물을 제공하는 행위는 물론 교사, 방조하는 행위도 뇌물방지협약에서는 범죄로 보고 있다. 또한 각 나라에 뇌물을 제공한 것과 관련하여 법인, 기업의 책임을 의무화하도록 하였다. 뿐만 아니라 뇌물과 뇌물 제공으로 얻은 이익을 몰수하도록 요구하고 있다.

뇌물을 주는 행위만을 처벌하는 것이 OECD 뇌물방지협약의 한계로 지적될 수도 있으나, 국가주권의 원칙상 자국의 형사관할권이 미치지 못하는 외국 공무원을 처벌할 수 없는 데 따른 불가피한 조치이다. 그렇지만 가입국가 간에는 협약이 효과적으로 이루어질 수 있도록 국제적인 뇌물공여행위를 적발하기 위해 사법공조를 하고, 범죄인을 인도할 수 있도록 규정하였다.

지멘스의 부패방지를 위한 노력

자동화, 제어, 전력, 운송, 의료, 정보통신 조명 등 6개의 사업부문을 가진 유럽 최대의 엔지니어링회사 지멘스는 2006년 부패 스캔들에 휘말렸다. 검찰의 수사로 4억 6천 유로에 달하는 비자금을 조성하고, 나이지리아, 러시아, 리비아 등의 국가 공무원들에게 뇌물을 제공한 사실이 드러났다.

지멘스는 조직 내 컴플라이언스가 있었음에도 불구하고, 경영진의 컴플라이언스 실천에 대한 조직문화가 없었던 것이 부패 스캔들의 원인으로 지

목되었다. 하지만 이 스캔들 이후 지멘스는 컴플라이언스, 윤리적 조직문화 확립에 더욱 힘을 썼다. 지멘스의 핵심가치인 'Responsible(책임감 있는)', 'Excellent(탁월한)', 'Innovative(혁신적인)'을 중심으로 반부패의지를 가진 경영진을 선임하였다. 또한 경영진이 반부패위험이 큰 국가에는 직접 방문하여 컴플라이언스가 잘 이뤄지고 있는지 확인하는 '준법로드쇼'가 행해졌다. 또한 조직 구성원들이 일상적인 비즈니스 안에서도 윤리적으로 업무를 수행할 수 있도록 사업행동강령을 간소화하였고, 교육을 받은 직원이 동료직원을 교육할 수 있도록 하여 개개인이 컴플라이언스 전문가가 될 수 있도록 하였다. 이러한 노력의 결과 지멘스는 최악의 부패 스캔들을 딛고 재기에 성공하여 지금은 컴플라이언스를 대표하는 기업이 되었다.

13.2.4 국제투명성기구

국제투명성기구(Transparency International)는 세계 국가들의 부패방지와 부패로 인한 범죄예방을 위해 활동하는 비정부기구(NGO)로 1993년에 설립되어 독일 베를린에 본부를 두고 있다. 이 기구는 1995년부터 해마다 세계 각국의 부패인식지수(Corruption Perceptions Index: CPI)를 조사하여 발표하고 있다.

[표 13-5]는 2017년에 발표한 부패인식지수가 가장 높은 10개국과 가장 낮은 10개국을 비교한 것이다. 상위국에는 주로 북유럽국가들이 많고 하위국에는 아프리카와 중동국가들이 포함되어 있다. 우리나라는 54점으로 180개 국가 중에서 51번째로 투명한 것으로 인식되었다. 우리나라의 무역 규모가 세계 10위 이내인 점을 고려하면 부패근절을 위하여 더욱 노력하여야 할 것이다.

| 표 13-5 | 2017년도 부패인식지수(CPI)

CPI 상위 10개국			CPI 하위 10개국		
순위	국가명	점수	순위	국가명	점수
1	뉴질랜드	89	171	적도기니	17
2	덴마크	88	171	기니비사우	17
3	핀란드	85	171	북한	17
3	노르웨이	85	171	리비아	17
3	스위스	85	175	수단	16
6	싱가포르	84	175	예멘	16
6	스웨덴	84	177	아프가니스탄	15
8	캐나다	82	178	시리아	14
8	룩셈부르크	82	179	남수단	12
8	네덜란드	82	180	소말리아	9

13.3 공정무역과 공정노동

13.3.1 공정무역

공정무역은 다양한 상품을 생산유통할 때 여러 지역에서 사회와 환경 표준을 지킬 뿐만 아니라 공정한 가격을 지불할 수 있도록 하는 국제무역의 시장모델에 기초를 둔 사회운동이다. 생산자와 무역업자, 그리고 기업과 소비자들의 파트너십에 기반하여 생산자, 농부들이 공정무역기준에 의해 인증된 농산물을 판매할 때 보다 나은 조건으로 거래를 보장받을 수 있다. 이로써 농부들은 삶의 질을 향상시키고, 미래를 계획할 수 있는 기회를 얻게 된다.

기본적으로 무역은 양측 모두에 이익이 되어 더 많은 부를 창출해야 한다. 그러나 제품을 생산하고 수출하는 저개발국가의 무역량은 증가하였지만 그들의 빈곤은 현실적으로 개선되지 않았다. 특히 저개발국가는 부가가치가 낮은 1차 산업, 그 중에서도 커피, 카카오, 바나나 등 농산물에 경제를 의존해 왔다. 이를 생산하는 저개발국가 농민들에게 지불하는 인건비는 턱없이 낮고, 중간상인이 이익을 가져가면서 저개발국가의 농민들의 빈곤은 계속 심화되었다. 1942년에 영국의 옥스퍼드에서 시작된 옥스팜(Oxfam)이라는 기업에서 난민들의 경제적 회복을 지원하기 위해 수공예품을 수입하면서 공정무역이 시작되었다.

1989년에는 세계공정무역기구(World Fair Trade Organization)가 만들어져서 70개국 이상의 회원국들이 가입되어 있다. 이 기구의 주요 설립이념은 빈곤한 제3세계 생산자들의 생활 수준 향상과 복지를 위하여 함께 연대함으로써 사회적으로 더 큰 정의를 실현하기 위해 목소리를 높이는 데 있다. 주요 활동을 살펴보면 공정무역을 위한 시장개척, 신뢰구축, 홍보 및 생산자들이 네트워킹할 수 있는 기회를 제공하며 빈곤한 지역이 스스로 빈곤퇴치를 위하여 노력할 수 있도록 도와주는 데에 있다.

공정무역의 대표적인 사례는 바로 커피산업이다. 커피는 전 세계인들이 가장 많이 소비하는 음료 중의 하나이지만, 원두를 생산하는 나라들이 모두 부자가 되지는 않는다. 그 이유는 커피 원두를 매입하는 중간매입상인과 다국적기업들이 중간에서 많은 이득을 취하기 때문이다. 이러한 불평등을 막고, 상대적인 약자의 입장에 있는 저개발국가 생산자들의 권리를 보호하기 위해 커피산업에서는 공정무역이 주목을 받았다. 세계적인 커피회사인 스타벅스는 공정무역으로 사들인 원두만 사용하는 기업으로 잘 알려져 있다. 우리나라에도 '아름다운 커피'라는 회사에서는 공정무역을 통해 빈곤을 해결하고, 지속가능한 사회를 만드는 것을 가치로 삼고 있다.

또 다른 사례로는 아그로페어(Agrofair)라는 기업으로 세계 최대의 공정무역 바나나 수출기업이다. 바나나 또한 생산비가 축소되어 바나나를 통해 발생되는 수익 중 매우 작은 부분만 생산자에게 돌아가고, 중간상인인 다국적기업에서 대부분의 이득을 취하는 시스템이었다. 이러한 현상에 대한 문제인식으로 생산자들이 1996년 네덜란드에서 아그로페어라는 협동조합을 만들었다. 현재는 세계최대 공정무역 바나나 수출기업으로 페루, 에콰도르, 파나마 등 6개국에서 생산한 바나나를 공정무역을 통해 프랑스, 독일, 스위스, 이탈리아, 한국 등에 수출하고 있다.

13.3.2 공정노동

공정노동은 노동자들이 열악하지 않은 생산환경에서 공정한 노동에 공정한 대가를 받을 수 있도록 하는 것이다. 우리나라도 1960~70년대 숨쉬기도 힘든 열악한 청계천변 평화시장의 봉제공장과 부산 지역의 신발공장에서 생산된 옷과 신발 등을 선진국에 팔아서 경제발전을 이루어왔다. 예전에는 글로벌 기업들이 저개발국가의 열악한 생산환경에서 값싼 노동력을 착취하여 만든 제품을 전 세계로 내보내어 막대한 수익을 올렸다. 특히 일부 후진국에서는 지금도 학령기의 아동들이 교육을 받지 못하고 공장에서 일하는 경우도 있다.

공정노동협회(The Fair Labor Association: FLA)는 비영리기구로 노동법을 준수함으로써 저개발국가에서 열악한 환경에서 착취당하는 근로자들의 작업환경과 대우를 개선하기 위해 1999년에 설립되었다. 회원사로는 네슬레(Nestle), 탐스(TOMS Shoes), 파타고니아(Patagonia), 뉴발란스(New Balance), 나이키(Nike), 휴고보스(Hugo Boss) 등 의류와 신발회사들이 많다. 사회적 책임의식을 가진 기업들이 건강을 해치지 않는 생산환경에서 적정 수준의 임금을 지불하고 만든 상품을 전 세계에 판매할 수 있도록 한다. 회원사로 가입하면 FLA는 구체적인 가이드라인을 제공하고 이 가이드라인을 지키면 인증을 해준다. 협회는 주문을 준 회사를 대신하여 현지 생산공장을 모니터링하고 점검해주기도 한다.

13.4 글로벌 윤리경영 실천

많은 글로벌 기업, 다국적기업들은 전 세계적인 흐름에 따라 윤리경영을 위해 노력하고 있다. 윤리경영을 위해 내부 지침을 만들고, 이를 실천하기 위해 시스템을 구축하고, 정기적인 교육을 실시하며 내부신고, 내부감사를 활성화하고 윤리적 조직문화를 만들어가고 있다. 그럼에도 불구하고 이런 기업들도 윤리적인 딜레마 상황에 당면할 수 있다. 기업의 경영활동에 있어서는 윤리적일지라도 '제3자'에 대해 비윤리적인 행위들이 있을 수 있다. 대표적인 사례로는 기업의 생산활동에 아동 노동, 열악한 근무환경 안에서의 인권착취 등이다. 세계 많은 나라에서 비즈니스를 운영하는 다국적기업들의 다양한 경영 사례를 살펴보자.

1) 월트 디즈니

세계 최대 규모의 테마파크 및 애니메이션 그룹인 미국 월트 디즈니(Walt Disney)사의 장난감을 생산하는 중국의 하청 공장에서 어린아이들을 고용한 사실이 2011년에 밝혀졌다. 어린이들에게 노동을 시킨 것은 물론, 초과근무시간 규정을 어기는 등 불법을 저질렀다는 것이다. 어린 아동 노동자들이 열악한 노동환경으로 화학약품에 중독될 위험에 처해 있어 기본적인 인권을 존중받지 못하였다. 이러한 사실이 밝혀지면서 월트 디즈니는 자사의 상품을 생산하는 공장들을 대상으로 다시 한 번 인권 관련 정책을 개선하고, 노동강령을 기초로 하는 윤리교육프로그램을 개발하는 등 국제적으로 아동 노동의 문제를 해결하기 위해 다양한 노력을 시도하고 있다. 또한 각 생산국에 감시관을 두고 제품들이 공장에서 윤리기준에 맞게 생산되는지 확인하기도 한다.

2) 폭스콘

폭스콘(Foxconn)은 애플 등 스마트폰의 중국 현지 조립생산 공장이다. 2010년 3월, 폭스콘 공장의 기숙사에서 23살의 남성이 투신자살하면서 폭스콘의 악명 높은 근무환경이 드러났다. 2010년 1월부터 5월까지 폭스콘에서는 11명의 근로자가 사망하였는데 그 중 가장 어린 사람은 17살, 나이가 많은 사람은 28살이었다. 폭스콘의 근무환경은 심각했다. 근로자들은 감시카메라 때문에 동료들과 작업 중에 대화조차 할 수 없었고, 주 평균 100시간씩 일을 했다. 기숙사는 비위생적이고, 보안요원들의 감시와 통제가 심각한 것은 물론 임금 또한 매우 낮은 사실이 밝혀졌다. 이러한 문제는 폭스콘뿐만 아니라 폭스콘에게 많은 생산을 요구하는 애플에게도 책임이 있다는 의견도 있었다. 이 같은 폭스콘의 열악한 노동환경은 그 이후에도 많은 문제를 제기하였다.

3) P&G

P&G는 글로벌 소비재기업으로, 1837년 영국의 양초 제조업자인 윌리엄 프록터(William Procter)와 아일랜드의 비누 제조업자인 제임스 갬블(James Gamble)이 미국의 신시내티에서 함께 업체를 통합하면서 탄생하였다. 제2차 세계대전 이후 제품을 다각화하며 기존의 비누, 유지제품, 기름뿐만 아니라 음료, 치약, 종이 등 다양한 제품으로 확대하였다. 1980년대 이후에는 다른 소비재기업들과의 경쟁 속에서 의료, 여성전문케어, 미용 등 새로운 분야로 진출하며 글로벌 기업으로 성장하였다.

P&G가 세계에서 존경받는 기업이 된 데에는 철저한 윤리경영이 있었기 때문이다. 모든 원료는 불순물이 없는 깨끗한 원료를 사용하여 양질의 제품을 생산하는 것이 그들의 기본적인 윤리적 가치였다. 또한 정직, 성실, 공평성을 회사의 핵심가치로 두어 항상 직원들에게 윤리교육을 시

행하고, 거래를 할 때에도 투명하지 않은 경우 계약하지 않으며, 회사의 명성에 해가 갈 수 있는 제품은 자발적으로 폐기하였다.

또한 P&G는 고객의 아이디어를 적극적으로 수용하여 고객이 필요로 하는 제품을 개발하기 위해 다양한 노력을 하고 있다. P&G의 제품들은 대부분 소비자가 일상생활을 하면서 주방, 세탁실, 욕실 등에서 필요한 것들이다. 따라서 고객의 가정에 방문하여 밀착 현장 조사를 실시하고, 고객의 소리에 귀를 기울이며 고객중심의 제품을 출시하며 시장을 선도하고 있다.

세계에서 가장 윤리적인 기업

세계적 기업윤리연구소인 에티스피어 연구소(Ethisphere Institute)는 윤리와 법적 규정 준수 프로그램, 기업 시민의식 및 책임, 윤리문화, 경영구조, 명성 · 리더십 · 혁신 등 5개 항목을 기준으로 2007년부터 매년 '세계에서 가장 윤리적인 기업'을 선정한다.

2018년 기준으로 세계에서 가장 윤리적인 기업 리스트(The 2018 World's Most Ethical Companies® Honoree List)는 23개국 57개 산업에서 135개의 기업이 선정되었으며 그 중에는 3M, P&G, 액센츄어, 로레알, 마스터카드, 마이크로소프트, 프루덴셜, 인텔, 힐튼호텔, GE 등이 포함되어 있다. 한국 기업은 한 회사도 리스트에 오르지 못했으며 이를 통해 우리나라 기업의 윤리경영은 갈 길은 아직도 먼 것을 알 수 있다.

학습문제

1. 글로벌 기업의 윤리경영 사례를 조사하여 설명해보자.
2. 후진국에서 아동들이 열악한 환경에서 노동력을 착취당하는 사례를 유튜브에서 찾아 시청해보자.
3. 공정무역을 하고 있는 기업의 사례를 조사하여 설명해보자.

참고문헌

국가청렴위원회. OECD 뇌물방지협약 가이드북

국민권익위원회. ISO37001(2006) 부패방지경영시스템 가이드북.

국민권익위원회. 기업윤리 브리프스(2017. 11)

국민권익위원회. 기업윤리 브리프스(2016. 12)

박철호(2013). "ISO 26000 도입에 따른 공기업의 대응방향." 한국정책학회 동계학술발표논문집, 2013. 582-594.

부패방지위원회(2003). 일과 윤리: 대학생 · 신입사원용 부패방지 교육교재.

정기창, 권근상, 오세창(2009). 반부패 지표 중심의 윤리경영 보고서 표준안. 국민권익위원회.

코카콜라 비즈니스 윤리강령(Coca-Cola_Code of Business Conduct_Korean)

한국산업인력공단 보도자료. 2014. 3. 20.

한국생산성본부인증원(2017). ISO 37001 반부패(뇌물방지) 경영시스템.

공정노동협회 http://www.fairlabor.org/affiliates/participating-companies

공정무역기구 한국 사무소　http://fairtradekorea.org
국제투명성기구　https://www.transparency.org
딜로이트　https://www2.deloitte.com
딜로이트 코리아　https://www2.deloitte.com/kr/ko.html
세계공정무역기구　https://wfto.com/
한국표준협회　https://www.ksa.or.kr

Ethisphere Institute　https://www.ethisphere.com
ISO 26000 social responsibility 7 core subjects　https://www.google.com/search?q=iso+26000+social+responsibility+7+core+subjects&source=lnms&tbm=isch&sa=X&ved=0ahUKEwjS_KnJgZvbAhUHyLwKHa1eBjIQ_AUICigB&biw=1191&bih=811

찾아보기 Index

[저자 소개]

■ **최애경**

이화여자대학교 비서학과 졸업
Bank of America 근무
State University of New York at Albany 대학원 경영교육학과 졸업(교육학 석사)
동대학 대학원 교육학과 졸업(교육학 박사)
미국 뉴욕주 문교성 상업교육 컨설턴트 역임
현재, 이화여자대학교 국제사무학과 교수, 신산업융합대학장

[주요 저서 및 논문]
정보처리 이론과 실무, 무역경영사, 1998
현대비서학, 대영문화사, 2007
로펌비서실무, 대영문화사, 2011
비서실무론, 대영문화사, 2014
성공적인 커리어를 위한 인간관계의 이해와 실천, 도서출판 청람, 2017
조직적, 상황적 요인에 따른 비서의 윤리적 의사결정에 관한 연구
조직의 윤리풍토와 상사지원인식이 비서의 침묵행동에 미치는 영향 외 다수

직업윤리와 기업윤리

2018년 6월 25일 1판 1쇄 인쇄
2018년 6월 30일 1판 1쇄 발행

저　　자 | 최애경
발 행 인 | 이수영
발 행 처 | 도서출판 **청람**
서울시 마포구 독막로 288(대흥동, 세양상가 109호)
전　　화 | 02)3272-2601~2
팩　　스 | 02)3272-2603
이 메 일 | crbooks@daum.net
홈페이지 | www.crbooks.co.kr
등　　록 | 2000년 8월 26일 제6-0509호

ISBN 978-89-5972-644-8　93320　　[정가 18,000원]